中国社会科学院刑事法文库

预防性监禁制度研究

贾 元 著

中国社会科学出版社

图书在版编目（CIP）数据

预防性监禁制度研究/贾元著 . —北京：中国社会科学出版社，2021.1
ISBN 978 – 7 – 5203 – 4021 – 2

Ⅰ.①预… Ⅱ.①贾… Ⅲ.①监狱制度—研究 Ⅳ.①D916.7

中国版本图书馆 CIP 数据核字（2019）第 022029 号

出 版 人	赵剑英
责任编辑	许　琳
责任校对	李　莉
责任印制	李寡寡

出　　版	中国社会科学出版社
社　　址	北京鼓楼西大街甲 158 号
邮　　编	100720
网　　址	http://www.csspw.cn
发 行 部	010 – 84083685
门 市 部	010 – 84029450
经　　销	新华书店及其他书店

印　　刷	北京明恒达印务有限公司
装　　订	廊坊市广阳区广增装订厂
版　　次	2021 年 1 月第 1 版
印　　次	2021 年 1 月第 1 次印刷

开　　本	710×1000　1/16
印　　张	16.25
字　　数	251 千字
定　　价	70.00 元

凡购买中国社会科学出版社图书，如有质量问题请与本社营销中心联系调换
电话：010 – 84083683
版权所有　侵权必究

序 一

2010年春天，我在北京大学法学院陈明楼的办公室第一次见到贾元。那时她还只是一个本科二年级的学生，和室友一起申请了北京大学本科生科研项目，请我做课题导师。因为我并未担任08级本科的教学任务，所以对她们并不熟悉，这使我对她们能否完成科研项目任务有所担忧。但是在交谈中，感觉她们的前期准备工作做得不错，有研究的基础和热情，申请项目的计划也比较清晰，遂同意作为她们的指导教师，共同完成本科生科研项目的训练。也许这就是缘分的开始，数年后，我又成为了她的博士生导师，与她在刑法学的探索之路上同行一程。

贾元博士对自己的学术道路有清晰的思考，读本科时就已经明确了读硕、读博的道路选择，希望以后可以成为一名法学研究者和教育者，并为此付出了许多努力，成功保送本校研究生。2014年她又获得硕博连读资格，继续攻读刑法学博士学位，并先后申请了德国洪堡基金会短期研究资助和德意志学术中心研究奖学金，到柏林洪堡大学和马克斯普朗克外国刑法与国际刑法研究所进行交流和学习，这些经历不仅提高了她的语言水平，也有助于开拓科研视野，增强研究能力。

预防性监禁这一选题，本不是我们最初选定的毕业论文方向，而是她在人权法课程的学习中接触到许多联合国文件后，敏感地注意到在多个文件中均提及这一制度对人权保护的冲击，进而以此为出发点完成了一篇研究报告，并作为期末作业提交，意外获得了不错的评价。她本人也对这个刑法、国际刑法、人权法交叉的课题有继续深入的兴趣，遂改变了原本的研究课题。利用在德国交流的便利条件，收集了大量德文、英文有关联合国人权理事会、欧洲人权法院、德国国内判例、他国相关法律的资料，在此基础上展开研究，完成了一篇论据翔实、内容全面的博士毕业论文，并最终获得法学院优秀博士论文奖。这篇论文就是《预防性监禁制度研究》一书的雏形，虽然书中的有些观点、相关论证和结论仍有待继续探讨，但是仍然在很大程度上，填补了国内相关领域的研究空白。本书对预防性监禁制度的理论基础、不同法系国家国内法律规定和司法实践、国际组织相关判例、中国的历史经验和现有相关制度的不足与完善、中国语境下预防性监禁制度的进一步移植等问题进行了探讨，基本涵盖了这一制度移植需要考虑的各种问题。书中研究了国际人权理事会和欧洲人权法院等国际组织的多个典型判例，剖析不同的观点和立场，从中寻找预防性监禁制度的适用界限，这种国际规则与国内立法、人权法与刑法交叉的研究路径是本书的一大特点。总之，作者独辟蹊径，写了一本内容严肃的论述预防性监禁基本理论的书，语言简明朴实，读起来却饶有趣味。这就表明，即使研究艰深的理论问题，也可以用平易浅显的语言表达出来，这是作者才华的体现。

科学研究没有平坦的大道，只有不畏艰辛，在崎岖的小路上不断攀登的人，才有希望达到光辉的顶点。继续从事研究和教学工作，是贾元很早以前就确定的生活方向。希望她能不忘初心，砥砺前行，无愧于我们生活的时代。

郭自力
2020 年 11 月 19 日

序 二

《预防性监禁制度研究》是贾元在北大的同名刑法博士学位论文，我当时参加了她的博士论文答辩，记得在小组答辩中被评为优秀。博士毕业后，她于2017—2019年在中国社科院法学所做国资博士后，我作为她的合作导师，一直鼓励她尽快将博士论文扩充定稿出书，并给出过一些具体的修改建议。短短两年的博士后时间里，她面临发表核心期刊论文、撰写博士后研究报告和处理好本职工作等多重任务，因此对博士论文的修改时断时续，直至留所工作后才将此事初步画上一个句号，并在此基础上成功申请到了中国社会科学院的创新工程出版资助。由于获得出版资助后有出版时间的限定，这本书必须尽快推出，尽管有些地方的修改离理想还有些距离，但鉴于本书议题的重要性以及基本框架的质量保证，我还是同意将其收入我主编的"中国社会科学院刑事法义库"，并乐意在她的博士论文导师郭自力教授的序言之后，再附上一个我的简短序言。

预防性监禁在刑法中的定位应属于保安处分。刑法的法律后果有"刑罚"和"保安处分"两种，前者立足报应和惩罚，后者立足预防和矫治。我国目前的刑法后果并没有实行"刑罚"与"保安处分"的二元制，其结果就是要么将一些带有保安处分性质的措施糅杂在刑罚之中（如禁止令），要么游离于刑法之外（如《反恐法》中的安置教育）。过去，还有大量的带有保安处分性质的措施是通过公安机关来实施的，如收容遣送、劳动教养、收容教育、收容教养、强制医疗、强制戒毒等，由于这些措施涉及剥夺人身自由，按照有关国际公约正当程序的要求，都面临一些合法性和正当性的危机，所以要么像收容遣送、劳动教养、收容教育等走向废除的命运，要么像强制医疗走向司法裁决的程序。可以预见，在我国刑法结构的改革和完善中，下一步保安处分的体系化和正当程序化将是一个重要方向。在这样一个背景下，选择预防性监禁这样一种典型的保安处分来做一专题研究，意义不言而喻。

本书的一个贡献是，整合英美法系和大陆法系的相关制度，提出了超越不同法系的预防性监禁这一基础性概念。一般人都习惯于将英美法系和大陆法系分开来研究，甚至有的比较研究就干脆只以英美法系的某一两个国家或大陆法系的某一两个国家为例，其实无论英美法系还是大陆法系，国家和社会治理面临的问题是相似的，制度构建上也会存在殊途同归的现象。预防性监禁制度对于中国刑法学者来说，是一个看似陌生、实则熟悉的制度，在过去一些年的刑法学比较研究中，中国学者针对我国劳动教养制度的改革、死刑的替代措施等，对德国的保安监禁、美国的终身监禁以及欧美国家的不定期刑等作了大量的研究，发表过一些不错的成果。但也毋庸讳言，这些研究存在知识碎片化的现象，特别是欠缺从预防这一根本性质上将几者结合起来的研究成果。本书将大陆法系和英美法系的类似制度关联起来，建立一个共同的理论基础，并在此基础上进行对比和分析。这是我首先想要点赞的。

预防性监禁为了保卫社会的安全，将有特定危险的犯罪人与社会隔离开来，并在隔离中对其进行矫治。这里面涉及的一个重要问题是如何加强对监禁者的人权保障。令人欣慰的是，本书写作贯穿了人权保障的思想，并对此进行了较为深入的讨论，从联合国人权理事会和欧洲人权法院的案例出发，探讨预防性监禁制度在适用过程中遇到的问题与障碍，这对我国无疑有启发意义。经过系统研究和分析，作者认为，预防性监禁制度并不能普适地适用于所有犯罪人，而是应当针对几类特殊的犯罪人，选择的标准就是要审查哪类犯罪人是容易出现再犯罪行为,且该犯罪行为对公众的人身安全是有危险的。基于这样的标准,严重暴力犯罪的累犯、惯犯,以及性犯罪行为人、恐怖主义犯罪行为人和实施危害行为的精神障碍者应是适用这个制度的主要群体。性犯罪人由于其犯罪多有心理疾病的因素,很容易再犯,所以一般的刑罚难以起到矫正作用,通过实施预防性监禁措施,在监禁期间对其进行有针对性的心理治疗和生理治疗,可以有效地降低其回归社会后的再犯可能性;恐怖主义犯罪由于其巨大的社会危害性,因而需要对服刑完毕后仍有社会危险性的恐怖主义犯罪人进行预防性监禁,并定期评估矫正效果;精神障碍者实施危害社会的行为虽然因不负刑事责任而不必服刑,但其人身危险性客观存在,直接放回到社会,既对公共安全造成威胁,也不利于精神障碍者本身的康复,所以有必要将其与社会暂时隔离,并进行专业的治疗。我国的反恐法对安置教育的规定以及修正后的刑事诉讼法将强制医疗司法化,都是这方面的本土制度形塑。作者在肯定这些制度创新和改革的同时,也从强化人权保障的角度讨论了进一步完善的思路和方案。至于我国至今对性犯罪人的预防性监禁制度还付诸阙如,作者也指出有必要在该领域建立这一制度。

全书通过大量的第一手外文资料,总结归纳相关国际公约和其他法域的立法与司法,以及联合国人权理事会和欧洲人权法院在多个个人来文、案件的处理过程中所表达的立场,认为只要制定严格的执行程序、明确矫正年限、评估标准、设置有针对性的矫正措施和矫正机构等,预防性监禁就不致与相关人权公约发生不兼容的紧张关系。作者也充分意识到,在肯定特定情形下的预防性监禁措施为有效保护社会之必须的前提下,必须坚持预防而非惩罚的矫正方向,重视对被处预防性监禁者的人权保障,从人身危险性评估到针对不同对象的矫正措施再到后续的释放审核,每一阶段都应当有完善的流程和透明的制度。应当说,这些梳理和分析都是很有价值的,所得出的结论也是站得住脚的,我也支持这样一个基本判断,即一方面应当适当扩大预防性监禁的适用范围和适用对象,另一方面又要高度重视制度设计和其运用中的人权保障。

近年来，我一直呼吁我国刑法应当进行结构性的改革，未来我国刑法的基本框架应是"刑罚与保安处分"二元制，而在"刑罚"部分又要区分重罪和轻罪，使重罪和轻罪的刑罚附随后果、诉讼程序得以在此基础上区分开来。我国1979年刑法和1997年新刑法虽然没有冠之以"典"字，但较之《民法通则》，确实是名副其实的刑法典，只不过是结构不完善的刑法典。我当下的一个学术努力就是，按照前述构想，促成我国结构更加合理和科学的真正意义上的《刑法典》的出台。在此努力中，要整合目前散见于不同法律中的各种保安处分措施，按照罪刑法定原则的要求，实现保安处分的法定化。而在保安处分的谱系中，预防性监禁因其后果的严厉性，尤其要作为重中之重来加以认真对待。随着我国死刑的减少和刑罚的轻缓化，原来许多一杀了之的暴力犯罪者将逐渐降格为用自由刑来处理，但自由刑的基础是报应，刑期结束就得释放，试想如果对于有严重人身危险性的暴力犯罪者，不经过人身危险性评估就一律释放，这能算良法善治吗？所以，对特定的犯罪人，施之以预防性监禁，在与社会保持必要的隔离的同时，对其有针对性地进行矫正与治疗，既是保卫社会的需要，也是对这些人实行人道主义待遇的需要。请注意，这一语境下的预防性监禁，其性质完全不同于刑罚，如果把它异化成刑罚，就丧失了这一制度存在的合理性，也必将与有关人权保障的国际公约和国内立法发生龃龉。无论是我国过去的劳动教养制度，还是德国改革前的保安监禁制度，国内外的教训均表明，如果不关紧权力的笼子，即便一项制度出台时的意图是好的，也难免不发生变异。因此，要保证预防性监禁始终沿着法治化、人道化的轨道运行，就需要从制度设计到具体运行的每一个环节都严加约束。

借贾元博士的大作付梓之际，拉拉杂杂谈上述感想。如前所述，按我对贾元的学术期许，其实本书还是留下一些遗憾的。我也深知，理想中的刑法结构完善要在现实中落地，也绝非一朝一夕之功。希望贾元能在未来的学术道路上，继续就此深耕下去，使这一领域成为她的"一招鲜"。法学所已故著名学者郑成思先生曾经说过，作为国家智库，社科院的学者应当在自己的研究领域里成为真正的权威专家，这样一旦国家问计于你，你就能随时有所贡献。谨以此与贾元共勉。

权以为序。

刘仁文

2020 年 12 月 24 日于北京西郊寓所

目　　录

第一章　引言 ……………………………………………（1）
　第一节　选题的背景以及意义 ……………………………（1）
　第二节　基本概念界定 ……………………………………（4）
　第三节　研究的现状 ………………………………………（7）

第二章　预防性监禁制度的理论基础和正当性根据 ………（11）
　第一节　预防性监禁制度的刑罚价值基础 ………………（11）
　第二节　预防性监禁制度的刑罚目的基础 ………………（22）
　第三节　正当性基础——社会防卫论和人身危险性 ……（31）
　第四节　风险社会理论 ……………………………………（45）

第三章　预防性监禁理论发展的历史脉络 ………………（56）
　第一节　大陆法系的表现 …………………………………（56）
　第二节　英美法系的表现 …………………………………（105）
　第三节　回顾与总结 ………………………………………（120）

第四章　预防性监禁理论的国际视角 ……………………（122）
　第一节　国际人权理事会对预防性监禁制度的态度 ……（122）
　第二节　欧洲人权法院对预防性监禁制度的态度 ………（139）
　第三节　预防性监禁制度与国际人权保护的反思 ………（155）

・1・

第五章　预防性监禁理论的适用探讨 …………………………（165）
　　第一节　行为人角度 …………………………………………（165）
　　第二节　中国路径的理论分析 ………………………………（189）

结　语 ……………………………………………………………（210）

附录　其他国家预防性监禁相关制度的法律实践 ……………（212）

参考文献 …………………………………………………………（229）

后　记 ……………………………………………………………（248）

第一章

引　言

第一节　选题的背景以及意义

伴随人类科技文明的进步和城市化、工业化的发展，新的犯罪问题和刑罚问题不断出现，需要学界和实务界不断更新刑法理论和立法思路以更好地处理这些问题。刑罚制度中的人权保障与社会保护一直是笔者日常学习研究中重点关注的问题，所以在本书的写作中笔者在对制度理论的讨论和构建中也加入了关于人道主义、人权保障的思想。

我国自改革开放以来经济高速发展，引起了社会结构的巨大变化，市场上的行为模式和以往计划经济时期有了很大不同，市场产生了利益独立的个体与团体，自由竞争成为必需的新的活动类型，由利益竞争活动引起的摩擦性互动增多，失范也随之大量产生。[①] 由于原有平衡被打破而新的社会控制机制尚未形成，各种社会矛盾日益显现和加剧，伴随而生的就是犯罪行为的增加。在这样的情况下，刑罚手段和刑事政策也发生着改变。

习近平总书记在2014年《省部级主要领导干部学习贯彻十八届三中全会精神全面深化改革专题研讨班开班式上的重要讲话》中对国

---

① 参见苏力《变迁之痛：转型期的社会失范研究》，社会科学文献出版社2006年版，第289—290页。

家治理体系进行了详细完整的定义，根据其表述，国家治理体系的现代化进程涉及社会领域的方方面面，其中一个突出而直观的表现就是刑事政策的发展。

中华人民共和国成立后，刑事政策随着社会的发展也随之变化，从"镇压与宽大相结合"到"惩办与宽大相结合"再到"宽严相济的刑事政策"，"严打"穿插其中。这种演进体现出国家对罪刑配置的选择，并影响刑事立法的完善。可以说，当代中国刑事政策的演进史既是一部刑法立法的完善史，也是治国理念与方略不断演进的历史。[1]

中华人民共和国成立初期，镇压反革命成为首要的政治任务，此时最基本的刑事政策是承继自革命根据地法制建设中的"镇压与宽大相结合"政策，同期制定的《惩治反革命条例》《惩治贪污条例》等单行刑事法律正是在这个政策思路下出台的。[2]

1956年中共八大之后，我国的主要矛盾发生变化，1956年9月刘少奇在政治报告中首次提出了"惩办与宽大相结合"的刑事政策，标志着政治斗争的策略进入政策视野。但由于之后二十多年的政治运动浪潮，我国的刑事立法一再拖延，这个政策并没有真正发挥作用，一直到1979年刑法的出台，在对定罪量刑的各章节的修改中才呼应了这个刑事政策，确立了其基础性的地位。例如，总则中"情节显著轻微，危害不大"的规定，可以缩小犯罪圈；规定了对未成年人犯罪从轻处罚；以及在死刑问题上规定了死缓制度等，都体现了刑法的宽容精神。但这一时期的刑事政策的中心思想在于惩罚犯罪，保护人

---

[1] 卢建平、刘春花：《刑事政策与刑法的二重协奏——1949年来中国刑事政策的演进与刑法的变迁》，《河北学刊》2011年第7期。

[2] 彭真在《关于镇压反革命和惩治反革命条例问题的报告》（1951年2月20日）中指出："这个条例是根据镇压与宽大相结合，即'首恶者必办，胁从者不问，立功者受奖'的政策而制定的，对于……首要分子……是采取从重处理的原则；对于……胁从分子，对于解放前虽曾参加反革命活动但罪行并不重大，解放后又确已悔改的分子，特别是已为人民立功的分子，则采取了从宽处理的原则。"参见《彭真文选（1941—1990）》，人民出版社1991年版。

民，维护社会秩序，更为强调刑法的社会保护机能，对公民个人权利的保护几乎没有，反映在刑法上就是类推制度的适用。

改革开放后中国社会发生翻天覆地的变化，刑事政策也作出重大调整，以1983年8月25日中共中央作出的《关于严厉打击刑事犯罪活动的决定》为标志，正式进入"严打"时期。这一时期法律规定遵从从重从快惩处犯罪的方针，各类单行刑法和附属刑法规范不断出台，死刑的适用范围不断扩大，涉及的条文和罪名不断增多，自1981年至1995年，在中国最高立法机关制定的25件单行刑法中，规定有死刑罪名或对某些犯罪补充规定死刑之适用的就有18件，由于这些规定，中国刑事立法中可处死刑的犯罪由原来1979年刑法典规定的28种猛增到70余种。由此可以看出，刑事政策的变化反映了这一时期混乱的社会状态，在维护社会秩序层面上，刑法和刑事政策保持了统一。

随着中国和国际社会交流的深入，国际人权运动的热潮也波及中国，1997年新刑法明确规定了罪刑法定原则，废除"类推"制度，在贯彻刑事法治原则和保障人权方面有显著的进步。刑法机能从原有的社会保护机能发展出了新的人权保障机能，引起了刑事政策的变化。随着和谐社会政治目标的提出，2006年10月11日通过的《中共中央关于构建社会主义和谐社会若干重大问题的决定》正式确立了宽严相济的刑事司法政策。"宽严相济"的刑事政策主旨是"该宽则宽""该严则严""宽中有严""严中有宽"，在保护人权的基础上，协调好犯罪人之间以及犯罪人与社会其他成员之间的关系，轻重结合，充分利用各种途径，及时、有效地化解各种社会矛盾，反对重刑的过度威慑，但也不能过于推崇轻刑带来的表面的社会和谐。由此可见"宽严相济"的刑事政策和新刑法的机能侧重均突出了保障人权，仍然是步调一致的。

刑法和刑罚是一体的，宽严相济、综合治理的政策要求刑法重视人权保障、犯罪人矫正和预防犯罪的价值取向，同时刑罚的执行和收效也会影响到刑法的制定，"我国刑法运行只受犯罪情况的制约，即单项制约：犯罪→刑罚，这是有缺陷的机制，健全的刑事机制应当是双向制约：犯罪情况→刑罚行刑效果，刑法运行不仅受犯罪情况的制约，还要受刑罚执行情况的制约"。①

对于惯犯、累犯，尤其是性犯罪者而言，其犯罪原因既有社会因素也有个体因素，相较于初犯而言，虽然也有个体的自由意志支配的因素，但会更多地受到社会因素和其他因素的影响。一方面，因为有前科者的生存条件已不能与常人相提并论，他们的生存空间实际上已经被大为压缩，特别是我国传统的报应刑观念所导致的对有前科者的社会孤立与社会歧视根深蒂固，再加上刑罚制度的缺陷与社会保护的欠缺，当前社会转型期日益突出的社会矛盾，如就业问题、社会结构不合理等问题，以及社会控制力下降等特殊情况使得他们的再犯可能性较社会一般人大大增加；② 另一方面，刑罚本身的缺陷也会导致再犯率的增加，研究表明，短期徒刑犯刑满释放后有较高的再犯率，③监禁的过程可能会增加罪犯的反社会程度，加之前科烙印，会导致犯罪人的再社会化困难重重，所以刑罚手段必须要将惩罚目的和预防矫正目的相结合。

第二节 基本概念界定

基本概念是否清晰、明确关系到一项制度能否推行，是其成熟与否的标志。预防性监禁制度的概念是本研究的起点。

一 预防性监禁的概念

预防性监禁或预防性羁押（preventive detention），无论在中文语

---

① 参见储槐植《刑事一体化论要》，北京大学出版社2007年版，第15页。
② 参见季理华《累犯制度研究——刑事政策视野中的累犯制度一体化构建》，中国人民公安大学出版社2010年版，第4页。
③ 参见司法部预防犯罪研究所《关于提高短刑犯改造质量的调查研究意见》，《犯罪与改造研究》1987年第2期。

境还是英语语境下，此词的适用都出现了不明确的问题，具体指向两类剥夺人身自由的手段。

第一种是审前羁押，归于刑事强制措施的一部分，广义上讲等同于未决羁押，即在有罪判决生效以前对犯罪嫌疑人或被告人予以关押。① 在《布莱克法律词典》中，preventive detention 的定义是：对在审判前的嫌疑人，认为其有逃跑的可能性，或有伤害他人或其他违法行为的风险，或是精神障碍者可能对自己或他人造成伤害的，予以监禁。也可称为审前监禁，由于被控犯有重罪或被认为会对社会造成危险而没有获得保释权利的人。显然，在这里 preventive detention 的时间点在审前，是为之后的审判工作服务的。这种羁押被认为是现代意义上的羁押，是将还未定罪的犯罪嫌疑人、被告人关押在指定场所以限制其人身自由的一种强制措施。② 在这里不同国家对"未决羁押"也有着不同的称谓，比如"先行拘押"或"临时羁押"（法国）、"待审羁押"（德国）、"预防性羁押"（意大利）、"审前羁押"（普通法系通称），等等。③

第二种是作为含有惩罚意义的措施出现，一般的适用时间在审后，是一种不定期的对人身自由的限制，有时候也会在审判之前使用，但其目的不是为了审判工作的顺利进行，而是出于对犯罪人人身危险性的预防。

由于这两种手段都使用 preventive detention 一词，可能会在概念上导致混乱。笔者认为，应当明确区分开，首先，在中文语境下，可以使用"审前羁押"或"先行羁押"来代替"预防性羁押"。

因为"预防性"这个词在刑法中更多适用在犯罪人的矫正问题上，是指向再犯罪和再社会层面的概念，而"审前羁押"的目的显

---

① 参见罗海敏《预防性羁押的争议与适用》，《国家检察官学院学报》2012 年第 4 期。
② 参见陈卫东、隋光伟《现代羁押制度的特征：目的、功能及实施要件》，《中国司法》2004 年第 9 期。
③ 参见孙长永《侦查程序与人权——比较法考察》，中国方正出版社 2000 年版，第 191 页。

然不在于此,而是为了防止犯罪人的逃脱或者多次犯罪而采取的临时手段。而在处罚阶段也不适合适用"预防性羁押"一词,因为"羁押"一词基本特定地使用在审判前强制措施阶段,在审判后对犯罪人进行剥夺人身自由的刑罚就不再是一种暂时的限制,而是一个持续性的状态,应当使用"监禁"一词,即在此阶段可以称为"预防性监禁"。在英文语境下,参考《法国刑法典》的修改,① 可以使用 provisory 代替 preventive,因为正如上文所述,审前阶段强调的是临时性而非预防性,所以 provisory 更合适,而刑罚执行阶段则可以适用 preventive。总结来说,就是先行羁押对应 provisory detention,预防性监禁对应 preventive detention。

本书讨论的是刑法意义上作为预防措施的 preventive detention,而非诉讼法意义上作为程序措施的审前羁押,笔者使用"预防性监禁"的翻译概念,指以预防犯罪、防卫社会、矫正犯罪人为目的的限制人身自由的措施,主要分为针对已经犯罪的完全刑事责任能力行为人的预防性措施,和未犯罪或虽犯罪但不具有完全刑事责任能力的行为人的预防性措施两类。

二 预防性监禁的定位

预防性监禁(preventive detention),实际上是一种无限期或相对无限期的拘留,法院只给出一个不可假释的期限,而没有具体的监禁时限,犯罪人将一直被关押,直到法院或假释委员会认为可以释放为止。预防性监禁基于将被告人释放不符合社会最大利益的这个假设。在此假设前提下,假若政府认为将被捕人士释放可能会危害社会秩序或国土完整,政府可以将有关人士拘留若干时间,以防止其造成危害。预防性监禁是一项非固定性的监禁,通常用于高风险的犯罪分子,在他们被认为对社会仍有风险之前,他们将不会得到释放。

---

① 在法国,1970 年以前,其审判前羁押一直被称为"预防性羁押"(détention préventive),后改称为"先行羁押"(détention provisoire)。

不同于狭义上的刑罚制度，预防性监禁更多的重视于对犯罪行为的预防和矫正，是对刑罚的补充，比如"当犯罪人缺乏罪责而不能科处刑罚，但其有较高的再犯可能性时，或者对具有较高再犯风险的犯罪人的刑罚处罚并不能有效地预防其再犯时"。①

大陆法系和普通法系都有国家规定了预防性监禁，但呈现出不同的表现，各国的态度也有所不同。

第三节 研究的现状

我国刑法学界近年来基本没有将预防性监禁制度作为一个独立的概念来分析的系统性研究，但相关的不定期刑和保安处分理论则从十九世纪末至今一直有相关的文章和著作。

一 对保安处分的研究

1. 民国时期

民国时期的法学界是十分活跃的，学者们积极引进西方最新的法学成果，其中保安处分是这一时期讨论的热点之一。

在1933年12月刑法修正案公布之前，保安处分并没有正式出现在我国法典之中，而同时代的西方国家已经陆续将这项制度规定进了最新的草案或正式法律文本之中，我国很多学者也注意到了这个在当时十分先进的刑法思想，纷纷开始大力引入。比如1926年罗重民翻译了菲利《保安处分与刑罚》一文，1927年次威发表了《何为保安处分》，胡长清发表了《保安处分与刑罚》，1928年藏六发表了《精神病患者的取缔及保安处分》，1933年翁率平发表了《瑞士刑法草案中保安处分之规定》等，这一阶段的研究主要以翻译和介绍外国制度为主，也有初步的对具体制度的探讨。1933年刑法修正案公布后掀起了学界一个讨论的小高潮，大多数学者都在讨论中涉及了对保安处分规定的评价，也有学者就保安处分专门发表了文章，比如1934年

---

① Vgl. *Bernd-Dieter Meier*, Strafrechtliche Sanktionen, 3. Aufl., 2009, S. 233.

孙潞的《对于刑法修正案初稿之意见》、江镇三的《我对于刑法修正案初稿之意见》、俞承修的《略谈刑法修正案初稿》、赵琛的《刑法修正案初稿之要旨》、刘陆民的《刑法修正案初稿之现代精神与国家理念》、王觐的《我对于刑法修正案初稿一个总括的批评》、俞钟骆的《刑法修正案之保安处分》、蔡枢衡的《保安处分与刑法修正案初稿》、林亚轲的《刑法上保安处分之研究》、张企泰的《保安处分与年刑法修正案初稿》等。1935年国民政府颁布了《中华民国刑法》之后，推动了保安处分进一步的深入研究。这一时期学者开始进行比较研究，比如1936年丁惟垣发表的《意大利刑法保安处分与我国刑法保安处分之比较》。这一时期还出现了两部关于保安处分专著，即1935年翁腾环的《世界刑法保安处分比较学》和同年出版的黄得中的《刑法上之保安处分》。

2. 中华人民共和国成立后

中华人民共和国成立后，我国刑法学界对保安处分的态度经历了从批判到逐步接受的过程。1979年刑法出台之前，受到第二次世界大战时期保安处分滥用的失败案例的影响，我国大部分学者对保安处分持批判的态度，比如有学者会用"臭名昭著的恐怖原则"来形容保安处分。[①]

1979年刑法颁布之后，到1997年刑法出台之前曾颁布了多个单行刑法和附属刑法来对新出现的犯罪进行补充，在这个过程中保安处分的研究得到了新的发展。有学者开始重新探讨我国适用保安处分的可能性，比如侯保田的《我国现行法中的保安处分》、张长站的《保安处分与重新犯罪控制》，等等。郭自力教授在其1981年的硕士论文中对保安处分进行了全面的研究，这是中华人民共和国成立后第一篇专门研究保安处分的论文，其研究内容部分刊登于1987年的《国外法学》第2期和1990年甘雨沛、杨春洗主编的《犯罪与刑罚新论》一书中。1997年刑法修订前后，对保安处分是否引入掀起了新的一

---

① 温晓莉：《中国法律史纲》，成都科技大学出版社1987年版，第215页。

轮讨论热潮，比如张旭、陈正云的《保安处分与刑法完善》、屈学武的《保安处分与中国刑法改革》、李卫红的《保安处分与罪刑均衡》、李勇军的《试论保安处分的思想基础》等。遗憾的是1997年刑法最终没有采纳关于引入保安处分的意见，但此后这个制度一直是我国刑法学界讨论的热点，相关的研究也逐步成熟，比如徐松林的《保安处分及我国刑法制度的完善》、翟中东的《保安处分适用的瓶颈及其解决》、杨苹的《论保安处分制度及立法完善》、陈康的《保安处分"一体独立论"——保安处分理论的一种重构模式》、苗有水的《保安处分与中国刑法发展》等，研究的视角更为广阔，理论性也在不断加深，与此同时，保安处分也成为研究生学位论文的一个重要选题。

细化到保安监禁这一具体制度，比较深入研究的就只有樊文老师2013年发表在中国法学网上的一篇《德国刑法中的处分制度及其保安监禁述评》，此外在国内举办过数场相关的讲座和讨论，比如北京大学法学院2016年举办的两场当代刑法思潮论坛特别讲座"德国刑法上保安监禁制度的现状与展望""德国保安监禁的争议与改革"，中国社会科学院2013年进行的"保安处分的历史与当代命运"研讨会，上海社会科学院2011年举办的第二届两岸刑事法治学术研讨会；等等。

二　对不定期刑的研究

学界对英美法系不定期刑的研究也一直没有中断，20世纪80年代的研究以介绍为主，比如杨联华的《不定期刑制度的起源及其运用》、李贵方的《不定期刑比较研究》、王晓燕的《简论不定期刑制度》等，在基础研究丰富了之后，有学者开始对这个制度进行反思，试着宽泛地讨论在我国引入不定期刑的可能性，比如刘强的《试论我国应采用"相对不定期刑"制度》、龚万征的《实行相对不定期刑的初步构想》、衣家奇的《不定期刑现象之思考》、杜菲的《不定期刑制度的考察与反思》、何荣功的《不定期刑探讨》、张洪成的《不定期刑的历史命运》等。在这些研究的基础上，学者们开始了对具体犯罪人、犯罪种类适用的针对性研究，比如高长富的《废除无期徒刑的思考——兼论相对不定期刑的替代性价值》、吴星的《相对不定期刑：刑罚改革与未成年人司法的双重突破——以三明中院开展相对不定期刑试点评估为视角》、周舟的《日本少年刑罚制度与我国相关立法比较研究——以〈日本少年法〉新修正案为视角》等。在这个过程中也有研究生撰写了相关的学位论文，进行了比较完整的研究，比如中国政法大学徐吉亭的《不定期刑的兴衰及启示》、华东政法学院冯祥的《不定期刑比较研究》等。

相对于保安处分的研究，我国刑法学界对不定期刑制度研究开始较晚，深度广度也远不及国外。

3. 其他相关研究

在 2015 年《中华人民共和国反恐怖主义法》颁布之后，在对本法的相关研究中涉及了第三十条安置教育措施的讨论，这个措施具有预防性监禁的性质，在后面会专门讨论。

第二章

预防性监禁制度的理论基础和正当性根据

第一节 预防性监禁制度的刑罚价值基础

价值是衡量客体变化和主体需求是否符合或接近的性质,如果这种性质是肯定的,就是说客体对主体有价值或者有正价值;如果是否定的,就意味着客体对主体无价值或者有负价值。[①] 刑罚的价值体现了国家制定和适用某种刑罚所追求的价值目标,这种追求和当时社会的历史条件、政治经济制度以及社会发展程度密切相关,与理论界的刑罚观、刑罚思想紧密相连。所以在不同的历史时期会产生不同的刑罚思想,进而发展出不同的刑罚价值理论,指导国家职能部门制定出不同的刑罚制度。在整个刑罚价值理论发展史上,最具代表性且影响最为重大的两派理论是刑事古典学派的功利主义与报应主义导向的刑罚价值理论和刑事实证学派的社会防卫导向的刑罚价值理论。

一 古典学派的刑罚价值理论

秩序、公平、自由,这些法律最基本的价值,也是刑法和刑罚最基本的价值,某种层面我们可以将刑法价值和刑罚价值同一化,但两

[①] 参见陈兴良《刑法的价值构造》,中国人民大学出版社1998年版,第15页。

者又有各自独立的重点，刑法更关注的是对犯罪本身的研究和规制的价值，刑罚价值则着重于处罚这一环节的社会价值。

美国学者约翰·莫利孙（John Morison）指出，"功利主义或报应主义的刑罚理论实际上就是将一个价值概念表述为可以实际发展运用的规则，不同观点分歧的根本是在于对价值排列的不同，作为方法规则的价值可以用来更好地诠释刑罚制度"。[①] 所以对刑罚理论的评价必须建立在对刑罚价值的分析基础之上，本部分主要从刑罚本质这一角度出发来论述刑罚的价值，刑罚的功能角度则放在刑罚目的的部分进行论述。

刑事古典学派的刑罚理论形成于对封建制度下残酷、滥用刑罚状态的抨击之中，所以其对刑罚价值的关注围绕着刑罚本质的合理性、必要性、正当性等方面展开，虽然大陆法系和英美法系学者研究进程和时期有所不同，但最终形成的派别相似，大致可以分为功利主义价值导向、报应正义价值导向和介于其中的折中派三个流派。

1. 刑罚功利主义价值观

这一派别主张刑罚价值在于追求功利效果，探究什么样的刑罚才是有效的和必要的。他们探寻的不是过去的犯罪问题，而是未来要适用何种刑罚才能取得建设性结果，这样刑罚就可能达到多个目标：[②]

（1）剥夺犯罪能力：监禁罪犯，使其与社会隔离，防止他们在社会上犯罪。

（2）特别预防：监禁将使罪犯产生对刑罚的恐惧感。释放后可以预防他们重新犯罪，因为他们不想再被监禁（畏惧刑罚）。

（3）一般预防：监禁罪犯为守法公民做了示范，可使他们进一步避免违法。

[①] See Philip Leith, Peter Ingram, *The Jurisprudence of Orthodoxy Questions University Essays On H. L. A. Hart*, Taylor and Francis, London, 1988, p. 119. 转引自谢望原《欧陆刑罚制度与刑罚价值原理》，中国检察出版社 2004 年版，第 262 页。

[②] 参见［美］理查德·霍金斯、杰弗里·P. 阿尔珀特《美国监狱制度——刑罚与正义》，孙晓雳、林遐译，郭建安校，中国人民公安大学出版社 1991 年版，第 96 页。

（4）矫正：监禁创造了一个促使罪犯改变他们的犯罪态度、生活方式和犯罪倾向的场所。得到成功矫正的罪犯将不再重新犯罪，其原因就不只是畏惧刑罚了。

这一理论的创始人是边沁，他在洛克、休谟等人功利思想的基础之上创立了功利主义的刑罚价值观，而这一思想来自于其功利主义哲学基础。边沁在《道德与立法原理导论》中阐述了功利原理和功利的内涵，将"幸福倾向"作为衡量是否做出某项行动的标准，他认为，功利倾向于给利益攸关者带来实惠、好处、快乐、利益或幸福，当个人某项行为或者政府某个措施对共同体的幸福倾向是增大而非减小时，就是符合功利的，这样的法规或命令就是功利的法规或命令。① 这个论述后来被总结为"最大幸福原理"，即谋求最大多数人的最大利益，也就是最大幸福。边沁认为之所以要有刑罚，就是因为虽然所有的惩罚都是损害，本身都是恶，但如果能排除更大的恶，就应当被允许，所以如果在罪过的性质和惩罚的性质两相比较时，后者造成的苦痛大于前者，则刑罚无益，如果以更小的代价可以有效达到防止犯罪的目的，则刑罚无必要，如果惩罚之值没有超过罪过收益之值，则刑罚无效。为此边沁罗列了罪过、惩罚、犯罪人、公共、法律等各方面在确定比例时需要注意的因素或指标。

贝卡里亚是另一位主张功利主义刑罚价值观的学者，他在《论犯罪与刑罚》中对刑罚的价值提出了很多问题：如何判断什么样的犯罪适用什么样的刑罚？死刑对于维护社会的正常秩序和安全是否真有必要？什么是预防犯罪的最好方法？同样的刑罚是否在任何时候都同样有利？② 这些问题的思考可以归结于必要和有利两点，即刑罚的选择和运用应当有其价值和效果，这也是贝卡里亚认为的刑罚最根本的作用——刑罚的目的在于威慑他人，阻止再犯，而非消

---

① 边沁：《道德与立法原理导论》，时殷弘译，商务印书馆2000年版，第58页。
② 参见[意]贝卡里亚《论犯罪与刑罚》，黄风译，中国大百科全书出版社1993年版，第7页。

除已有罪行和折磨犯罪者,所以刑罚的制定和选择必须要仔细考量,在最少摧残犯人的基础之上寻找最有效、最持久改造和预防犯罪的刑罚。[①]

总的来说,支持功利主义刑罚价值观的学者并不认为刑罚就是一种善,但就如毒药用好了就是良药一样,当刑罚能够产生改造、矫正罪犯、防止再度犯罪以及震慑和预防其他人犯罪的时候,就是一种善。[②] 从逻辑结构角度来看,功利主义刑罚论者用三个条件来证明刑罚的合理性:①社会利益是刑罚合理性的必要条件;②社会利益是刑罚合理性的充分条件;③施于犯罪人的适当刑罚量以受其影响的所有人的获得最大的善或最小的恶(消极影响)为适当。[③]

2. 刑罚报应主义价值观

正义在报应主义刑罚价值观中占有重要地位,这一派别认为刑罚的价值就在于正义的实现,报应的本质就在于公正。这一派别的理论根基源自康德和黑格尔的法哲学思想。

康德将罪与罚的关系看作因果报应,善有善报、恶有恶报,刑罚就是对犯罪人恶行的报应,基于这种绝对报应论立场,他认为报复是无条件的:每个人都要为自己做出的行为承担相应的报复,就算整个市民社会要解体,也要将监狱里最后一位谋杀罪犯处决。[④] 在康德看来,因为犯罪者的行为违背了正义要求,给他人或社会造成了侵害,所以惩罚的目的就是恢复被损害的正义,如果将威慑、预防等也作为刑罚主要目的,意味着行为人不再是刑罚的主要目标,就违背了人是目的而非实现其他目的的手段这个原则,而人生来就具有的人格权,保护其自身不受到作为手段的对待。康德的这种道义报应理论的主张

---

① 参见[意]贝卡里亚《论犯罪与刑罚》,黄风译,中国大百科全书出版社1993年版,第42页。
② See Joel Feniberg, Hyman Gross: *Philosophy of Law*, Wadsworth Publishing Company, 1986, p. 591.
③ 谢望原:《欧陆刑罚制度与刑罚价值原理》,中国检察出版社2004年版,第272页。
④ See Carl Ludwig Von Bar: *A History of Continental Criminal Law*, Rothman Reprints, Inc. South Hackensack, 1968, pp. 422 – 423.

是针对功利主义而言的，他认为，"在对一个人或他的同胞施以刑罚的任何考虑之前，我们必须找到他应受刑罚的罪行"，[1] 不能为了所谓的民族利益牺牲个人生命，否则正义就成了可以与某种代价进行交换的东西，就会导致公正和正义的沉沦，另外，一个人因犯罪受到的刑罚，不能因任何理由或目的而免除，否则就是非正义的。[2] 后来的报应主义者将注意力集中在康德的"应得的处罚"概念上，即处罚是为了使犯罪人认识到行为的罪过而非满足复仇的愿望，惩罚只因罪而受，这个概念说明刑罚是为道义的需要，但没有要求刑罚要以同样的方式回报罪犯，所以将被害人从允许实施无害的以牙还牙的惩罚活动中排除了出去。[3]

康德的另一个主张是等量报复理论，他认为法律面前人人平等，惩罚的方式和尺度必须遵守公平正义的标准，根据犯罪的危害程度决定应处的刑罚，刑罚不仅在伤害程度上与犯罪对被害人的伤害程度相适应，而且在方式手段上也相适应，这种对等应当成为法庭量刑的唯一标准。

英美刑法学家中也有支持康德这种绝对报应刑思想的学者，比如英国刑法学家尤因（A. C. Ewing）、美国学者罗尔斯（John Rawls）都认为，惩罚是犯罪导致的后果，所以刑罚的合理性并非来自因刑罚可能获得的将来利益，而是可以从所犯之罪应受处罚中获得，这是符合道义的，处罚的严厉性和行为恶性相称。[4]

另一位也持正义观的刑罚报应价值理论的是哲学家黑格尔，他将康德的道义报应主义转变为法律报应主义："犯罪是一种不法，

---

[1] ［美］戈尔丁：《法律哲学》，齐海滨译，生活·读书·新知三联书店1987年版，第197页。

[2] 参见［德］康德《法的形而上学原理——权利的科学》，沈叔平译，商务印书馆2005年版，第163页。

[3] 参见［美］理查德·霍金斯、杰弗里·P. 阿尔珀特《美国监狱制度——刑罚与正义》，孙晓雳、林遐译，郭建安校，中国人民公安大学出版社1991年版，第93页。

[4] See A. C. Ewing: *The Morality of Punishment*, London, Kegan Paul, 1929, p13. John Rawls: *Concepts of Rules*, The philosophical Review, L XIV (1995), pp. 4–5.

在犯罪中法的主客观方面都遭到了破坏，自由人所实施的暴力行为侵犯了强制的作为法，就是犯罪，形成对个人意志的否定判断，这就是刑法的领域"。① 强调人的自由意志是黑格尔报应理论的基础，每个人都是自己命运的主宰者，所以对犯罪者的惩罚也是基于犯罪人自由意志的要求，也是尊重他作为理性人享有的尊严和权利。

黑格尔也主张刑罚是正义的惩罚，所有对刑罚方式、本质等问题的考虑都是在假定刑罚是自在自为地正义的基础之上的，刑罚是对犯罪的扬弃，不是出于危害后果，而是对法的侵害。② 刑罚的强度和罪行的危害程度相等价，这种等价报应理论和康德的同态报应理论有所不同，因为黑格尔对两者的衡量在其价值层面，而非直接寻求某种特定性状的等同，因为不可能找到与每一种犯罪主客观性状相符的刑罚，否则就可能导致荒诞的同态报复。

法律报应论比道义报应论更进一步之处在于它主张"刑罚包含着犯人自己的法，刑罚之所以是正义的，是因为它来自犯罪人的行为，体现了犯罪人的自由意志，是他的自由的定在，是他的法，所以是正义的"。③ 法律报应论关注的是规则违反的事实，而非道德上的罪过，"刑罚是犯罪人自己选择了违法而导致的必然结果，而非立法的结果"。④

英美刑法学派在康德和黑格尔理论的基础上又根据是否加入功利主义的考量以及违反的罪过是法律上还是道德上的，将报应刑理论进一步发展成了纯粹的法律报应主义和不纯粹的法律报应主义，以及纯粹的道义报应主义和不纯粹的道义报应主义。此外还有一个变异理论，即主张复仇是刑罚的合理性依据，称作刑罚复仇理论。

---

① 参见［德］黑格尔《法哲学原理》，范扬、张企泰译，商务印书馆1961年版，第98页。
② 参见［德］黑格尔《法哲学原理》，范扬、张企泰译，商务印书馆1961年版，第101—102页。
③ 参见陈兴良《刑法的启蒙》，法律出版社2004年版，第149页。
④ See J. D. Mabbott: *Punishment*, Mind, XL VIII, 1939, p. 16.

3. 刑罚折中理论

刑罚报应主义价值观和刑罚功利主义价值观自提出以来就一直处于对立争锋的状态，两派都认为对方有无法信服之处，但事实上两派又都有其合理之处，在这种情况下，有学者提出了折中理论，最具代表性的就是英国法学家哈特教授。

哈特在其《惩罚与责任》(Punishment and Responsibility (1968))一书中，提出刑罚本质的二元论主张，一方面承认刑罚合理性基础在于对犯罪人的罪过施加的痛苦，必须由法律规定的机构执行，[①] 另一方面在刑罚的程度上又采用了报应理论和功利主义相结合的思想，认为"将刑罚限于罪犯是构成刑罚之正当目的的任何原理的无条件结果，报应是其中之一，而对正当目的的追求又是功利的观点，只要坚持刑罚的作出与犯罪人的犯罪行为一致，就可以避免功利主义和其他理论之间的冲突"。[②]

这种折中的观点用"总目的中的报应"和"分配中的报应"对报应概念进行道德和法律的二元划分，试图解释对法律意义下的报应的承认不等于刑罚总目的就是报应，通过分类来回避不同理论之间的冲突，但哈特并没有给出比较合理有力的论证观点，实际上的效果就是这种分类只是体现了法律报应论和道义报应论思想。[③] 其次，在刑罚的正当性根据上，他既承认报应论观点，肯定刑罚带来的痛苦本身的价值，又同意功利主义观点，肯定刑罚的目的在于追求有益的后果，这种两面都采纳却没有给出一个平衡和融合观点的论述导致了哈特的理论充满了冲突和矛盾，故而有学者批评他，"虽然哈特的理论提出了对刑罚新的分析方式，但其实没有真正的进步之处，报应和功利的对立不可能消除，而在

[①] Philip Leith, Peter Ingram: *The Jurisprudence of Orthodoxy*, Question's University Essays On H. L. A. Hart, Routledge, London, 1988, p. 123.

[②] 参见[英] H. L. A. 哈特《惩罚与责任》，王勇等译，华夏出版社1989年版，第9、11页。

[③] 参见[英] H. L. A. 哈特《惩罚与责任》，王勇等译，华夏出版社1989年版，第9页。See Joel Feiberg, Hyman Gross: *Philosophy of law*, Wadsworth Publishing Company, 1986, pp. 588 – 589.

哈特自己的理论中找不到具有权威性的独立渊源"。①

二 刑事实证学派的刑罚价值理论

近代学派，又称实证学派或者新派，这一学派产生于资本主义向帝国主义转变的时期，这个阶段城市化加剧，贫富差距扩大，出现了很多社会问题，阶级矛盾也进一步升级，财产类犯罪数量上升，累犯、常习犯增多，青少年犯罪也大幅度增加，原有的古典学派刑法理论不能解决新的犯罪问题，催生了以抑制犯罪激增为出发点的近代学派。

近代学派对犯罪的研究，从以行为为中心转向以行为人为中心，不再抽象地研究犯罪行为本身，而是结合具体的行为人的主观恶性来进行分析，所以相应的刑罚手段也不再仅仅是与危害行为相适应，还要与行为人的主观恶性相适应，出现了预防犯罪的目的追求，认为刑罚不是对犯罪的报应，而是为追求保护个人的生命、身体、财产等利益和保卫国家等目的而存在，所以刑罚的价值不在报应和威慑，而在于防卫社会和矫正犯罪人、预防犯罪。

这一派的代表人物龙勃罗梭推翻了古典学派的自由意志理论，批判报应和威慑价值观，认为威吓并不会遏制犯罪，反而导致严酷的刑罚使人麻木。② 他主张决定论，认为必要性是惩罚的基础，社会对犯罪的对抗必要性是基于犯罪的必要性之上的，所以如果要惩罚犯罪，必须建立在个人认知的基础上，而真正决定刑罚程度的不是犯罪的危害而是对社会的危害，要与犯罪的人身危险性相适应，即社会责任论。

为了实现社会防卫的刑罚价值，龙勃罗梭在将犯罪人划分为生而有犯罪性的人、疯狂的犯罪人、情欲的犯罪人和偶然的犯罪人的基础

---

① See John Morrison: *Hart's Excuses: Problems with a Compromise Theory of Punishment*, In *The Jurisprudence of Orthodoxy: Question's University Essays on H. L. A. Hart*, Edited by Philip Leith, Peter Ingram, Taylor and Francis. London, 1988, p. 124.

② 参见［意］龙勃罗梭《犯罪人论》，黄风译，中国法制出版社 2000 年版，第 321 页。

上，提出了相应的防治措施，尤其是主张对生来犯罪人，应该根据不同的情形采取不同措施：（1）对只是有犯罪倾向的人可以预先将其与社会隔离；（2）对于具有犯罪生理特征者进行医疗矫治来消除犯罪的动因；（3）对人身危险性极高的人流放荒岛、终身监禁乃至处死。[①]

另一位代表人物菲利也否定了自由意志理论，认为犯罪不是人的意志命令的产物，而是由于其处于某种特定的人格状态和某种促使其必然犯罪的环境之中。他提出了新的刑罚合理性基础，认为刑罚的目的不是对犯罪的报应，而是社会用来防卫罪犯威胁的手段，合法判决的目的不在于确定道义责任，而是根据犯罪人的反社会性确定最合适的法律适用。[②]

在社会防卫方面，菲利也同意龙勃罗梭针对不同犯罪人实施不同防治措施的思路，他认为，对天生犯罪人、精神病犯罪人和惯犯应当实行不定期隔离，因为对于天生的或者由于疾病引起犯罪的罪犯，不能随便确定一个关押期间，而是要关到他们能适应正常的社会生活为止，而对于犯了重罪的天生犯罪人，只有两种方式可供选择，即终身流放和不定期隔离；对轻微犯罪应当施以赔偿损失代替短期监禁，因为这类犯罪人一般是不危险的，其行为对个人和社会造成危害也不是蓄意的，所以监禁对其是不公正的，甚至可能造成危险结果，对这类人，赔偿比监禁更有效，同时也能减轻行为人退化和危险程度的法律惩罚；对精神病罪犯应当设立专门的精神病院隔离这类犯人。[③]

在罪犯矫正方面，菲利认为，古典刑法学派主张的刑罚之中并不包括改善人类生活的目的，所以有关恢复正义和道德惩罚只是美好的愿望，事实上犯罪人的预谋或情感已经不为刑法的禁止性规定所约束，行为人犯或不犯某种罪行并不是因为对刑罚的畏惧，所以刑法典

---

① 参见陈兴良《刑法的启蒙》，法律出版社2004年版，第183—184页。
② 参见［意］菲利《犯罪社会学》，郭建安译，中国人民公安大学出版社2004年版，第272、221页。
③ 参见［意］菲利《犯罪社会学》，郭建安译，中国人民公安大学出版社2004年版，第100—110页。

并不能抑制犯罪，只能起到隔离的作用，将犯罪人和社会暂时分开，是一种针对犯罪结果而采取的措施，也许在短期内可以防止罪犯再犯新罪，但实际上并没有触及犯罪的原因和根源。① 犯罪的原因并不是单一因素作用的结果，而是人类学、社会学、自然因素的相互作用的结果，所以为了预防犯罪，必须求助于刑罚的替代措施（包括经济领域、政治领域、科学领域、立法和行政领域、教育领域等的替代措施）来从社会根源消除犯罪，同时要对罪犯进行科学矫正。②

意大利刑法学家贝卡里亚也强调刑罚预防犯罪的功利性价值："刑罚应当由法律规定，坚持必要性原则，即与所犯罪行相称"，他认为刑罚的目的"不在于折磨人，也不在于消灭已有罪过"，而是在于"阻止犯罪人重新回归社会后再次侵害公民，同时对其他人产生威慑力，预防犯罪"。③ 贝卡里亚主张预防比事后的惩罚更重要，因为惩罚的正当性来源于其对犯罪预防所起的作用。贝卡里亚以部分抽象契约论和部分功利主义作为惩罚正当性的根据，在其《论犯罪与刑罚》中就表达了"法律是自由状态下订立的契约"，"预防犯罪比惩罚犯罪更重要是良法的基本原则"等观点。因为其主张刑法的功能在于预防犯罪和促进公共福利，所以有学者认为他主张消极的一般预防，比如威慑，这个目的和社会契约论中惩罚正当性的理念紧密联系在一起。④ 也有学者认为贝卡里亚在刑罚价值问题上持双重预防价值说且更强调一般预防的价值，认为刑罚的法定性、刑事立法的公开性、刑罚的及时性、刑罚的不可避免性及刑罚与犯罪相适应是实现刑罚功利性价值的条件。⑤

---

① 参见［意］菲利《实证派犯罪学》，郭建安译，中国人民公安大学出版社2004年版，第156、187—188页。
② 参见［意］菲利《犯罪社会学》，郭建安译，中国人民公安大学出版社2004年版，第196页。
③ 参见［意］贝卡里亚《论犯罪与刑罚》，黄风译，中国大百科全书出版社1993年版，第109、42页。
④ 参见［德］埃里克·希尔根多夫《德国刑法学：从传统到现代》，江溯等译，北京大学出版社2015年版，第206页。
⑤ 参见赵秉志《刑罚价值理论比较研究》，《法学评论》2004年第1期。

李斯特反对刑事古典学派的刑罚报应主义，认为刑罚不是对犯罪行为的事后报复，也不是对其他人的恐吓，而是对那些"危险状态的体现者"采取的预防措施，即防止具有社会危险性的人危害社会，只有"法益保护"或"社会防卫"才是刑罚正当化的根据。他也主张刑罚的价值在于防卫社会和改造、教育犯罪人，消除其危险性，使之重返社会，个别预防的重点不是预防不特定的可能犯罪之人，而是预防已受到处罚的人再次犯罪。①

三 功利主义的弊端和报应主义的重新选择

由于功利主义刑罚观强调从社会利益角度看待刑罚实施，可能会产生一系列的道德和法律问题。首先，功利主义假设少数人的痛苦有利于多数人利益的成长，实施刑罚的效果评价取决于是否有促进社会利益的效果，这种评价体系要求有一定的经验基础，需要实证研究来支持其刑事政策的制定，而其隐患就在于可能为了维护公共安全和社会秩序而使惩罚犯罪人合法化，为了秩序而牺牲正义，这些功利主义的政策无法控制后果。其次，功利主义观念可能意味着刑事司法制度会影响分配正义，比如为了增加矫正人员的工作机会而增加判刑人员。出于这些无法控制的风险和矫正不再被视为有效手段的现状，20世纪90年代后期人们又开始复归报应主义，但这不意味着对功利主义目的的全部否定，人们试图包容预防等刑罚目的，但批评矫正理论。② 比如安德鲁·冯·赫希（Andrew Von Hirsch）阐述了基于个人权利本位的假说："这种个人基本权利本位的假说，而不是功利主义的刑罚和预防理由，可以独立成立。刑罚之所以有利于大多数人，并不是因为它有剥夺犯罪人自由和名誉的正当性，而是其他的原因，也就是报应。因为罪犯从事了错误行为，这种行为造成了危害，或存在

---

① 参见赵秉志、陈志军《刑罚价值理论比较研究》，载刘家琛主编《当代刑罚价值研究》，法律出版社2003年版，第29页。
② 参见［美］理查德·霍金斯、杰弗里·P. 阿尔珀特《美国监狱制度——刑罚与正义》，孙晓雳、林遐译，郭建安校，中国人民公安大学出版社1991年版，第99—101页。

着危害并为法律所禁止，他就可能受到某种剥夺。因此，刑罚的作用不仅仅是预防犯罪，也是对犯罪人行为的回应，即坎堤安所称'恢复平衡'和对错误行为的道德否定的表示。换句话说，当运用预防说明刑罚的社会作用时，就需要用惩罚去解释为什么造成罪犯痛苦的功利主义就是正义的。"①

第二节 预防性监禁制度的刑罚目的基础

刑罚的价值和目的不能混为一谈，刑罚的价值是指对社会的意义和作用，刑罚的目的则是从立法机关、司法机关角度来看刑罚适用想得到的结果。可以大致对应为刑罚的报应价值主义对应报复论，刑罚的功利价值主义对应目的刑论或教育刑论。

以报复思想为核心的刑罚目的学说，是最早形成的刑罚目的理论，其发端于神意报复说。古希腊时代的哲学家将犯罪解释成对正义和道德之神的冒犯，对这些行为施以刑罚是为了消灭冒犯神灵之人，以净化被其污染的土地。②

中世纪教会刑法也对刑罚的改造观念的形成有所影响，因为教会代表不断地强调，绝对的主观法与命令高于所有的个体权利的理念，一方面，这昭示着法律面前人人平等，另一方面，其意味着对犯罪与个人罪责主观方面更好的评估，也即暗示刑罚应该使犯罪人受益的改造理念。③

一 报应主义的刑罚目的理论

刑事古典学派出现于资本主义发展的上升时期，所以他们的刑罚

---

① See Andrew Von Hirsch: *Doing Justice: The Choice of Punishments: Report of the Committee for the Study of Incarceration*, Northeastern University Press, 1986.
② See Carl Ludwig Von Barl: *A History of Continental Law*, Rothman Reprints Inc., South Hackensack, New Jersy, New York, 1968, p.381.
③ 参见［德］卡尔·路德维格·冯·巴尔《大陆刑法史：从古罗马到十九世纪》，周振杰译，法律出版社2016年版，第53页。

思想受到资本主义和封建主义矛盾冲击的影响，表达出对专制的抨击和对自由权利的需求。古代刑罚理论源于对犯罪行为的报复，从康德主张的等量报复到黑格尔主张的等价报应，刑罚手段也从残酷的肉体刑和死刑为重点逐渐变得不再着重于对人身的折磨，但犯罪行为的危害程度仍然是刑罚轻重的决定因素，都坚持比例原则，即刑罚要与犯罪侵害成正比，刑罚的轻重只由犯罪来决定，① 并没有跳出报应刑的框架。在刑罚目的上，基于启蒙思想的学者主张相对主义、一般的预防主义，而基于报应主义的学者主张绝对主义、报应主义，一般的预防忽视了特别预防，报应主义否定了刑罚的左右将之等同于报复，都有不全面之处。

报应刑论，或称为报应主义，源自最古老的报复主义，其基本主张是以因果报应为出发点，主张刑罚的目的在于对犯罪的报复与惩罚。"杀人者死""以眼还眼、以牙还牙"等思想在中西方最古老的法典和法学家论述中都有出现（比如《荀子》《摩西法典》《汉谟拉比法典》等），中西方有着很多相似之处。近代以来继承了这一报复论思想的是以康德的因果决定论为基础的报应刑论。康德认为，刑罚的目的就在于对犯罪人的惩罚，而不是促进另一种善的手段。② 黑格尔对刑罚目的的论述是从刑罚是对犯罪的否定之否定的角度展开的，他也主张惩罚为刑罚的根本目的。黑格尔认为，"刑罚毕竟只是犯罪的反向映射，是用犯罪的形态来报复犯罪人，所以犯罪是自食其果"。③

意大利刑法学家帕噶诺（M. Pagano）第一个以报应的观念为基础准确地规定了刑罚是犯罪的定义和罪刑相适应的基本要求，认为刑罚是因侵犯权利或不履行义务而丧失的权利，刑罚与被侵犯的权利在质量和数量上应当相等，并提出了刑罚是犯罪的"反动机"（cont-

---

① 马克昌主编：《近代西方刑法学说史》，中国人民公安大学出版社2008年版，第27页。
② ［德］康德：《法的形而上学原理》，沈叔平译，商务印书馆1991年版，第164页。
③ ［德］黑格尔：《法哲学原理》，范扬、张企泰译，商务印书馆1961年版，第106页。

rario motivo)的著名论断，为费尔巴哈的心理强制说提供了理论基础，而稍后的罗马诺司（Romagnosi）则第一个在刑法史上旗帜鲜明地提出防卫社会是刑法的唯一目的的观念，开启刑事社会学派的先河。①

后期古典学派以报应主义为核心和李斯特等新派进行争论，宾丁被认为是报应主义刑罚理论的集大成者，他从规范说出发，认为刑罚权是由刑罚法规定的，对违反规范的犯罪行为具有惩罚权利，所以刑罚的轻重应与犯罪轻重成比例，其主张是法律报应主义，因为他认为刑罚是根据法律报复犯罪的。再比如比克迈尔认为刑罚不是用来处罚犯罪人的，而是针对犯罪行为，所以应当根据罪行危害大小而非犯罪人的人格来确定刑罚的轻重，他坚持刑罚的本质在于报应，但同时他也承认刑罚的预防目的，提出了"分配理论"，主张刑罚的报应与预防比例的具体化是通过立法、司法、执法的不同阶段来量化完成的，所以会和各阶段相呼应，实现不同刑罚追求的统一。②

二 预防主义的刑罚目的理论

在旧派刑法中，根据责任主义原则，不能对精神障碍者、未达到刑事责任年龄等无责任能力者的犯罪施加处罚，19世纪末，新派刑法学得以抬头，意大利刑法学派主张目的刑和教育刑，提出对有社会危险性的犯人进行无害化处分、对有改善可能的犯人施加教育的思想，成为保安处分思想的出发点。③

1. 从一般预防到特殊预防

保安处分和刑罚都具有预防犯罪的目的，但两者路径不同：刑罚是通过威慑、教化、社会隔离等手段实现一般预防和特殊预防，保安

---

① 参见［意］杜里奥·帕多瓦尼《意大利刑法学原理（注评版）》，陈忠林译，中国人民大学出版社2004年版，序25页。
② 参见马克昌主编《近代西方刑法学说史》，中国人民公安大学出版社2008年版，第247—248页。
③ 参见童德华《外国刑法导论》，法制出版社2010年版，第362页。

处分则基于行为人未来的再犯可能性强化社会防卫目的和矫正、教育目的以实现特殊预防。

费尔巴哈在心理强制说的基础上提出了一般预防理论,认为"刑罚的目的在于预防社会上一般人犯罪的发生,因为犯罪大都是由于贪欲所引起,国家制刑、判刑和行刑就是用以使人们知道受刑之苦,大于犯罪所得的贪欲满足,以致之所畏惧,不敢触犯刑律"。①

启蒙主义时期一般预防理论盛行,否定报应刑、承认刑罚的目的性已经成为普遍共识。格老秀斯主张改造是刑罚的首要目的,惩罚不是为了过去的错误,而是为了防止再犯;托马鸠斯则将改造排在刑罚目的的第一位;伏尔泰在功利主义的基础上认为刑罚的目的就是威吓;② 孟德斯鸠强调刑罚的目的在于对法律秩序的恢复。③

格老秀斯是第一个试图区别"报应"与"复仇"的近代欧洲学者,报应不是简单的复仇,而是一种国家权力,他强调刑罚的本质在于报应,即基于犯罪人的自然本能的报应,是犯罪行为人亲自实施犯罪行为而招致的被科处的"被动的恶",应当采取一种以报应为中心并且把一般预防和特殊预防结合起来的方法。④ 他认为刑罚的目的不在于恢复原状而是作用于将来,所以对罪犯的矫治和改造是第一位的,除此之外,对他人的警告和对被害人的补偿也是惩罚的目的。相比报复,霍布斯更强调刑罚对预防犯罪和矫正犯罪者的作用,认为刑罚是为了使犯罪者之后更好的服从社会规则。⑤ 孟德斯鸠则否定报复刑,强调刑罚的教育功能,认为刑罚目的是恢复秩序,通过刑罚来教育人民不去违反规则,立法者要通过适度的刑罚和奖赏来教养人民,

---

① 赵秉志:《刑法基本理论专题研究》,法律出版社 2005 年版,第 585 页。
② 参见[日]木村龟二主编《刑法学词典》,顾肖荣等译,上海翻译出版公司 1991 年版,第 11—12 页。
③ 参见[法]孟德斯鸠《论法的精神》(上),许明龙译,商务印书馆 1982 年版,第 200 页。
④ 参见马克昌主编《近代西方刑法学说史》,中国人民公安大学出版社 2008 年版,第 8—9 页。
⑤ 参见[英]霍布斯《利维坦》,黎思复等译,商务印书馆 1985 年版,第 241 页。

所以刑罚不应太过严峻，要更为宽和和人道。①

一般预防理论的积极作用在于，一方面，它从威慑性角度赋予刑罚正当性根据，刑罚可以证明法律秩序牢不可破，加强人民的法律忠诚感，由此可以解释为什么没有再犯危险时也不能放弃刑罚；另一方面，它具有确定性，反对用危险性估计来代替对行为的明确描述，因为只有禁止规定是明确的，才能更好地鼓励人民不去违反并保持距离。②确定性是一般预防的必然要求，因为"一般预防的威慑效果取决于其是否可行，而可信度又依赖于刑罚兑现的程度，兑现率越高，威吓程度越高，进而威慑潜在犯罪人不敢犯罪，而且兑现率越高，刑罚的威信越高，更容易得到人们的尊重，促成守法习惯的可能性较大；经验研究也表明，犯罪率的升降与受惩罚的危险性大小关系密切"。③

但是，一般预防论也有其缺陷之处。一方面，它包含着允许国家刑罚权无限扩张的含义，有可能导致极其严厉、特别残酷的刑罚，这种理论认为处罚犯罪人纯粹只有工具性意义，即目的在于树立榜样而非惩罚罪犯，而且给犯罪人增加了负担，在自己行为之外还要承受预防他人犯罪那一部分的刑罚；另一方面，一般预防的效果受到个人情况和社会环境的限制，不可能预防所有犯罪：自然犯和法定犯的一般预防效果不同，社会治安形势不同的国家一般预防的效果也不同。

特殊预防理论相对于报应理论而存在，认为刑罚的任务在于阻止行为人将来的犯罪行为，这个目的是预防性的，针对个别的行为人来实现再社会化的目的，其主张的不是将犯罪人与社会隔离并打上耻辱的烙印，而是推动其重新融入社会之中。这种思想在1969年以来的联邦德国立法改革中可以看到，比如新的《刑法总则》第46条第1

---

① 参见［法］孟德斯鸠《论法的精神》，孙立坚等译，陕西人民出版社2001年版，第109、222—223页。

② ［德］克劳斯·罗克辛：《德国刑法学总论（第1卷）：犯罪原理的基础构造》，王世洲译，法律出版社2005年版，第43页。

③ 参见邱兴隆《关于刑罚的哲学》，法律出版社2000年版，第129—135页。

第二章 预防性监禁制度的理论基础和正当性根据

款第 2 句对量刑的规定："刑罚对行为人将来社会生活应当预料到的效果，必须得到考虑"，相应的在司法判决中也为再社会化提供了更多的余地，这种再社会化原则赋予了特殊预防理论在理论和实践上极大的优势和公正性。① 但特殊预防论最大的缺陷就在于刑罚权以防卫社会的需要为名无限扩张，由于刑罚以预防未来为名，对犯罪人的惩罚就可能是至死方休，即使其犯罪极其轻微也不能幸免。另外，由于其刑期的长短取决于犯罪人的将来犯罪可能性，所以可能出现刑期与犯罪严重程度不符的状况，也有可能导致各种极端的改造方式。此理论的贡献之处在于，它把刑罚视为一种可以修复罪犯并使其重新获得生活能力的工具，就会促使行刑机构的改革。②

在报应理论和预防理论之上罗克辛提出了一种综合性的理论，③他援引了联邦宪法法院的立场，"罪责弥补、预防行为人的重新社会化、赎罪和对已实施的不法的报应，都将作为适当的刑事惩罚的各个方面来表示"，认为报应或任何一种预防理论都不可能单独地确定刑罚的内容和界限。一般预防和特殊预防作为刑罚目的必须同时存在，并且在大多数情况下都是没有冲突的，但当两者设定了不同的刑罚幅度要求时可能出现矛盾。所以就需要发展出一种综合的理论，报应不再是与预防一起共同存在的刑罚目的，在预防之中，一般预防控制着刑罚的威胁，在缺乏特殊预防目的或者在特殊预防目的失败的情况下，单独为刑罚的正当化提供基础，但当两个预防目标出现冲突的时候，特别预防的重新社会化的目的就挪到了第一的位置。笔者是很赞同这种以预防为主的综合理论的，这种理论可以很好地解释预防性监禁的目的，即以特殊预防为出发点，兼顾一般预防。

---

① 参见〔德〕克劳斯·罗克辛《德国刑法学总论（第 1 卷）：犯罪原理的基础构造》，王世洲译，法律出版社 2005 年版，第 39—40 页。
② 参见〔意〕杜里奥·帕多瓦尼《意大利刑法学原理》，陈忠林译，法律出版社 1998 年版，第 345—346 页。
③ 参见〔德〕克劳斯·罗克辛《德国刑法学总论（第 1 卷）：犯罪原理的基础构造》，王世洲译，法律出版社 2005 年版，第 45—48 页。

2. 目的刑论

目的刑论是主张特殊预防思想的学者[①]发展出的功利主义刑罚观，认为刑罚不是对犯罪的报应，主张刑罚的正当性根据是国家预防犯罪、保护法益的目的，刑罚可以对未然之罪实施，用以保护社会利益，其轻重要符合预防犯罪的需要，这是刑罚唯一的意义所在。[②] 目的刑论基于预防犯罪这一基本目标，焦点从惩罚犯罪转移到犯罪人再犯可能性的控制上，主张建立以自由刑为中心的刑罚和保安处分二元制体系。当然也有学者两者兼收，主张报应和预防都是刑罚的目的，如麦耶等。

实证主义犯罪学的诞生及发展为保安处分制度的发展提供了强有力的理论支撑，他们从否定自由意志论的角度出发，突出行为人的人身危险性，强调了刑法对社会的保护机能。

龙勃罗梭的社会防卫观点是目的刑思想的渊源，他提出社会责任论思想，认为刑罚应当与行为人的危险状态相适应，对不同的人处以不同种类的刑罚，以个别预防为需求标准。

实证学派的主要代表李斯特认为刑罚应有其自身的特殊目的，即通过对犯罪人的改造，使其不再实施犯罪行为，从而达到保卫社会的目的，他被认为是最先提出目的刑概念的学者。他从刑罚演进的角度阐述了社会防卫的目的刑思想：从原始状态作为本能冲动的刑罚演变为出现客观的审判机关，个人的冲动变成公正的惩罚，犯罪成为处以刑罚的前提，并在此基础上形成了刑罚体系，在观念目的之下出现了现代意义上的刑法，之后的任务就是继续这个进化过程，将刑罚向保护法益的方向推进。[③]

在此基础上李斯特提出了保安处分措施，目的是对犯罪人进行矫

[①] 比如龙勃罗梭的防卫社会理论、李斯特的特别预防论、李普曼的教育刑论、费尔巴哈的心理强制主义等。

[②] 参见郝守才、张亚平、蔡军《近代西方刑法学派之争》，河南大学出版社2009年版，第253页。

[③] 参见[日]木村龟二主编《刑法学词典》，顾肖荣等译，上海翻译出版公司1991年版，第407页。

正以及对无法矫正的人进行隔离，他将此措施定性为"国家谴责"，与施加痛苦的刑罚区别开来，更多目的是改善个人，保卫社会。李斯特还明确提出不定期刑，这就使灵活适用见长的保安处分更能适应打击违法犯罪的需要。①

新派刑法学家强调犯罪者的生理心理因素以及社会环境因素与犯罪产生之间的联系，认为事先预防比事后制裁更为重要，这种预防在刑法领域的体现就是作为刑罚替代措施出现的保安处分，定位为"替代措施"是因为刑事实证学派认为单纯的刑罚不能控制和减少犯罪，因而应与保安处分互补或代替适用，最终目的是让保安处分取而代之。②

法国刑法学家斯特法尼认为保安处分唯一的目的就是预防，所以它不需要关注过去的事由，也不追求任何报应目的和威慑目的，其产生完全是出于保护社会之必要，使社会不至于受到那些传统刑罚不能触及的个人的危害和对个人自由的保护。他支持新社会防卫论的观点，排除犯罪前的保安处分，而是从精神、心理、社会等原因对犯罪人进行治疗，使其回归社会，这也是法国制定法所采取的制度。③

因为刑罚受到犯罪行为作出和不法程度的限制，无法针对某些可能实施严重犯罪的犯罪人进行有效的预防，所以刑罚不能完全承担国家保护社会和公众免受犯罪行为侵害的任务。在此等情况下，就有必要在一个刑事诉讼程序中，同时考量惩罚和预防的目的措施，或者采取刑罚和保安处分同时判处的方式以达到预防的积极效果。④

日本刑法学界受到德国刑法理论的冲击，在刑法改革过程中对刑罚目的理论也有很多的讨论。比如牧野英一就支持犯罪人本位的新派刑法思想，认为日本刑法的改革本身就体现了从个人保护思想向社会

---

① 参见林淑蓉《保安处分研究》，西南政法大学2009年硕士学位论文。
② 参见韩忠谟《刑法原理》，北京大学出版社2009年版，第498页。
③ 参见[法]卡斯东·斯特法尼等《法国刑法总论精义》，罗结珍译，中国政法大学出版社1998年版，第430—433页。
④ 参见[德]汉斯·海因里希·耶塞克、托马斯·魏根特《德国刑法教科书·总论》，徐久生译，中国法制出版社2001年版，第966页。

防卫思想转变的潮流,所以新刑法必须从新派的目的刑论、主观主义的立场来进行把握,抛弃报应刑论、客观主义。① 其学生正木亮追随他的脚步,将牧野英一的教育刑论用于实践,以追求刑罚人道化的效用。但也有学者反对这种观点,比如大场茂马就认为如果贯彻新派刑法学理论,就要把刑事法体系转变为医学体系,这显然会对公民个人的自由权造成威胁。② 龙川幸辰也认为新派的教育刑论会导致对罪刑法定原则的否定,刑法就会沦为阶级对立的工具,所以必须坚持以罪刑法定原则为核心的报应刑论。③

  第二次世界大战后日本新旧学派的对立缓和,出现融合趋势,新派在强调目的刑论、强调社会预防的同时,也不再排斥社会责任,这种理论倾向和旧派的报应刑论有微妙的相似之处,而旧派从人格形成责任论发展出的构成要件论,为中心的体系中也承认了行为是行为人人格的体现,通过处罚行为可以对犯罪人格进行矫正,间接实现对犯罪的教育意义。④ 随着1956年全面刑法修改的工作启动,又引发了新一轮的新旧学派的争论,实质上是法益保护主义和社会伦理主义之间的对立,前者认为犯罪的本质是侵害、威胁法益,刑罚的本质是以抑制侵害为目的的抑制刑或说是目的刑;后者认为犯罪的本质是违反社会伦理规范,刑罚的本质是道义报应。⑤ 现在学界的主流是折中立场,比如大谷实就认为,"刑法的目的是保护法益,但要彻底实现这一目标就不得不考虑社会伦理"。⑥

  3. 刑罚个别化原则

  目的刑论在特殊预防的思想下提出的刑罚个别化原则,主张根据

---

① 参见牧野英一《刑法学的新思潮和新刑法》,警眼社1909年版,第8、43、46页。转引自黎宏《日本刑法精义》,中国检察出版社2004年版,第12页。
② 参见李海东主编《日本刑事法学者》(上),中国法律出版社、日本成文堂联合出版,第43页。
③ 参见团藤重光等编《龙川幸辰著作集》(第2卷),世界思想出版社1981年版,第13—22页。转引自黎宏《日本刑法精义》,中国检察出版社2004年版,第13页。
④ 参见黎宏《日本刑法精义》,中国检察出版社2004年版,第17页。
⑤ 参见黎宏《日本刑法精义》,中国检察出版社2004年版,第19页。
⑥ 参见大谷实《刑法总论》,黎宏译,法律出版社2003年版,第30—31页。

犯罪人的性格、个性及复归社会的可能性等作为量刑的标准，对不同的犯罪人施以不同的处罚措施。这个原则将刑罚的关注点从行为转向行为人，并加入了社会防卫的考量，这些都为预防性监禁措施为什么以个案为依据，裁量不同长度的刑期和不同的处罚手段提供了合理性解释。

特殊预防理论衍生出的刑罚个别化原则，为预防性监禁措施的不定期性提供了支持，这种不定期的自由刑是为了保证矫正目的的实现。李斯特主张相对不定期刑，即"对于案件的后续处罚和犯罪人个人情况有持续性关联的情况，法官应当首先科处不确定的刑罚，然后在法定最高刑和最低幅度内，根据事后对犯罪人的观察，作出最终判决"。[1] 菲利则主张绝对的不定期刑，他认为相对性会导致和定期刑割裂不开，违背了不定期隔离的原则，会破坏不定期刑的优势，所以应当采取没有高低刑期限制的绝对不定期刑。[2]

第三节 正当性基础——社会防卫论和人身危险性

采取预防性监禁措施的正当性在哪里？这要从对犯罪行为理论和对犯罪人预防理论的分析谈起。

一 行为理论

无行为则无犯罪，这条格言限定了刑罚的范围，也构成了刑法学理论的基石。近代各派刑法学说的展开，无一不从行为谈起，不能清楚地界定行为的概念，就无法建构整个犯罪体系的逻辑框架。所以大多数学者在论及行为理论时，都将其置于高位来强调对此的重视，

---

[1] 参见［德］李斯特《德国刑法教科书》，徐久生译，法律出版社2000年版，第18—19页。
[2] 参见［意］加罗法洛《犯罪学》，耿伟译，中国大百科全书出版社1996年版，第357—365页。

"不知刑法上有意义之行为，难以判断其应否受规范之支配，亦无法获悉所发生之效果，此为近世刑法学者之通说。由此可以推知，行为概念之建立，在犯罪论体系上之重要性"。[①] 随着法治社会的发展和经济的进步，不断出现的新型犯罪对原有的行为理论产生了很大的冲击，行为的范畴被不断地扩张，导致了边界模糊，定义不清，这也是许多犯罪样态定罪不明，争议颇多的根源。

在界定刑法中的行为时，有两个基础性的边界点需要明确。

第一是思想与行为的边界。随着现在危险犯、教唆犯等概念的深入，界定刑法意义上的行为就十分必要，比如发表言论的行为是否可以获罪？因为刑法上的行为强调已经做出并侵犯合法权益，所以只是有犯罪的念头并不会获罪，只有将犯罪意图转化为现实行为的时候，才会侵犯合法权益，所以要区分这一行为是否已经超出意志决定阶段而进入了意志实现阶段。

第二是刑罚对象的标准边界。费尔巴哈在其确立的刑事审判的法治国思想中，将行为限制作为对国家刑罚权限制的手段之一，即刑罚应以行为为标准而不能以行为人为标准，据此保障法的安定性和个人自由。这也是刑事古典学派一直坚持的以行为为中心的刑法理论，他们主张犯罪人内心的活动不是法律规制的对象，只有出现影响他人利益的行为的时候才进入法律视野。法律实证学派，即新派的刑法观是以行为人为中心的，比如大冢仁以人格刑法为基础，结合行为刑法，将犯罪人人格贯通于定罪、刑罚及其裁量之始终。

笔者认为，就现有的刑法理论结构来看，行为人刑法理论虽重视了个体的差异，更容易找到犯罪的原因，起到了针对性惩罚和预防的作用，虽然我国现有的法治水平可能不足以全面使用行为人刑法体系，但可以在行为中心体系之上，考虑行为人的人身危险性和特殊预防，这也是展开预防性监禁措施的基础。

---

① 蔡墩铭：《现代刑法思潮与刑事立法》，（台北）汉林出版社1977年版，第17页。

二　社会防卫理论

1. 旧社会防卫论

传统的社会防卫思想最早是由古希腊哲学家柏拉图提出的，主张为了保卫社会，应当为有改造可能性的行为人建立专门的收容设施，对他们进行教育和改造，降低危险性，必要时候加以医学治疗，后来这一思想被沿袭下来。不过，在 19 世纪以前这种社会防卫思想一直是建立在严厉打击犯罪的刑法制度基础之上的。[①]

近代意义上的社会防卫概念最早在 19 世纪末由菲利在其《犯罪社会学》中提出，认为刑罚的目的就是纯粹的社会防卫，这是刑事司法最重要也是最直接的任务，而传统刑法制度无力承担这种防卫社会的职责。基于个别预防观念，菲利认为刑罚的目的不在是报应而是社会防卫，相应地，刑罚对象是罪犯而非犯罪行为，所以他主张对不同的犯罪施以不同的措施，即刑罚个别化，这种思想后来成为新社会防卫论的重要内容之一，比如不定期隔离思想："犯罪是一种像精神病一样自然的现象——社会存在使有组织社会不得不防护自己免遭各种个人反社会行为的侵害——唯一的困难是使自卫的方式和期限适合于行为的方式和强度（动机、情节和结果），因此，考虑到这种行为者个人的特殊情况，不定期隔离在精神病院中是不可避免的。"[②] 他还提出了犯罪饱和理论，认为"犯罪是由人类学因素、自然因素和社会因素相互作用而形成的一种社会现象，不同的社会有不同的犯罪类型，其性质和数量与该社会的发展相适应，基于此，刑罚是必要的，但不是对犯罪的报应，而是社会用来防卫犯罪的手段，所以当刑罚不是最有效的手段时，就应当建立刑法之外的补充策略，这种补充措施的目标不是使所有重罪和轻罪都不产生，而是争取将他们减少到最小

[①] 参见康树华《新社会防卫论评析》，《当代法学》1991 年第 4 期。
[②] ［意］菲利：《犯罪社会学》，郭建安译，中国人民公安大学出版社 2004 年版，第 294 页。

数量"。① 菲利将社会防卫措施分为预防性质的社会防卫措施和镇压性质的社会防卫措施，前者既包括间接的措施（刑罚替代措施）也包括直接警察措施，后者包括刑法、诉讼、监狱等措施，其中，起到预防作用的刑罚替代措施应当成为社会防卫的主要手段。②

龙勃罗梭和加罗法洛的著作中也有相关的概念表达，比如龙勃罗梭认为刑罚存在的功利意义在于遏制未然的犯罪，而非为了报应而存在，是一种自卫，犯罪有必然性，所以防卫与处罚也有必然性，刑罚存在的唯一依据就是防卫社会，如果不是依据防卫的权利，又有什么权利可以对精神病人、对被怀疑患有传染病的人进行隔离呢。③ 基于特别预防的思想，他主张刑罚是为了社会防卫，所以其正当性来自于防卫力量是否相协调。龙勃罗梭还极力反对短期自由监禁，认为监狱将犯罪集于一处，互为习恶，所有的监狱制度都在为新的犯罪提供窝点。④

再如加罗法洛认为刑罚的公正性在于刑罚适合罪犯的个性，判断罪行的轻重应当根据公众对危险和惊恐的轻重所做的评价，而非已经设定的轻重标准来定，所以罪犯承受的惩罚应当和其对社会的危险性相适应。⑤ 他提出按照罪犯的堕落程度以及很可能再次出现的堕落程度，可以将社会对犯罪的反应分为三种形式，包括完全剥夺罪犯与社会的联系、针对性隔离罪犯和有害环境以及强制赔偿损害措施。⑥

虽然刑事实证学派代表人物菲利、龙勃罗梭和加罗法洛的刑罚思

---

① [日] 木村龟二：《刑法学入门》，有斐阁1957年版，第224页。
② 参见 [意] 菲利《犯罪社会学》，郭建安译，中国人民公安大学出版社2004年版，第193页。
③ 参见 [意] 龙勃罗梭《犯罪人论》（第2版），黄风译，中国法制出版社2005年版，第321、327页。
④ 参见 [意] 龙勃罗梭《犯罪人论》（第2版），黄风译，中国法制出版社2005年版，第333页。
⑤ 参见马克昌主编《近代西方刑法学说史》，中国人民公安大学出版社2008年版，第198页。
⑥ 参见 [意] 加罗法洛《犯罪学》，耿伟、王新译，中国大百科全书出版社1996年版，第227页。

想中已经出现社会防卫观念，但社会防卫理论发展成一门独立的理论则归功于李斯特、普林斯和哈默尔（G. A. Van Hamel），这三个人于1889年创建的国际刑法学会大力倡导社会防卫论，确定了如下几个基本原则："刑法的任务是与犯罪这一现象进行斗争"；"刑法应结合人类学和社会学的研究"，"刑罚并非是与犯罪作斗争的唯一手段，必须区分不同种类的罪犯，并与短期监禁刑作斗争"；"确定刑罚期限不能仅仅根据犯罪的客观严重性，要注重对罪犯进行感化，最后要使得那些惯犯在尽可能长的时间内不能危害社会"。[1] 普林斯在1910年出版的《社会防卫与刑法变迁》中首次系统地阐述了社会防卫理论，主张社会防卫是刑罚的目的，将社会防卫思想总结为："以犯罪的'危险性'或'危险状态'概念取代犯罪的'主观责任'，并采纳与犯罪的'危险状态'相适应的'安全措施'或'保安措施'。"[2] 他认为社会防卫是用"好的方法"，即延长自由刑期限和隔离淘汰措施来达到保障市民的生命、身体、财产及名誉的目的，而基于道义责任所确定的刑罚尤其是短期自由刑则不是好方法。[3] 比利时后来在1930年的《社会防卫法》中就借鉴了普林斯特殊防卫的主张，对精神病人和累犯适用特殊措施。

1822年李斯特在Marburg纲领中提出了社会防卫理论，认为"刑法的目的在于保卫社会安全，对于那些可能会对社会造成危险的人，在其实施犯罪之前便采取的防卫措施，即是保安处分"，[4] 他主张用特别预防的目的刑代替报应刑，将刑罚的重点移至改造之上，目的在待其回归社会后不会再犯，从而实现社会防卫。他提出了特殊预防的三重形式：通过对行为人的监禁来保护一般公众免受侵害，通过对行为人适用刑罚来威慑后来实施的犯罪行为，通过对行为人的矫正来防

---

[1] 康树华：《新社会防卫论评析》，《当代法学》1991年第4期。
[2] 卢建平：《刑事政策与刑法》，中国人民公安大学出版社2004年版，第38页。
[3] 参见鲜铁可《格拉马蒂卡及其〈社会防卫原理〉》，《中国法学》1993年第4期。
[4] 曲新久：《刑法的精神与范畴》，中国政法大学出版社2000年版，第351页。

止再犯罪。① 但李斯特并不主张设立刑罚之外的保安措施，坚持一元论思路。

由以上分析可见，19世纪末20世纪初的社会防卫论仍然无法脱离开严厉打击犯罪的刑法制度，还不具备以拯救犯罪人、矫正有犯罪倾向者为重心的科学和人道价值，正因如此，这种社会防卫论后来被德意法西斯分子肆意歪曲，蜕变为他们"恶为利用"保安处分的理论基础。②

2. 新社会防卫论

第二次世界大战后，吸取纳粹分子破坏民主和人权的教训，人权保障被重新重视起来，各国法学界都认为应当在刑法制定中强调人权保障，保护犯罪者回归社会的权利，废止过于残暴的刑罚，对人的尊严的保护和对个人的尊重引起社会普遍关注，在这样的背景下，社会防卫运动应运而生。③ 这场新社会防卫理论的革新运动中出现了意大利法学家格拉马蒂卡（Filippo Gramatica）的激进社会防卫思想和法国刑法学家安塞尔（Marc Ancel）的折中性社会防卫思想。安塞尔对这次革新的评价是，"一方面它对传统的纯粹报复性的法律规定进行冲击，另一方面它也在积极寻求既保护社会整体又保护个人的新办法。这一不满现状、矢志改革现状、大力倡导人道的运动，就是现代意义上的社会防卫运动，我们所理解的'社会防卫'意义也就在其中"。④

格拉马蒂卡反对旧社会防卫论过分强调社会防卫而忽略个人矫正的思想，认为社会防卫最本质的目的不仅在于对公众人身和财产安全的保护，更在于帮助犯罪人回归社会。所以对于与社会为敌的人不能

---

① 参见［德］罗克辛《德国刑法学总论（第1卷）：犯罪原理的基础构造》，王世洲译，法律出版社2005年版，第39页。
② 参见苗有水《保安处分与中国刑法发展》，中国方正出版社2001年版，第35页。
③ 参见马克昌主编《近代西方刑法学说史》，中国人民公安大学出版社2008年版，第467页。
④ 参见［法］安塞尔《新刑法理论》，卢建平译，香港天地图书有限公司1990年版，第6页。

第二章 预防性监禁制度的理论基础和正当性根据

简单地只是处以刑罚,而是要深入考察其反社会的背景原因,根据具体的案件情况,采取不同的矫正方法,比如治疗或者教育,对于极个别特别危险的也可以采取隔离的方式,但惩罚的实施不能只是为了造成痛苦。①

他主张用"反社会性"的概念取代传统的"犯罪"概念,因为犯罪只表达了社会本身之外的"个人本质",而反社会性是指人对社会生活准则的反抗个性。② 相应的,用"反社会性的指标及其程度"取代"责任"概念,把个人向适应社会方向转化过程中的措施称为"社会防卫处分",包括了治疗性、教育性、改善性的措施,代替原有的刑罚和保安处分概念,并用社会防卫程序取代刑事诉讼程序。

格拉马蒂卡的社会防卫体系的特点是,他基于个别预防思想试图建立一个打破刑罚与保安处分二元体系的一元化的新体系,但这个体系不是刑罚和保安处分的简单融合,因为前者是报复性措施,后者是有社会防卫性质的措施,社会防卫处分要完全取代刑罚和保安处分,并且在执行过程中随人格的改变而改变,具有不定期性质。1945年格拉马蒂卡创办了社会防卫中心,在1974年召开了第一届国际会议,将社会防卫中心改名为国际社会预防研究所,并在1949年召开的第二届国际会议上创建了国际社会防卫协会,同时创办了《社会防卫杂志》。1950年安塞尔在第12次国际刑法及刑务会议上作了《人道的社会防卫》这一报告,提出了与战前的旧社会防卫论相区别的"新社会防卫理论"的概念。③

安塞尔的新社会防卫理论的主要观点是:第一,对付犯罪不是为了对其进行惩罚和制裁,而是为了保卫社会免受犯罪行为的侵害。第二,社会防卫的目的是有效的保护社会,所以会采取一些刑罚之外的

---

① 参见鲜铁可《格拉马蒂卡及其〈社会防卫原理〉》,《中国法学》1993年第4期。
② 参见[意]格拉马蒂卡《社会防卫原理》,[日]森下忠译,成文堂1980年版,第2页。转引自马克昌主编《近代西方刑法学说史》,中国人民公安大学出版社2008年版,第477页。
③ 参见康树华《新社会防卫论评析》,《当代法学》1991年第4期。

措施，比如治疗、教育甚至隔离措施。第三，社会防卫背后的刑事政策主张预防犯罪和矫正犯罪人是统一的，强调个别预防，目的是实现再社会化。第四，认为罪犯的再社会化的实现只能通过在新的刑法中加入人道因素，通过恢复犯罪人的自信和社会责任感，促使其形成正确的人生价值观。第五，前述的人道化建立在对犯罪现象和犯罪人的科学分析之上，而不能是出于人道主义的主观产物，从社会个人主义的政治哲学出发，反对绝对个人主义和集权主义。[1] 其思想之特点在于，第一，不同于格拉马蒂卡极端的否定刑罚的主张，安塞尔认为应当将保安处分和刑罚统一成为一个刑事制裁体系，根据行为的具体种类和行为者的具体情况选择适用刑罚或者保安处分，反对基于人身危险性基础上保安处分的滥用，这就要求立法上要事先做到：严格界定人身危险性的概念和判断标准，划分出不同的级别，确定相应的保安处分的种类；规定对国家的预防干涉权要有严格的限度；改革刑事诉讼的有关程序，比如人格调查程序等，主张专家委员会和法官的合作。[2] 第二，不同于旧社会防卫论着眼于消极的犯罪处罚，他强调对犯罪人的改造，具有积极意义。第三，他重视对犯罪人的人格调查，以此作为量刑依据。

新社会防卫论中关于社会防卫的功能、保安处分与刑罚关系的阐述以及其预防思想、教育刑主张，都成为了预防性监禁制度的理论基础。因为预防性监禁理论的核心思想之一就是法治国家语境下的特别预防理论，这种针对个人的个别预防思想和防卫社会的目标相结合，可以赋予其正当性。比如德国刑法学家就认为，"从宪法所规定的国家的保护义务以及公共利益最高原则中寻求保安处分措施之正当性"是本国刑法学界的通说。[3]

---

[1] 参见吴宗宪《西方犯罪学史》，警官教育出版社1997年版，第882—883页。
[2] 参见［法］安塞尔《新刑法理论》，卢建平译，香港天地图书有限公司1990年版，第235页。
[3] Vgl. Frisch W. Die Maßregeln der Besserung und Sicherung im Strafrechtlichen Rechtsfolgensystem. *Die Zeitschrift für die gesamte Strafrechtswissenschaft*, 1990（102）: 367–368.

三　人身危险性和立法化

1. 人身危险性

由于人身危险性对于行为人再次犯罪具有导向性，要实现预防犯罪的目的，就必须考虑人身危险性和行为人犯罪可能性之间的关联。对人身危险性概念有狭义和广义之分，狭义的人身危险性是指再犯可能性，因为"如果没有一定人的一定行为，其一定的恶行就不能确认，我们固然认为不等一定的行为实施就可能对一定的恶行产生嫌疑，但是，这种嫌疑并非能够确认，按照我们的知识和经验，只有一定的人实施一定的行为，才能确认一定的恶性"，① 所以只能对再犯罪人评价人身危险性。

广义的人身危险性则不以行为人曾经犯过罪、受过刑罚处罚为前提，所以不限于再犯的可能性，即犯罪人再次实施犯罪可能性，也要考察初犯可能性，也就是潜在犯罪人的犯罪可能性。② 有研究显示，5%的犯罪人要对45%的案件负责，另一研究也有类似结论，发现6%的犯罪人要对50%以上的案件负责，这就表明，对高危险性的犯罪人进行有效分类和管理可以显著减少整个社会的犯罪率。③

龙勃罗梭曾论证过人身危险性和犯罪与刑罚之间的关联，认为刑罚要与个别预防的需要相适应，他提出了处遇个别化原则，主张对遗传性犯罪人、偶发性犯罪人和情感性犯罪人这三类犯罪人应当采取不同的对策：对遗传性犯罪人采取刑罚遏制，使其丧失犯罪或再犯罪的能力，比如对还未实施犯罪的人采取保安处分预先隔离；对有犯罪生理特征的人进行治疗，如切除前额等消除犯罪动因，将危险性极大的流放荒岛，终身监禁乃至处以死刑；对于偶发性犯罪人、情感性犯罪

---

① 马克昌主编：《近代西方刑法学说史略》，中国检察出版社2004年版，第276—277页。
② 参见陈兴良《刑法哲学》，中国政法大学出版社2000年版，第144—147页。
③ 参见何川、马皑《罪犯危险性评估研究综述》，《河北北方学院学报》（社会科学版）2014年第2期。

人适用刑罚替代措施,诸如法庭警告、训诫、不定期刑、罚金、缓刑或送至矫正机构进行矫正,等等。①

英美刑法学界中也有关于人身危险性与犯罪之间关系的研究,因为实践表明,报应模式下的刑罚威慑和矫正对犯罪人的影响有限,并不能有效地改善再犯率。比如剑桥大学的 Farrington 教授就认为已有犯罪历史的人更容易再次实施犯罪行为,他认为以下因素与犯罪有关:一般危险因素,比如有无酗酒、有无家庭残缺等;冲动因素;智力因素;家庭影响;朋友影响;社区影响等因素,这些也成为后来危险性评估的重要指标。②

预防性监禁制度,重在预防,其实施目的在于防止危险者再次侵害社会,是对行为人的人身危险性采取的特别预防措施,所以其基础是犯罪人的"反复犯罪的危险性",这就涉及对可以适用预防性监禁措施的对象范围。广义上的预防性监禁可能包括了对精神障碍者的强制医疗等措施,对有些可能因精神障碍判处无罪的人,只要认为还有人身危险性就可以进行一定的收容,但狭义的预防性监禁着眼于再犯危险性,则应当去除没有反复犯罪危险的行为人,比如有学者就认为,"保安处分以反复犯罪的危险为要件,因此,该危险消失的话,就必须停止实施保安处分,相反地,只要危险性继续存在,在其性质上有必要继续实施保安处分的话,原则上,必然要实施不定期的保安处分"。③

在量刑时对人身危险性进行评估也是行刑个别化的要求。行刑个别化是指行刑者根据具体罪犯的成长经历、生活环境、社会危害程度以及个性特征等指标决定改造的具体方案,对不同罪犯制定不同内

---

① 参见[意]龙勃罗梭《犯罪人论》(第 2 版),黄风译,中国法制出版社 2005 年版,第 333 页。

② See David P. Farrington, *Human Development and criminal Careers*, *Crime*, *Deviance and Society*, Edited by Susan Caffrey, S. & Mundy, G. Dartford: Greenwich University Press, 1996, p. 103, pp. 95 – 136, pp. 111 – 126, pp. 95 – 136, pp. 103 – 136.

③ [日]大谷实:《刑法讲义总论》(第 2 版),黎宏译,中国人民大学出版社 2008 年版,第 492 页。

容、方式的计划,这样有利于最大限度实现行刑的价值。① 只有针对性的预防和矫正措施,才能真正起到消除再犯可能性的目的,尤其对于一些累犯、惯犯、恐怖主义犯罪者等,他们的人身危险性具有不易改造、容易反复和起伏等特点,所以需要通过评估来随时监测和调整教育改造措施。

2. 立法模式

刑罚通过罪刑均衡原则、罪刑法定原则等基本原则来平衡人权保护和一般刑罚目的,预防性监禁涉及对未来行为和人身危险性的预测,无法直接适用罪刑均衡原则来限制,加之其不定期的性质本就有侵犯人权的可能性,又涉及对人自由的限制,故而必须将其适用的场合、手段、期间、执行机关、程序等具体问题加以明文规定,以平衡人权保障目的和社会防卫目的。

各国现有对人身危险性的规定主要有三种模式:第一,立法确认模式,即法律对人身危险性的表征因素做出明确规定,法官依法认定,比如瑞士刑法典;第二,司法确认模式,即把对人身危险性的认定交由法官根据案件具体情况自由裁量,比如中国和德国刑法典;第三,混合主义模式,即在立法上对人身危险性的表征因素做出规定,同时法官也拥有一定的自由裁量权,可以根据具体案件综合判断,比如意大利和西班牙。② 混合模式结合了立法和司法模式之所长,在实践中更为可行,但无论采取何种模式,由于人身危险性的评估和对犯罪人的不利后果相连,都必须严格限制这种评估,否则有可能导致对刑法基本规范的违反和对人权的侵害。

3. 人身危险性的评估因素

对初犯和再犯犯罪人的评估因素是不同的。对于初犯犯罪人,其核心特征是违法行为,具体的事实情况,从宏观上包括了形势、犯罪率和民愤三个表征,③ 从微观上则可以从内在的个人状态和外在的个

---

① 参见樊凤林《刑罚通论》,中国政法大学出版社1994年版,第501页。
② 参见刘旭东《累犯制度研究》,中国政法大学出版社2012年版,第155页。
③ 参见陈兴良《刑法哲学》,中国政法大学出版社1992年版,第111页。

人行为两方面分析。

（1）从个人状态上分析

个人状态是指具体行为人的生理和人格状态，为了限制预防性监禁措施的适用，对什么样的人需要评估初犯可能性必须有明确的范围，笔者认为应当限制在精神病人、毒瘾者和有明显人格障碍的未成年人这三类群体上。首先，对于精神病人，其发病状态的危害行为通常表现为暴力和危险手段的伤害破坏行为，所以应当认定其有人身危险性，因此适用预防性监禁措施。其次，对于毒瘾者，这类人在毒品作用下精神状态大多不再正常，比如日本法务省综合研究所对违反毒品相关法律的假释犯的精神诊断表明，其中56.2%的人属于精神准正常、精神衰弱和精神病质中的某种状态，[①] 在这些状态下很容易发生危害社会的行为，所以应当认定其有人身危险性并适用相应的预防性监禁措施。最后，对于未成年人，有一部分未成年人由于童年时期的社会、家庭原因没有形成健全的人格，容易与周围发生冲突，没有遵守社会规则的习惯，这类"虞犯少年"在严格的人格调查程序后，可以认定其有人身危险性并适用相应的预防性监禁措施。

（2）从个人行为上分析

行为角度主要是从违法行为的发生次数来评价其人身危险性，因为从多次的违法行为可以推测出行为人具有进一步实施更严重违法甚至犯罪行为的可能性，只有在这种情况下才能确定行为人具有初犯可能性，适用预防性监禁措施。

对于再犯犯罪人，对其人身危险性的判断也就是对再犯危险性的判断。再犯危险性是指"保护对象再次犯罪而破坏法律平稳的确实的概然性（bestimmte Wahrscheinlichkeit）"，再犯危险性以未来的结果为判断根据，与常习性相区别，不能因为常习性的认定而想当然地肯定再犯的危险性，需要对行为人的年龄、成长过程、家庭关系、教育、生活程度、性格和智力、职业和劳动意识、前科、前科和犯罪之间的

---

① 参见［日］菊田幸一《犯罪学》，海沫等译，群众出版社1989年版，第106页。

时间间隔、犯罪的手段和动机、之后的状况等因素综合分析,[①] 总体可以分为犯罪和犯罪人两个角度。

（1）罪犯的个人情况

首先是罪犯的生理情况，包括生物学和病理学两方面，生物学特征主要指体型特征、遗传学特征，而病理学特征主要指犯罪人是否是精神障碍者。其次是罪犯的心理状态，这主要是从心理学角度对犯罪人的气质、性格、情感、意志等因素作出的评估，不同的心理状态会导致不同的行为结果。其次是一些不属于以上两类，但对犯罪人再犯可能性有影响的因素，比如年龄、性别、职业、家庭背景、文化程度、生活经历等。最后是从罪犯初犯前后的表现来评价其人身危险性，平时表现良好的偶犯，再犯可能性较小，甚至无再犯的可能性。[②]

（2）犯罪行为的情况

首先是对客观犯罪行为的分析，包括对犯罪种类、犯罪手段、犯罪对象、犯罪形态、犯罪时间、犯罪环境等因素的分析。其次是对犯罪主观情况的分析，包括对故意过失、犯罪动机、犯罪目的等因素的分析。比如直接故意的犯罪人的再犯可能性一般大于间接故意和过失犯罪的犯罪人，犯罪手段残忍的犯罪人的再犯可能性一般比较大，因外力而犯罪未遂的犯罪人的人身危险性比遇到障碍就自动中止犯罪行为的犯罪人要大，前者若有机会就可能再犯，后者则不尽然。[③]

4. 人身危险性的评估体系

正如前文所述，人身危险性的评估目的是预防可能发生的犯罪，由于笔者的预防性监禁理论包括了对恐怖主义犯罪行为的规制，所以笔者认为对人身危险性的评估时间可以不拘于犯罪之后，即采用广义的人身危险性概念，对初犯和再犯在一定的条件下都可以做出评估。

---

① 参见［韩］李在祥《韩国刑法总论》,［韩］韩相敦译，中国人民大学出版社2005年版，第553页。
② 参见周振想《刑罚适用论》，法律出版社1990年版，第195—196页。
③ 参见何道新、韩耀元《试论犯罪人的人身危险性》,《河北法学》1992年第6期。

评估方法主要有定性和定量两种，我国目前主要采用定性的方法，是基于对各种人身危险性表征因素综合考虑后的整体判断，这种方法的不利之处就在于结果不够客观和准确。现在也有学者在做定量分析的尝试，比如有学者以影响刑释人员人身危险性的 14 种客观因素为自变量，以释放后表现（两年内是否重新犯罪）为因变量，除去固定因素，设计了刑释人员人身危险性（即重新犯罪可能性）的评估公式①，这个公式算出的刑释人员人身危险性的标志值 P 在 0 至 1 之间，反映某刑释人员个体在 2 年内重新犯罪的可能性大小（可转换为百分率）。②

外国的人身危险性定性评估方法主要有直觉法、临床法和统计法。直觉法是由司法工作者通过专业训练和经验评估；临床法是由受过犯罪学训练的心理学家或精神病学家通过访谈、观察等方法调查犯罪因素，对人身危险性进行判断；统计法则基于犯罪特征越多将来犯罪可能性越大的假定制作预测表，排出易于犯罪的若干特征和评估对象予以比较，用打分的方式评估危险性的大小。③

定量评估方法在美国最早开始于 Burgess 在 1928 年设计的对罪犯假释成败的预测表，他列举了可能与假释效果有关的诸多因素，包括犯罪史、家庭史、结婚状态、就业、犯罪性质、是否共犯、犯罪发生地、逮捕时是否有居所、近邻的类型、刑期长短、假释前服刑多久、狱内被惩罚的记录、性格类型以及精神医学诊断的结果等，他将这些因素放入预测表，罪犯获得分数越高，假释成功可能性越大。在这个预测表的基础上又发展出了多种测量表，比如 1972 年的"重要因素量表"（the Salient Factor Score）以及之后的危险测量表（Coding

---

① 刑释人员人身危险性标志值 P = 性别 × 0.081 + 文化程度 × 0.034 + 捕前职业 × 0.012 + 婚否 × 0.01 + 罪名 × 0.077 - 刑期 × 0.007 + 剥政（剥夺政治权利）× 0.033 + 前科次数 × 0.11063 + 离监类型 × 0.065 + 改造 × 0.074 + 就业 × 0.155 + 帮教情况 × 0.2042 - 逮捕年龄 × 0.032 - 释放年龄 × 0.024 - 7.379。参见邬庆祥《刑释人员人身危险性的测评研究》，《心理科学》2005 年第 1 期。

② 参见邬庆祥《刑释人员人身危险性的测评研究》，《心理科学》2005 年第 1 期。

③ 参见黄兴瑞《人身危险性的评估与控制》，群众出版社 2004 年版，第 72—73 页。

Scheme for Dangerousness Measure)、兰德量表（Greenwood Scale）等，这些表通过打分方式预测罪犯将来的犯罪可能性。①

第四节 风险社会理论

1986年德国学者乌尔里希·贝克（Ulrich Beck）在《风险社会》（Risk Society）一书中提出了"风险社会理论"，认为"风险社会"包括了一系列具有不确定性的政治、经济、文化因素，它们承担着现存社会结构、体质和社会关系向着更加复杂、更加偶然和更易分裂的社团组织转型的重任。②

风险社会理论自乌尔里希·贝克提出后在各个学科都引发了激烈的讨论，其中，和危险息息相关的刑法学界的关注尤其。在对风险社会中出现的新问题的应对上，刑法学界面临价值选择的挑战，"刑法是规范学，是价值选择的科学，尤其是在价值冲突中做出公正的价值选择"，③当社会安全超越自由成为面临的最大威胁的时候，价值的天平就会倾向社会安全一面。④比如，1975年后德国刑法不断修改和扩张，将干预时间提前到了法益受到真正侵害之前。其手段除了增加未遂的可罚性之外还设立了抽象危险犯的概念。"对于抽象危险犯，不一定要像具体危险犯那样出现法益的事实上可以确定的具体危险，相反，行为人实施了一个在立法者看来具有一般危险性的行为，就足够了"。⑤

---

① 参见翟中东《当代英美刑法中的人格地位与人格评估》，《河北法学》2009年第2期。
② 参见［德］乌尔里希·贝克、约翰内斯·威尔姆斯《自由与资本主义》，路国林译，浙江人民出版社2001年版，第160页以下。
③ 许发民：《风险社会的价值选择与客观归责论》，《甘肃政法学院学报》2008年第5期。
④ 贾元：《风险社会背景下刑事政策变化和刑法机能的发展研究》，《宁夏社会科学》2016年第6期。
⑤ J. Baumann, U. Weber, W. Mitsch, Strafrecht allgemeiner Teil. Leherbuch, 11. Aufl, 2003, § 8 Rn. 42f. 转引自［德］埃里克·希尔根多夫《德国刑法学：从传统到现代》，江溯、黄笑岩等译，北京大学出版社2015年版，第27页。

德国《刑法典》关于环境刑法、放火罪、竞争犯罪行为的规定都是这个思想的体现。

风险社会概念也影响着犯罪学与刑罚理论的发展。兴盛于20世纪末,西方社会隔离性刑罚的观念与现代社会具有风险社会的特质是密切相关的。不同于传统刑罚的概念,隔离性刑罚关注的重点不再是犯罪人的矫治,而是犯罪率的最低控制,原有的社会环境对犯罪人影响的理论和人的社会契约责任观点已经被强调风险、精算与统计的经济论述所取代。运用统计与精算的方式辨识和管理危险因子,以降低危险群体的危害,有效控制犯罪。将多次犯罪的犯罪人长期监禁,隔离于社会之外或者处以严厉的刑罚是符合现代社会控制风险的需求的,所以在近代各国也发展出了一些相应的措施,比如美国的三振法案、德国的保安监禁,等等。[1]

我国正处于一个重大的社会转型期,出现了各种后现代社会国家常见的风险表现,比如金融风险、安全事故和环境风险等,但总体来说,我国现在仍处于传统社会阶段,面对的是现代社会的各种发展问题,并不能激进地认为我国已经进入风险社会,风险问题不是我国现阶段发展的主要解决对象,但在刑法规制犯罪的过程中会碰到由风险问题引起的一些处理难题,所以我们仍需要对风险社会带来的刑法转变给予足够的重视。[2]

一 安全刑法与敌人刑法

传统刑法的罪责模式基于已经实际存在的社会危害性,强调的是无行为无犯罪无责任,但在风险社会下,有些具有现实发生紧迫性的危险行为,一旦发生就会造成极大的社会危害,引起社会秩序的混乱,还有些危险行为虽然无法查清主观罪过,但可以证实客观罪行,这些行为都有必要纳入刑法规制体系之中,需要刑法机能进行变化来

---

[1] 参见刘旭东《累犯制度研究》,中国政法大学出版社2012年版,第94页。
[2] 参见贾元《风险社会背景下刑事政策变化和刑法机能的发展研究》,《宁夏社会科学》2016年第6期。

为处罚这些行为提供正当性。

风险社会中,安全成为超越自由存在的优先价值选择,刑法机能的侧重点发生冲突:风险社会要求公共政策是有秩序的,所以刑法的社会秩序保护功能成为主导,但这又与提倡人权保障的刑事政策导向下刑法的权利保障功能产生矛盾。人权保障的冲击主要体现在安全刑法和敌人刑法两方面。

安全刑法以危险性为前提,一个行为如果有侵害法益的危险,在危险变成现实之前刑法就可以介入;一个行为人的人身危险性如果可能对法秩序共同体形成威胁,刑法就可以介入来降低可能存在的风险,安全刑法意图通过对危险的刑法禁止来降低和避免行为人违法的行为可能造成的风险的实现,从而实现安全目标。[1] 在安全刑法中,安全超越个人权利成为刑法的首要价值,刑罚在维护共同体安全的目标下也不再受人权保障的制约。"安全刑法的目的不是制裁具体的犯罪行为,而是用抛弃对个体法益的代价换取社会的稳定状态,要么保护这种状态,要么就根本不存在本质意义上的法益。"[2] 此时刑法机能选择面临重大挑战,因为社会利益分裂成个人利益与公共利益,这种分裂和风险的扩张与加剧程度是并进的,使得社会安全处于极不稳定的状态,所以刑事立法就不得不偏向对安全的维护,从而不得不弱化对人权的保障。可见,为了有效地应对高危的性犯罪、校园枪手、恐怖主义分子以及黑社会组织,刑法越来越成为社会防卫机制的一部分,同时也逐渐成了寻求优化有效保护措施这种安全政策的一部分。特别是自"9·11"事件之后,刑法和刑事司法已经获得了融入安全整体性架构的动力。[3]

敌人刑法是德国刑法学者雅科布斯(Guenter Jakobs)于20世

---

[1] 郝艳兵:《风险社会下的刑法价值观念及其立法实践》,《中国刑事法杂志》2009年第2期。

[2] [德]乌尔斯·金德霍伊泽尔:《安全刑法:风险社会的刑法危险》,刘国良编译,《马克思主义与现实(双月刊)》2005年第3期。

[3] [德]汉斯·约格·阿尔布莱希特:《安全、犯罪预防与刑法》,赵书鸿译,《人民检察》2014年第16期。

80年代提出的概念，用以与正常和平社会下适用的市民刑法相区别。敌人刑法的基本理念是：针对那些所谓具有持久社会危险性的行为人扩张构成要件，将刑事可罚性前置，同时限制其程序权利，对其大量适用保安处分手段，以控制这些"危险源"，达到保护社会的目的。①敌人刑法概念提出后，至今争论不休，大多数的批判意见都是从法治国原则的角度出发，认为其从根本上动摇了法治国家的刑法基础，颠覆了刑法的人权保障机能。②首先，敌人刑法的概念模糊，不存在客观的判断标准，以规范适用者的情感来作为界定标准，使得规范使用带有很大的任意性，为国家机器滥用权力大开方便之门。其次，敌人刑法剥夺了被划归为敌人的公民最基本的权利和主体身份，限制其程序权利保障，取消刑讯逼供的禁止，会造成极大地恐慌和危险，并导致国家权力在刑事诉讼程序中的无限膨胀。最后，敌人刑法坚持的是一般预防理论，刑法惩罚的目的在于维护法律规范，对个人的威慑力是服务于这个目的的，所以个人只是稳定社会利益的工具，这种工具化的做法是违反人的基本尊严的。③

二 保护机能下的预防刑法

1. 刑法机能的一般理论

在对刑法机能的分类中，德日理论的通说是三大机能：规制机能、保护机能和保障机能，但不同学者对这些机能的内涵和定位的表述不同。比如大谷实教授将保护法益的机能和人权保障的机能统称为维持社会秩序机能，④大冢仁教授将保护机能表述为秩序

---

① 王莹：《法治国的洁癖——对话Jakobs"敌人刑法"理论》，《中外法学》2011年第1期。

② 贾元：《风险社会背景下刑事政策变化和刑法机能的发展研究》，《宁夏社会科学》2016年第6期。

③ 参见［德］罗克辛《德国刑法学总论（第1卷）：犯罪原理的基础构造》，王世洲译，法律出版社2005年版，第567页。

④ 参见大谷实《刑法总论》，黎宏译，法律出版社2003年版，第3页。

第二章 预防性监禁制度的理论基础和正当性根据

维持机能等。① 还有学者在此三大机能之外加入了预防犯罪机能，维持秩序机能，统分为本质机能和基本机能。② 陈兴良教授在"规范机能"和"社会机能"两分结构之下又各自分出两个具体机能，规范机能包括评价机能和意思决定机能，社会机能包括保护机能和保障机能，③ 笔者认为这种划分是比较合适的。由于本文中刑法机能只是一个用来作为比照物的基础概念，在此就不再深入去讨论如何划分不同界限，直接使用陈教授的划分，在此之下讨论刑法机能的内容。

规范机能是刑法规制人的行为的机能，这里"人"的范围是广泛的，既包括司法裁判人员，也包括社会一般公民。这种规范性是在罪刑法定原则之下实现的，一方面，罪刑法定原则要求刑法规定是评价一般人行为是否入罪的唯一标准，"刑法对犯罪行为的否定评价会在社会公众内心形成一种制约，使得他们养成守法的习惯和服从法律的义务感，从而加深道德禁忌的约束和道德水平的提高，国家通过刑法达到公民信赖法律的目的，④"由此刑法实现对一般公民行为的规范机能；另一方面，通过强调司法者应当遵循罪刑法定原则，以此限制国家的刑罚权，约束司法人员的司法行为。在这两方面刑法都体现出了两种功能，一是评价机能，即"刑法为社会提供定罪量刑的总标准，并对具体行为进行评价的机能"，⑤ 二是意思决定机能，即"国家用法律规定犯罪与刑罚的关系，也是向公民发布保护法益的命令，要求公民的意志不能背离国家保护法益的意志，反映保护法益的要求，不可侵害或者威胁法益，也就是说，不应产生实施违法行为的犯

---

① 参见［日］大冢仁《刑法概说（总论）》，冯军译，中国人民大学出版社2003年版，第23页。
② 参见马克昌《比较刑法原理——外国刑法学总论》，武汉大学出版社2002年版，第12—14页。
③ 陈兴良：《刑法机能的展开》，《北京市政法管理干部学院学报》1999年第1期。
④ 参见［挪］约翰尼斯·安德聂斯《刑罚与预防犯罪》，钟大能译，法律出版社1983年版，第87—101页。
⑤ 参见陈兴良《刑法机能的展开》，《北京市政法管理干部学院学报》1999年第1期。

意，要求公民的意志抑制犯罪的决定"。①

保障机能，即人权保障机能，以个人主义为基础，是指对行为进行惩罚必须基于法律明文规定的基础之上，以保护普通公民和犯罪人不受任意刑罚的伤害，保障其基本人权。一方面，表现在对被告人权利的保障，在形式上即是刑法规定了法无明文规定的行为不定罪处罚，在定罪的时候考虑社会发展需要和实际情况，适当地做出处理；另一方面表现在对全体公民的保障，比如禁止事后法、禁止类推，等等。

保护机能，是指刑法通过惩罚犯罪，来实现对社会生活中的重要利益的保护和对社会秩序的维护与控制，这是由刑法的性质决定的，庄子邦雄就认为，刑法制定的目的是维护社会秩序，所以其科处刑罚的依据来自于国家的意志，国家认为有必要用刑罚制裁来保护的法益，就会规定侵害这些法益的行为就是犯罪。② 所以这种保护包括三个方面，国家利益、社会秩序和个人利益，这三者是密不可分的，统一的，牵一发而动全身。

以上三个机能是对立统一的，对社会的保护影响个人自由的保障，反过来对个人自由的保障也决定了社会秩序是否能够得到维护。所以在讨论刑法机能的时候，要注意到不同时期三个机能此消彼长的形式和其内在的联系。

2. 风险刑法的预防机能

由于社会生活的复杂化，各种社会问题频出，新出现的风险趋于复杂化，破坏性也显著增大，传统的解决手段已经不能应对，许多原本由其他法律领域处理的社会问题，最终需要借助作为保障法的刑法处理，刑法的保护机能得到凸显。在这种情况下，以预防为主要目的的刑法理论登上历史舞台。德国刑法科学家雅科布斯提出了刑法的机

---

① ［日］木村龟二主编：《刑法学词典》，顾肖荣等译，上海翻译出版公司1991年版，第10页。

② 参见［日］木村龟二主编《刑法学词典》，顾肖荣等译，上海翻译出版公司1991年版，第10页。

能主义理论，认为刑法要达到的效果是对规范同一性的保障、对宪法和社会的保障，力图用规范保护取代法益保护。① 刑法机能的发展要求了刑法干预的提前，从处理阶段提前到预防阶段进入，在立法上的表现就是法益保护的提前化。

（1）刑法机能与刑事政策的动态平衡

①理论上的表现——机能主义刑法观

刑事政策是一个指导性思想，引导机能的变化和调整。刑事立法背后都有一定的刑事政策作为指导，两者的内在联系可以从机能主义刑法观角度来理解：刑法机能是刑法作为社会规制手段的表现，但具体的作用是刑事政策学的范畴，② 现下我国主要坚持的是客观主义犯罪论，在这个基础上提出的刑事政策，更多地引导刑法发挥人权保障的功能，在个罪认定上倾向于做非罪处理，起到了限缩刑事法网的作用。

以刑罚的分配为例，随着人道主义的深入，反对重刑、废除残酷刑罚，刑法人道化，刑罚轻缓化成为不可逆转的趋势，任何刑罚结构中都会存在轻刑与重刑的搭配，所谓重刑化、轻缓化无非是指重刑在刑事法结构中占主导地位还是轻刑所占比重较大。国内外治理犯罪的实践均表明，单纯地适用重刑罚或者一味地强调轻缓都不能有效地遏制犯罪的发生。所以，为了体现刑法的社会保护和人权保障的双重机能，自20世纪后半叶开始，许多西方国家都建立起了"轻轻重重"的两极化刑事政策。这种两极化刑事政策强调对轻微犯罪实行更轻缓的处理方式，对严重犯罪进行更为严厉的打击，这样就能在保证刑法对犯罪具有惩罚和矫正效力的同时，逐渐创造出一种刑罚宽缓的氛围。

②实践中的表现——刑法刑事政策化和刑事政策刑法化

刑事政策的刑法化是刑事一体化的必然要求，这种融合的趋势也是法治国家的必然要求，法治理念的形成，法律制度的完备，往往需要长时间和高成本，所以在条件不成熟的时候，国家往往先用刑事政

---

① 参见［德］格吕恩特·雅科布斯《行为·责任·刑法——机能性描述》，冯军译，中国政法大学出版社1998年版，第101页。

② 参见黎宏《刑法总论问题思考》，中国人民大学出版社2007年版，第568页。

策的刑事表达判定犯罪和刑罚的标准来满足暂时性的需要,之后再在罪刑法定理念的指导下将欠缺规范性和可操作性的刑事政策予以刑法化,以达到丰富刑法体系,使刑法更能适应社会的发展。

两者结合的原因在于两者相似和互补的性质。尽管刑事政策也有类似刑法的规范功能、保障功能和保护功能,但是程度不同。首先,刑法的规范功能更偏重宏观调控,而刑事政策更偏向微观规制,而且刑事政策由于没有经过严格的制定程序,在司法实践中容易造成对公民权利的合法伤害;其次,尽管两者都发挥着保护国家、社会和个人利益的功能,刑法的保护更为直接有效;最后,在人权保障方面,刑法比刑事政策更加公正和有效,因为"刑事政策作为公共政策的一种形式,与政治的关系更为紧密,政策更直接地表现为政治的工具,而且由于其自身的逻辑特性也更加容易成为政治的工具……对于国家机关来说,法律的意义侧重于'我被(法律)要求怎样',具有限制政治的意义,因而更有利于对人权的保障"。[①] 由此看来,刑事政策的刑法化是很有必要的,但也有学者认为需要予以边界的限制。劳东燕教授就认为,刑法的刑事政策化意味着刑法的被工具化,这和机能主义刑法观的兴起密切相关,而刑法日益刑事政策化的倾向,代表着刑法日益政治化的现实,刑法教义学可能会完全成为政治的附庸而丧失独立品格。针对上述情况,劳东燕教授提出通过解释方法位序的排列、教义学的限缩以及实体宪法审查等方式来防止刑法过度地刑事政策化。[②]

(2) 预防机能

预防理论强调犯罪预防是刑罚的核心目的,而在风险社会下,强调刑法的预防机能恰恰迎合了现代一般大众想要不被犯罪干扰的追求安全与安宁的普遍心态,所以预防理论对刑法和刑事政策的影响越来越大。

笔者认为,有时候采取其他措施预防可能比单纯的法律禁止更为

---

① 曲新久:《刑事政策的权力分析》,中国政法大学 2001 年博士学位论文,第 31 页。
② 参见梁根林主编《当代刑法思潮论坛(第 2 卷):刑法教义与价值判断》,北京大学出版社 2016 年版,第 144—150 页。

有效，所以提倡刑法提早介入社会秩序的维护过程，防卫界限前置是有必要的。有很多论述和支持风险社会理论的学者会主张提前刑法的介入点，支持"刑法保护早期化"。①

解决安全和自由的价值冲突和选择困难的办法有两方面，一方面是以实现权利保护总量最大化为目标，另一方面是要找到人权保障与社会秩序安全的平衡点。

权利保护总量最大化，也就是在个人和社会权利保护之间寻求一个最优平衡，"一般来说，适应实现法权总量最大化的最优法权结构在不同时期、不同国家是不一样的，各国可以而且应该根据自己的具体情况来确定最适合自身发展的法权结构"。② 具体说来，就是既不能只强调风险防范，以社会安全为本位，也不能过于保守地限定在自由保障的个人本位中，而是要将二者统一起来，以权利保护最优为标准，在不同的领域，不同的时期侧重不同的权利侧面。例如，美国"9·11"事件发生以后，恐怖主义犯罪成为国际社会最大威胁，为了此事安全保障比重上升，美国即时颁布了《爱国者法》，调整了秩序维持在法权结构中的比重，从《华盛顿邮报》的民意调查来看，2/3 的美国人愿意放弃自由权利来终止恐怖主义。③ 这充分说明了在安全成为首要威胁的时候，民众是愿意舍弃一部分自由来换取社会秩序维持稳定的，所以在面对风险社会的时候，一方面要直击风险，以严厉手段打击风险行为，保障社会权利，另一方面也要根据具体情况，对不同的犯罪人从保障其权利出发，该从宽则应当从宽，这样才能平衡自由保障和风险防范，达到权利保护总量的最大化。

保障社会和保障人权这看似矛盾的两者实际上是殊途同归的，因为保护社会利益最终的目的也是保障人权。人不可能脱离社会存在，如果社会整体利益都无法保证，个人利益就更不可能实现。国家对社

---

① 参见赵书鸿《风险社会的刑法保护》，《人民检察》2008 年第 1 期。
② 童之伟：《法权中心的猜想与证明》，《中国法学》2001 年第 6 期。
③ 参见袁彬《"两极化"刑事政策及其借鉴》，载卢建平、徐汉明《京师刑事政策评论》（第 2 卷），北京师范大学出版社 2008 年版。

会利益的维护，对个人自由的限制，最终还是为了更好地在最大程度上保障公民的个人自由，尤其在现在的风险社会中，社会保护更是应该被放在优先位置，这是其他权利保护的基础。

从归责出发，以预防为导向的功利主义刑罚价值观对责任主义构成冲击，刑法的归责原则也需要重新调整，一方面，归责与归因出现分离，风险社会中严格责任的情况越来越多，当人们无法认定有经验支撑的行为和风险后果之间的联系时，往往采取了责任分担的做法或严格责任的做法，客观归责理论的发展就是两者分离的一个体现；另一方面，责任的承担由个人转向团体，大量以法人名义实施的危害公共利益的行为，无法将责任归责于个别行为人，所以追究团体责任是保护受害人利益和社会秩序的必然选择，这实际上也反映了刑法功能的预防转向。为保证人权保障和秩序维护两者的平衡，在对个人责任进行追究的时候就要注意把握不同阶段的判断标准，即要结合好可责性与需罚性这两个要素判断，首先，考察行为是否可以归责时，要以期待可能性等原则为标准，不具有可归责性的就不归责；其次，可以归责的行为不一定有惩罚的必要性，还应当从犯罪预防，社会秩序维护的需求角度考量是否需要承担刑事责任，进一步缩小实际承担刑事责任的范围。这样各自所承载的人权保障与安全秩序的刑法价值追求就可以做到相互制约、共存共荣，不至于彼此伤害，使刑法走向极端。

3. 风险刑法与预防性控制

英国学者安德鲁·阿什沃斯（Andrew Ashworth）认为，预防性控制以风险控制为目的，对人身危险性进行前置控制。[①] 在刑法之中，立法层面需罚与否考量的权重日益增加，预防性的公共政策体现为各种犯罪未完成形态与共同犯罪形态的扩张；在刑法之外的刑事法领域之中，通过刑事诉讼法、监狱法等扩张警察权力、缩减犯罪嫌疑人以

---

① See Andrew Ashworth & Lucia Zedner: *Prevention and Criminalization: Justifications and Limits*, New Criminal Law Review: An International and Interdisciplinary Journal, 15, 2012, p. 546.

及犯罪人权利；在刑事法领域之外，也出现了一系列民事或民刑混合的处理方式，无论是各种预防性禁令还是类似大陆法系保安处分的民事监禁措施，都可以躲避刑法的基本原则以及基本程序的限制，实现与刑事处罚类似甚至有过之而无不及的预防效果。[①]

[①] 参见冀莹《英国预防性刑事司法评介与启示——现代刑法安全保障诉求的高涨与规制》，《政治与法律》2014 年第 9 期。

第三章

预防性监禁理论发展的历史脉络

第一节 大陆法系的表现

一 保安监禁制度的概念

大陆法系，以德国为代表，是以保安监禁的形式规定预防性监禁制度的，和英美法系的不定期刑有相似之处。保安监禁（sicherungverwahrung）属于保安处分的一种，德国学者将此词和 preventive detention 相对应，认为德国的这个制度和新西兰的制度是一样的，[1] 但笔者认为二者从本质上有所区别，不定期刑是一种刑罚手段，其出发点在罪犯矫正，而保安监禁则是和刑罚手段并行，侧重于社会安定的维持，其出发点在于罪犯的人身危险性，故而保安监禁的适用范围会大于不定期刑。除《德国刑法典》外，1908 年《英国犯罪预防法》，原联邦德国 1969 年刑法改革条款以及《瑞士刑法典》中都规定了保安监禁[2]。

保安处分的定义有狭义、广义和最广义之分。狭义的保安处分，是指以行为人所具有的社会危险性为基础，在对其进行社会保安的同

---

[1] See *Basdekis-Jozsa* R1, *Briken* P., Die Meinung forensischer Psychiater zur Sicherungsverwahrung (SV) und zum Therapieunterbringungsgesetz (ThUG), Psychiat Prax 2012; 39 (06): 293–295.

[2] 原联邦德国 1969 年刑法改革条款第 65 条规定了将有严重性格缺陷的犯罪人送入社会矫治机构的保安监禁处分，《瑞士刑法典》第 42 条规定，行为人数度故意犯罪，并因此被执行总共剥夺 2 年以上自由的自由刑或者强制工作，执行完毕后，5 年内再犯罪，以致能明确其为常习犯时，法官应该对其适用保安监禁来代替自由刑。

时以改善、治疗行为人为目的的国家处分。① 广义的保安处分，指为了防止犯罪的危险，保障社会治安，对一切具有犯罪危险性的人或有可能被用于犯罪的物进行安全化的处置。最广义的保安处分，是指"国家基于维护法律秩序之必要及满足社会大众之保安要求，对于特定的具有社会危险性的行为人，替代或补充刑罚适用的，以矫治、感化、医疗、禁戒等手段进行的具有司法处分性质的各种保安措施的总称"。② 我国学者将劳动教养、收容教养、收容遣送、强制医疗、工读教育、社会帮教等制度也归类为保安处分，称为"保安措施"，但将其性质归属于治安行政措施或社会教育措施。③

一般将保安处分分为对人和对物两类，其中对人的保安处分按照处分的目的或手段不同，又分为剥夺自由的保安处分与限制自由的保安处分。剥夺自由的保安处分，是指将被处分者收容于一定的场所之中，采取教育、治疗等措施改善其状态，以实现社会防卫，比如监禁、治疗、劳动等都属于这类措施。限制自由的保安处分，是指不将被处分者收容在特定场所，而只是限制自由或者剥夺某类资格，比如从事某种职业的资格、吊销驾驶执照等，预防其实施不法处分的措施。对物的保安处分则是指对有关联的特定物采取一定措施以达到预防犯罪目的的手段，比如没收（《意大利刑法》第240条等）、关闭营业所（《法国刑法草案》第71条第2款、第87条等）、解散法人或者停止业务（《法国刑法草案》第71条第3款，第88条等）等。④

保安监禁就属于剥夺自由的保安处分中最主要的一种，可以适用于常习犯、累犯和有特殊危险可能进行重大犯罪活动的人。此外，还包含有监护处分、禁绝处分、强制治疗处分、感化教育处分、收容于社会矫治机构等。保安监禁针对的是屡次实施严重犯罪的累犯、常业

---

① ［日］川端博：《刑法总论讲义》（第2版），成文堂2006年版，第714页。
② 赵秉志：《刑罚总论问题探索》，法律出版社2003年版，第276页。
③ 马克昌主编：《刑罚通论》，武汉大学出版社1999年版，第761页。
④ 参见［日］川端博《刑法总论讲义》（第2版），成文堂2006年版，第714页。

犯和惯犯以及刑罚执行完毕后仍有危险的人。因为累犯的人身危险性远远大于其他犯罪人，仅以刑罚的加重不足以消除其危险性，所以并科保安处分来预防再犯。由于保安监禁是保安处分中最严厉的一种，所以要限制其适用。

二　保安监禁制度的起源

作为一种刑罚思想，保安处分在古罗马时期就已经萌芽，罗马法中就有对于无行为控制能力和意志自由的疯狂病人如何处置的规定，认为对这些缺乏责任能力的病人处以刑罚无法收到应有的效果，无法达到特殊预防的目的，故而采用监护等保安措施以维护社会安全。

罗马法抑制私人复仇，因为其刑罚的出发点在于行为对更高权威的违反，受到宗教影响，复仇是对违反对诸神忠诚义务的惩罚，个体实施的复仇不受控制，容易削弱已确立的权威，所以后者力求对之限制。而德国原始刑法则与之明显不同，以复仇与自我防卫为基础，在普通的受害方和亲属层面，鼓励私人复仇，如果侵害到国家本身，比如叛国、投敌、逃离现场等行为，国家才能获得处分自由人生命或者身体的权利，这时候类似罗马法的理念，服从国家权威。[①]

中世纪，刑罚并非为了改造犯罪人而实施，而是为了保证社会得以复仇和羞辱作恶者，所以这一时期的刑罚十分严酷，死刑几乎适用于所有严重犯罪而且缺乏节制，其他残酷的刑罚还有断肢、戴枷和烙印，监禁在这一时期并不被视为一种刑罚，大多数情况下是为了保证被告或原告能够出现在法庭或者是对不能缴纳罚金人的监禁。在英格兰以及法国的某些地方，监禁只是一种强制措施，用于等待审判的过程中而非已经被定罪的人。只有在很少的情况下会作为处罚，比如伪证案件中作为罚金刑的附加处罚。这种情况在法国一直持续到18世纪法国大革命时期，在此之前监禁基本是被当作保证判决执行的手

---

① 参见［德］卡尔·路德维格·冯·巴尔《大陆刑法史：从古罗马到十九世纪》，周振杰译，法律出版社2016年版，第4—6、35—36页。

段，监狱被用作在司法调查期间看管犯罪人的场所，而非法官所适用的处罚措施，只在一些单独的场合有例外，比如死刑减为终身监禁的，女性与未成年犯罪人监禁在惩戒机构之中等，但并不存在以剥夺自由为基础的真正的刑罚制度。法国大革命之后，《1791 刑法典》的量刑部分中将监禁作为一种正式的刑罚种类加以规定，1795 年 10 月 25 日的《轻罪与刑罚法典》第三章处罚中列举了可以处以普通警察措施处罚的犯罪。相比之下，德国的发展稍早一点，到十六世纪晚期，监禁作为刑罚兴起。法官的自由裁量权变大，使得在刑务所（囚犯工厂）的监禁判决变多，这些机构修建于 17 世纪初，首先是 1613 年在吕贝克、1615 年在汉堡，作为警察措施以收容无业的流浪者，之后模仿者日渐增多，17 世纪末期之后流放越来越少，公开鞭打逐渐被监禁与非公开肉刑取代，死刑很多情形下也被终身监禁取代。1787 年 1 月 13 日颁布的《约瑟夫二世奥地利刑法典》中对司法运行中的一系列制度进行了改革，其刑罚制度的核心要素就是监禁。[①]

在很长一段时间内，惩罚和危险预防之间的关系都是刑法学家争论的焦点。欧洲中世纪时期，常规惩罚和特别惩罚（poena ordinaria）并存，特别惩罚针对的是不认罪的嫌疑人，尽管理论上在认罪之前行为人是不应当受到惩罚的，实际上法庭会通过各种手段来逼迫其认罪，这就导致了特别惩罚手段实际上起到了预防犯罪的作用。中世纪出现了许多具体规定，比如神圣罗马帝国 1532 年《加洛林纳刑法典》第 176 条中有"对一定的人预想实施犯罪行为，而又缺乏使其不实施犯罪的保障的场合，科以不定期刑的保安监禁"的规定和"不复仇宣誓"的规定，该法典第 195 条也有与第 176 条类似的处分条款，另外，这一时期也出现了为此制度服务的监狱。[②] 德国中部的古斯拉法律规定，如果犯罪者没有精神意识，就要科以保安监禁。德国南部法

[①] 参见［德］卡尔·路德维格·冯·巴尔《大陆刑法史：从古罗马到十九世纪》，周振杰译，法律出版社 2016 年版，第 123—125、182—183、222—223、155、165 页。

[②] 参见蒋明《西方保安处分制度发展演变述略》，《吉林公安高等专科学校学报》1999 年第 4 期。

律中也有"把精神病者用小舟投弃于河川"的明文规定。① 这些手段多以消极处罚和隔离为主，还没有形成近代保安监禁积极预防和社会防卫的观念。

德国刑法学家克莱茵（E. F. Klein）的《保安处分的理论》中首次将保安处分作为刑事政策进行论述，他认为，刑法唯一的正当性来源于对公共安全和幸福的维护，所以对于犯罪危险性的处理就由保安处分作出，他还认为，保安处分应当由法官而不是由最高主权者决定。② 克莱茵制定的1794年《普鲁士国家普通邦法》中体现了预防和教育的刑罚思想，"这部法典可以被恰当地描述为一个清醒而渴望成为道德警察国家的法典，这个国家尊重如下信仰：尽其所能通过教育手段，在必要的时候通过刑罚手段，预防犯罪，提高人民福利，所以法典被预想为对人民产生普遍影响的圣典，通过指导人民，帮助其预防犯罪，旨在为大众提供丰富而活跃的法律知识"。③ 该法中设有保安处分的条款，但此时刑事古典学派仍占据统治地位，在道义报应论主导的理论体系下保安处分从诞生之日起就受到多方的评判，之后《普鲁士国家普通邦法》于1799年引入不定期保安刑，废止了克莱茵的保安处分条款。

19世纪后半期部分欧洲国家在刑事立法上开始出现的保安处分规定，比如英国1860年《犯罪精神病人监置法》，法国1885年修正案中关于累犯、少年犯的规定等。1810年之后的法国刑法改革中将改造犯罪人作为了刑罚的主要目标，打破了原有只是阻止和惩罚犯罪行为的刑罚价值观，制定了惩戒性方法，在1850年8月5日关于教育与保护未成年犯、1875年6月5日关于改革分类监狱和1855年8月14日关于预防再犯的方法等法律中都可以看到相关的适用，在这

---

① 参见苗有水《保安处分与中国刑法发展》，中国方正出版社2001年版，第50页。
② 参见［日］木村龟二主编《刑法学词典》，顾肖荣等译，上海翻译出版公司1991年版，第465页。
③ 参见［德］卡尔·路德维格·冯·巴尔《大陆刑法史：从古罗马到十九世纪》，周振杰译，法律出版社2016年版，第166—167页。

个过程中，立法思路已经从简单地威慑进步为三个目标：剥夺无法矫正的犯罪人造成伤害的方法、改善能够回归社会的犯罪人以及威慑偶犯。①

19世纪初期德意志各国受费尔巴哈《巴伐利亚刑法典》的影响纷纷进行刑法改革，其中《海塞法典》在总则中规定了三种不同的监禁刑：惩戒性监禁、教养性监禁与关押。之后1851年的《普鲁士刑法典》又有了更大的进步，总则制定得更为精确，刑罚更为轻缓，监禁刑被划分为监禁于教养机构和监禁于监狱两种。②

我国古代也有关于保安处分的萌芽规定。清律附例就有关于临护处分之制度的规定。③

可以看出，在发展初期，保安监禁制度其实只是一种单纯的为了防止危险行为人致害采取的限制自由的措施，重点在社会利益，还没有发展出对个人的矫正和预防再犯的思想。

保安处分作为一种正式的刑法制度在19世纪才逐渐形成，其背后有着深刻的社会原因。随着资本主义经济的发展，犯罪数量也是逐年攀升，引发了刑法新旧派的争锋，人们开始意识到原有的刑罚手段不足以应付现有的犯罪率上升的情况，必须重新审视和思考犯罪的原因和对策，实证学派应运而生。实证学派主张刑法的研究重点由行为转向行为人，刑事责任的根据在于防卫社会，刑罚的本质在于教育和改造而非威慑和报应，刑罚应当以特殊预防为目的，这些理论（社会防卫论、教育刑论、特殊预防论）为保安处分奠定了理论基础。更具体而言，自由刑实际执行中出现的所谓"自由刑的破产"这一状况是人们深感必须采取保安处分制度的直接原因：（1）基于道义责任

---

① 参见[德]卡尔·路德维格·冯·巴尔《大陆刑法史：从古罗马到十九世纪》，周振杰译，法律出版社2016年版，第239—240页。

② 参见[德]卡尔·路德维格·冯·巴尔《大陆刑法史：从古罗马到十九世纪》，周振杰译，法律出版社2016年版，第245—247页。

③ 疯病之人，如家有严密房屋可以锁锢，亲属可以管束，及妇女患疯者俱报官交亲属看守，地方官亲发锁铐，严行封锢，如锁禁不严，将亲属严加治罪，如痊愈不发，报官验明，取具族长地邻甘结开放。

论的报应刑,对于具有再犯危险性却没有刑事责任能力的人,不得不将其置于刑法范围之外;(2)对累犯只依靠报应的刑罚手段的话,在其被释放后还会产生问题;(3)为了镇压预防常习犯,必须给予个别的处置;(4)对于少年犯罪者也需要以改善为目标处分;(5)必须设计弥补短期自由刑缺陷的制度;(6)对于有责任能力的酒精中毒者、厌恶劳动者而言,必须采用刑罚以外的特殊手段,以上这些对道义的报应刑的反省都促进了保安处分制度的发展。①

这一时期近代保安处分思想逐渐成型,在目的刑、教育刑的理念下,保安处分的社会保卫和个人改造已经成为不分伯仲的两大支柱机能,比如19世纪末20世纪初我国清朝由修律大臣沈家本主持修订的《暂行新刑律》第11条规定"凡未满十二岁人之行为不为罪但因其情节得施以感化教育",第12条规定"精神病人之行为不为罪,但因其情节得施以监禁处分"②,从中就可以看出对可教育者改造、矫正,对不可教育者隔离的思想。

三 保安处分与刑罚的关系

如果认为保安处分与刑罚本质上相同,则为一元主义,不同,则为二元主义。

1. 刑罚与保安处分的二元主义

后期刑事古典学派承认保安处分的必要性,"刑法的目的是保护法益,但是,若要彻底实现这一目标,就不得不考虑社会伦理",③但他们没有将保安处分纳入刑罚体系,主张刑罚与保安处分在性质上属于不同的处分措施,一方面源于其严格的罪刑法定主义,无犯罪则无刑罚,另一方面源于其责任论中主张对犯罪的非难和报应是刑罚的基础,而保安处分针对的是人的危险性,本质上是

---

① [日]藤本哲也:《刑事政策概论》(全订第6版),青林书院2008年版,第193页。转引自陈家林《外国刑法通论》,中国人民公安大学出版社2009年版,第685页。
② 谢瑞智:《中外刑事政策之比较研究》,中央文物供应社1987年版,第268页。
③ [日]大谷实:《刑法总论》,黎宏译,法律出版社2003年版,第30—31页。

对社会防卫的功利追求。

二元论基于客观主义刑法学派的立场，认为刑罚体现的是对已犯罪行的报应和非难，而保安处分针对的是犯罪人的危险性，以预防未来可能的侵害为目的，即刑罚适用于应负刑事责任的犯罪人，是威慑性的制裁，目的在于镇压已经实施的犯罪；保安处分适用于有危险的犯罪人，是一种预防性的制裁，目的在于防止将来实施犯罪。① 刑罚的轻重需要同时考量预防与报应的双重效果，但预防机能不能超过具体犯罪行为应承担的行为罪责的程度，这是行为刑法（Tatstrafrecht）与罪责刑法（Schuldstrafrecht）的基本原则。②

德国学者克莱因最先提出这种二元理论，他认为刑罚包含对犯罪人的否定性评价，其轻重取决于犯罪的情况，而保安处分则是从犯罪人的人身危险性出发来确定具体措施的，当其危险性不属于恶害的时候，就采取保安处分措施，无论是刑罚还是保安处分，最终都是为了公共安全和幸福。③ 克莱因制定的1794年《普鲁士国家普通邦法》首次引入了刑罚和保安处分二元制的立法方式。

但到毕尔克迈耶（Karl von Birkmeyer）才真正系统区分了保安处分与刑罚。他在1906年就任慕尼黑大学校长时发表了《刑罚与保安处分》的演说，他认为，刑罚与保安处分在内容上必须明确区分，保安处分也是一种剥夺自由的措施，是国家施加的痛苦，但是这种剥夺自由的痛苦并非以实行犯罪行为为前提，保安处分既可以对犯罪人适用，也可以对精神病人、未成年人等没有犯罪能力的人适用。处罚犯罪人的原因不是其犯罪行为，而是人身危险性，犯罪行为只是施加保安处分的契机，防止再犯的危险才是施加这种预防措施的真正原因。④ 毕尔克迈耶对刑罚与保安处分区别的论述是最典型的二元论观点，他

---

① 参见［意］杜里奥·帕多瓦尼《意大利刑法学原理》，陈忠林译，法律出版社1998年版，第374页。
② Vgl. Jescheck/Weigend, *Strafrecht AT*, 5. Aufl. , 1996, S. 741–744.
③ 参见林淑蓉《保安处分研究》，西南政法大学2009年硕士学位论文。
④ 参见马克昌主编《近代西方刑法学说史》，中国检察出版社1996年版，第220—221页。

指出，刑罚是对事实及体现于事实的责任的报应，以有责任的犯罪事实为基础，是对犯罪的反治，应该对事实及体现于事实的责任保持一定的比例，它的目的在于镇压而非预防犯罪，而保安处分的目的是预防犯罪，其依据在于社会危险性而非犯罪行为，两者之间并不存在因果关系。①

瑞士刑法学者司托斯（Carl Stooss）1893年起草的《瑞士刑法预备草案》首开保安处分制度法典化的先河，构建了刑罚与保安处分二元化的制裁体系，将保安处分视作刑罚的补充或替代品，综合报应刑论和社会防卫论，主张对犯罪人的矫正和预防比报复更为重要和有效，针对精神病人、无责任能力者、累犯、假释犯等规定了不同种类的保安处分：比如针对酗酒者的治疗所和酒店禁例，针对嫌弃劳动者的劳动所处分，针对累犯的矫正监置，针对假释者的保护监督，针对滥用职权者的剥夺权利的处分，对危险物的毁弃处分，预防处分等。此种模式影响到了欧洲各国的刑法改革，被很多国家采纳。② 之后《德国刑法典》的刑罚与保安处分双轨制模式也为1930年的《意大利刑法典》所借鉴，在刑法典第一编第五章规定了"行政性"措施，即保安处分，而法国新刑法中虽然没有"保安处分"的概念，但是一些具体的规定也被看作是保安处分。③

二元论者的区分基于他们主张两者在本质和形式上都存在严格的区别。首先，虽然从一般预防与特殊预防角度看，两者都同时具有特殊预防和一般预防的目的和作用，因此刑罚和保安处分的目的基本上

---

① 参见甘雨沛、杨春洗、张文显主编《犯罪与刑罚新论》，北京大学出版社1991年版，第539页。
② 比如1908年《瑞士刑法草案》、1909年的《德国刑法改进草案》（1909年《德国刑法改进草案》将保安处分作为例外刑予以规定，规定了劳作所收容，酒癖矫正所收容，一般限制责任能力者的保安监置以及对常习犯人的保安处分等措施）及《奥地利刑法修正草案》、1922年的《苏俄刑法》、1926年的《捷克刑法草案》、1927年的《苏俄修正刑法和德国刑法草案》、1928年的《苏俄修正刑法和西班牙刑法》、1930年的《意大利刑法》、1932年的《法国修正刑法、波兰刑法和日本刑法修正草案》以及1934年的《德国刑法》等。
③ 参见童德华《外国刑法导论》，法制出版社2010年版，第363页。

没有区别,①但具体的刑罚目的上两者是不同的,比如林山田教授认为,刑罚具有公正报应与威吓犯罪的目的,而保安处分只以预防犯罪为唯一目的;②帕多瓦尼认为前者在于镇压已实施的犯罪,后者在于防止将来的其他犯罪;③耶塞克认为,保安处分的目的在于通过治疗和矫正措施来消除行为人的危险性,因为对罪责的报应和对再犯危险的预防是不同的,所以双轨制是无可指责的;④斯特法尼认为,保安处分从犯罪人的危险状态出发,唯一目的是预防;刑罚以已犯之罪为根据,围绕着威慑、报应和社会再适应三种功能,追求一种"复合性目标"。⑤其次,从本质和性质角度看,刑罚具有痛苦的本质,而保安处分给人带来的痛苦是不可避免的副作用;刑罚作为法律制裁手段具有惩罚性与社会伦理的非难性,而保安处分则纯粹出于预防社会危险性的目的。⑥再次,两者依赖的原则不同,运用刑罚时必须严守罪刑法定、罪行均衡等原则,而保安处分更多地侧重于犯罪者的人身危险性的变化,而非犯罪事实的大小来自由裁量处分的期限和撤销,所以刑罚期限是明确而固定的,保安处分则是不确定的,是否停止取决于被处分者的危险性是否消失。⑦还有学者从两者受到的限制原则不同进行区分,认为"刑罚与保安处分并不是依据其目的来区分的,而是根据其限制进行区分的。即保安处分的程度与期限并不是受到责任

---

① 参见〔德〕罗克辛《德国刑法学总论(第1卷):犯罪原理的基础构造》,王世洲译,法律出版社2005年版,第51页。
② 参见林山田《刑法通论》(下册),个人自版2006年版,第541页。
③ 参见〔意〕杜里奥·帕多瓦尼《意大利刑法学原理(注评版)》,陈忠林译,中国人民大学出版社2004年版,第385页。
④ 参见〔德〕罗克辛《德国刑法学总论(第1卷):犯罪原理的基础构造》,王世洲译,法律出版社2005年版,第103、106页。
⑤ 参见〔法〕卡斯东·斯特法尼等《法国刑法总论精义》,罗结珍译,中国政法大学出版社1998年版,第416、430页。
⑥ 参见林山田《刑法通论》(下册),个人自版2006年版,第541页。
⑦ 参见〔意〕杜里奥·帕多瓦尼《意大利刑法学原理(注评版)》,陈忠林译,中国人民大学出版社2004年版,第385页。

原则的限制，而是只受到比例性原则的限制"。① 最后，从罪责角度看，刑罚以过去的行为罪责为前提及上限，保安处分则与行为人之罪责无关，而以行为人未来的危险性为基础。行为人的危险性是面向"未来"的概念，罪责则面向"过去"，是指已犯下的罪行。②

有学者批判二元主义，认为所谓的区分只具有理论价值，实际不可能出现这种实践情况，而且保安处分的不确定性比刑罚更为残酷。③ 还有学者认为，如果在刑罚执行终止后执行保安处分，行为人来往于两者之间，违反了教育和治疗的目的。④

2. 刑罚与保安主义一元论

刑法实证学派的代表人物菲利和李斯特指出了对犯罪人的人身危险性的保卫措施，提出了社会防卫论、教育刑论、特殊预防论等观点，在此基础上，菲利提出了要废除传统的刑罚概念，将刑罚和保安处分融为一体。

菲利（Enricl Ferri）认为改革刑罚制度非常重要，"迄今为止一直被认为是救治犯罪疾患最好措施的刑罚的实际效果比人们期望的要小"，⑤ 提出对犯罪者适用不定期隔离，他在1921年起草的《意大利刑法预备草案》（菲利草案）中继承了李斯特的社会防卫论，主张刑罚与保安处分一元化的保安刑，否定了报应刑，实行刑罚社会性制裁化。虽然这个草案最终流产，但自此之后非刑罚的思潮开始兴起。⑥

---

① [韩] 金日秀、徐辅鹤：《韩国刑法总论》，郑军男译，武汉大学出版社2008年版，第780页。

② 参见 [德] Armin Fruehauf《德国的刑罚与保安处分》，施智仁译，台湾《月旦法学杂志》2009年第6期。

③ Vgl. Dreher E. *Die Vereinheitlichung von Strafen und sichernden Maßregeln*. Zeitschrift Für Die Gesamte Strafrechtswissenschaft, 1953, 65 (4): 481-495.

④ Eisenberg, *Strafe und freiheitsentziehende Maßnahme*, S. 28; Lenckner, *Strafe, Schuld und Schuldfähigkeit*, 转引自 [韩] 李再祥《韩国刑法总论》，[韩] 韩相敦译，中国人民大学出版社2007年版，第551页。

⑤ [意] 菲利：《犯罪社会学》，郭建安译，中国人民公安大学出版社1990年版，第60页。

⑥ 1926年的古巴刑法草案、俄罗斯苏维埃刑法典、1929年的墨西哥刑法典、1930年的比利时社会防卫法、1956年的瑞士保护法草案等都采用了一元化的模式。

菲利草案采用了"制裁"的概念代替刑罚,1926 的《俄罗斯苏维埃刑法典》则采用了"社会防卫处分"的概念,但前者最终没有成为法律,后者到 1960 年的《俄罗斯苏维埃刑法》继续采用,坚持了二元主义。①

除菲利以外,支持一元论的还有李斯特、牧野英一、安塞尔等刑法学家。李斯特的一元论比较温和,他指出一元论者只关注了合理性的论证而忽视了可行性方面的障碍,妥协性地提出"只有全体利益和个人自由的调和才是社会秩序的最高课题"的主张。②

日本现行刑法规定了无责任能力行为人的行为不可罚,限制责任能力人行为减轻处罚,有观点认为这些以报应刑论为基础的规定体现了刑罚和保安处分是不同性质制度的二元主义思想,但在正式刑法之中并没有将保安处分立法化,所以应当认为还是坚持了一元论见解。③牧野英一对毕尔克麦耶的二元论观点做过系统的分析和批评,他认为,刑罚与保安处分都是以犯罪行为为要件的,如果没有一定的犯罪行为,就不能给予保安处分,麦耶的区分观点在实践中是行不通的,保安处分的矫正收容与自由刑一样都有强制性,他还以对惯犯的处罚为例,认为在日本和德国的刑法草案上对惯犯的监禁属于刑罚,而在澳大利亚和瑞士的刑法草案上则属于保安处分,这些措施之间在性质和具体执行上其实没什么区别。④

一元论者在目的刑论的基础上将刑罚和保安处分统一于保安刑之下,他们强调了两者的共性。他们倡导两者一体化的依据是:第一,两者都服务于预防犯罪以维护社会法秩序这一终极目的;第二,在处

---

① 参见[日]大谷实《刑法讲义总论》(第 2 版),黎宏译,中国人民大学出版社 2008 年版,第 491 页。
② 参见《外国刑法研究资料》第三辑,北京政法学院刑法研究教研室 1982 年版,第 24 页。
③ 参见[日]大谷实《刑法讲义总论》(第 2 版),黎宏译,中国人民大学出版社 2008 年版,第 491 页。
④ 参见[日]牧野英一《刑法学的新思潮和新刑法》,警眼社 1909 年版。转引自黎宏《日本刑法精义》,中国检察出版社 2000 年版,第 12 页。甘雨沛、杨春洗、张文主编:《犯罪与刑罚新论》,北京大学出版社 1991 年版,第 541 页。

罚和执行的方式上两者都采用的是限制或剥夺自由的方式，以强制性为特征，所以没必要分别在刑罚和保安处分下制定不同的限制或剥夺自由的措施，而且这样避免了"决定论"和"自由裁决论"模糊不清的争议；① 第三，从法律属性角度，两者都是司法处分，本质上没有区别；第四，从执行角度，如果坚持将两者分离有可能导致并科主义下的双重处罚，而且保安处分考虑到具体行为人的特点从而更有针对性，效果也更好；第五，两者实际上都考虑了犯罪人的人身危险性来定罪量刑，因为在现代刑罚体系中已经不存在仅仅从犯罪事实出发的客观主义量刑；第六，在期限和消灭制度上，两者都体现出了根据犯罪人的危险性决定刑期长短和根据改造效果决定是否减刑假释的思路，所以没必要生硬地做出区分，而是可以结合为一个整体的刑事制裁制度。

一元论的主张曾经在法国"刑法典改革委员会"的讨论中占过上风，所以委员会在1978年提出的刑法草案中只提到了"制裁"的概念，将处罚措施与预防措施统一起来，之后的法典改革草案中重新使用"刑罚"概念，《新刑法典》中仅规定了刑罚而无保安处分的概念，但实际上法典中规定的某些"刑罚"就是"保安处分"。1951年的"刑罚与惩戒国际委员会"曾指出，二元制在现在的实践中已经越来越和缓，应该避免这种规定，昂塞尔甚至在新社会防卫理论的基础上主张用一种单一的社会防卫制度取代二元制度，以实际的、社会的与心理的标准为指导，并由刑事政策所命令、所要求。②

我国民国时期的刑法学者胡长清也认为，保安处分的目的在于保护生活利益，"一方以犯人之改善及治疗为目的，他方以危险之除去，单纯的保安为目的"。③ 保安处分和刑罚在性质上没有区别，只是对

---

① 参见［法］卡斯东·斯特法尼等《法国刑法总论精义》，罗结珍译，中国政法大学出版社1998年版，第441页。
② 参见［法］卡斯东·斯特法尼等《法国刑法总论精义》，罗结珍译，中国政法大学出版社1998年版，第441—442页。
③ 胡长清：《保安处分与刑罚》，《法律评论》1927年第226—228期。

象不同,"保安处分与刑罚之性质既同,然犹存此形式上之区别者,盖欲调和防卫社会之实际与报应观念"。①

笔者坚持二元主义的立法模式。一元主义是从特别预防和犯罪改造角度出发来论证刑罚与保安处分的共性,的确,在社会防卫和犯罪人改造方面两者确实有所重合,因为特殊预防也是现代刑罚制度重要的机能,但是两者不能混为一谈。双轨制模式也是现在世界立法的趋势,大多数国家都是将这二者结合规定的。②

3. 刑罚与保安处分的适用模式

在二元主义之下如何统一刑罚与保安处分的适用有不同的模式,比如并科主义和代替主义,前者主张优先适用刑罚,后者则主张从矫正的效果出发进行选择。比如《日本改正刑法草案》第108条以刑罚优先的并科主义为原则,同时适用代替主义。③ 对于没有犯罪前科的犯罪人,是否可以以将来犯罪的可能性为理由判处保安处分呢?《日本改正刑法草案》第98条治疗处分、第101条禁断处分规定了保安处分的适用条件:"实行了禁锢以上的刑罚的行为",但在学说上,即使过去没有犯罪经历,只要能科学地证明将来有犯罪的危险也可能适用保安处分。④《意大利刑法典》中对保安处分的适用条件也只强调了客观上有犯罪或准犯罪的行为,主观上有社会危险性或再犯可能性,其范围包括惯犯、职业犯和有犯罪倾向者。⑤

并科主义是在刑罚与保安处分竞合时,对责任科处刑罚,对危险性科处保安处分,并科原则理论在不同国家有限执行的选择不同,比如《意大利刑法》第211条第1款采取的是先执行刑罚的刑罚先行原

---

① 胡长清:《保安处分与刑罚》,《法律评论》1927年第226—228期。
② 参见[法]卡斯东·斯特法尼等《法国刑法总论精义》,罗结珍译,中国政法大学出版社1998年版,第440页。
③ 参见童德华《外国刑法导论》,法制出版社2010年版,第364页。
④ 参见[日]高洼真人、奈良俊夫、石串才显、佐藤芳男《刑法总论》,青林书院1983年版,第294页。
⑤ 参见[意]杜里奥·帕多瓦尼《意大利刑法学原理》,陈忠林译,法律出版社1998年版,第377—379页。

则，而《德国刑法典》第 67 条则采用的是先执行保安处分的保安处分先行原则。① 基本理念是用刑罚处罚已犯恶行，用保安处分预防犯罪，比如英国 1908 年《犯罪预防法》规定累犯在刑罚执行完毕后还要接受 5 年以上 10 年以下的保安监禁；德国 1969 年修订的前联邦德国刑法典规定对性向犯在刑罚执行完毕后实行不定期保安监禁。②

日本改正刑法草案第 108 条规定，原则上先执行保安处分，但法院在宣告时可以命令先执行保安处分，第 109 条规定被执行惩役或禁锢的人，存在有必要执行保安处分状况时，法院可以命令停止执行刑罚，执行保安处分。代替主义是指，如果行为人被并科刑罚和保安处分，可以先执行其中一种，当另一种没有执行必要时就可以免予执行，又可以分为任意的代替主义和必要的代替主义。日本刑法改正刑法草案采用的是任意的代替主义。③ 但也有学者主张应当采用必要的代替主义。④

代替原则是在刑罚和保安处分已经执行其一时，如果认为另一个没必要再执行就免除的制度，有自由替代的任意替代原则和必须替代的必要替代原则（《瑞士刑法典》第 42 条第 1 款）。有学者认为，替代原则在刑法规定以及宣告阶段采用二元主义，在执行阶段采取一元主义，从正面认可了刑罚和保安处分在特别预防的一点以及剥夺自由的一点上具有类似性，在实际适用上不仅不方便，而且对被置于设施中的犯罪人的处遇而言，刑罚和保安处分在目的上并没有什么不同的观念具体化的一点上具有意义，因此为了避免不必要地剥夺被处分者

---

① 参见［日］大谷实《刑法讲义总论》（第 2 版），黎宏译，中国人民大学出版社 2008 年版，第 493 页。
② 参见马克昌主编《近代西方刑法学说史》，中国人民公安大学出版社 2008 年版。第 437—438 页。
③ 第 110 条：已经被执行刑罚的人，如果认为没有必要执行保安处分，法院可以解除保安处分，已经被执行保安处分的人，如果认为没有必要执行刑罚，法院可以免除执行刑罚的全部或部分。参见陈家林《外国刑法通论》，中国人民公安大学出版社 2009 年版，第 685 页。
④ 参见［日］山中敬一《刑法总论》（第 2 版），成文堂 2008 年版，第 1075 页。

的自由，有必要采用必要替代主义。① 在实践中此原则体现在对累犯科以不定期保安监禁，如1930年《丹麦刑法典》，1945年《瑞典刑法典》，或者科以定期保安监禁，如1948英国《刑事审判法》第30条规定对累犯按年龄段区分处以不同期限的预防性监禁。②

四 国际社会的推动

保安处分理论在19世纪末20世纪初得到了国际刑法学会的肯定。1895年在巴黎召开的第五届国际监狱会议（International Penitentiary Congress）专门研讨了保安处分的问题，规定了对乞丐和流浪者的保护和强制处分措施："社会对于乞丐与放荡者，均有保护及强制处分的权利，欲实行此项权利，宜有合理的组织，无论何人，对于此种组织，宜援助之、保护之、视察之；对职业乞丐或放荡者，为防止其再犯，宜严格惩治之"，③ 当时的方法为遣送特别劳动殖民地。

1926年在布鲁塞尔召开的国际刑法协会会议指出刑罚作为对犯罪唯一的制裁手段是不够的，应当引入保安处分，以犯人人格及其社会适应性如何为标准，两者均应由法院宣告。法官可依照犯罪情形和犯人的人格，并科刑罚和保安处分，或选择其一。1928年在罗马召开的国际刑法统一会议在讨论了保安处分的性质与结构、分类及方法和执行三方面的内容后，拟就了全文16条的《保安处分统一立法案》，规定保安处分的实施和内容必须由法律规定。1930年布拉格会议决议进一步明确指出：保安处分是补充刑罚体系不足的必要措施，由法院宣告，以矫正犯人或隔离犯人以达到防止再犯为目的。④ 司法机关可以根据具体情况采取下列方式：（1）限制自由处分，对于危害社会、患精神病及有危险变态行为的人应拘禁，注意治疗及释放后

---

① 参见［日］大谷实《刑法讲义总论》（第2版），黎宏译，中国人民大学出版社2008年版，第493—494页。
② 参见马克昌主编《近代西方刑法学说史》，中国人民公安大学出版社2008年版。第437—438页。
③ 参见潘华仿主编《外国监狱史》，社会科学文献出版社1994年版，第609页。
④ 参见潘华仿主编《外国监狱史》，社会科学文献出版社1994年版，第609页。

生活的适应；对于酗酒及吸毒者的拘禁应以治疗为目的；对于乞丐及无赖者的拘禁，应使其习惯于工作为目的；对于惯犯的拘禁以隔绝为目的，以上犯人应以特别处所安置之。（2）非限制自由处分，以保护监视为主要手段。（3）带有经济性质的处分，以没收危害公共安全的物品或排除其危害为目的。[①] 1950年最后一届（第12届）国际刑法及监狱会议也肯定了保安处分的措施，并为各国具体立法做出了许多提示。同年12月1日联合国大会第415（V）决议，将其改名为联合国防止犯罪暨罪犯处遇世界性会议，从1955年起每五年召开一次，继续原国际刑法及监狱会议的工作。

五 近代保安监禁制度的发展脉络[②]

（一）保安监禁制度的源起

1. 德国

德国1871年《德意志帝国刑法典》是现行刑法典的基础，从1871到1918年，德国刑法根据社会变化，结合政治经济的需要进行了一些非犯罪化尝试，也对一些犯罪的法定刑幅度做出了调整。受到新派刑罚思想的影响，人们从报应刑转向目的刑、保护刑观念，在处罚上加入了更多的行为人因素和个案因素的考量，而非单纯的以惩罚

---

① 参见潘华仿主编《外国监狱史》，社会科学文献出版社1994年版，第624页。
② 需要说明的是，虽然本书讨论的对象主要是累犯、性犯罪者和恐怖主义犯罪者，但笔者在本章中总结的法律规定并不仅限于这几类，而是将相关的限制人身自由的措施都做了总结，因为针对其他种类犯罪人的预防性措施对我们的立法也有借鉴意义。在本节中笔者仅列举了典型国家的立法情况，其他国家请见附录。总的来说，剥夺人身自由的预防性措施主要有以下几种：（1）针对精神障碍者的治疗措施；（2）针对酗酒者、吸毒者的治疗措施；（3）针对累犯、惯犯的保安监禁措施；（4）针对未成年人的收容教育措施；（5）其他类别的收容或治疗措施。各国的立法例各有不同，从措施角度，有专门规定保安措施章节的方式，也有分开规定处分措施、教育措施、预防措施章节的方式；从行为人角度，有综合规定特别对象措施的章节方式，也有分别规定针对未成年人的措施章节、针对精神病人、成瘾者的措施章节的方式；从预防目的的角度，有针对再犯危险性的，也有不评估是否有再犯可能，直接根据人身危险性对初犯、再犯一起规制的。大部分的预防性措施都具有不定期的性质，只有极个别国家对其规定在判决时就要明确期间。对于这些预防性措施的定位，各国也各有不同，有些国家仍然归在刑罚体系之中，也有国家归于非刑罚措施，但仍属于刑法典范畴，还有些国家定位为行政处罚措施。

为目的。这部刑法典中出现了一些以保护社会安全为目的的措施,但不是现代意义上的保安处分措施。① 德国 1908 年刑法准备草案第 42 条、第 43 条、第 65 条、第 69 条规定了四类预防性措施:②

(1) 对游惰或恶劳者的劳役所收容处分

草案第 42 条规定,对犯基于游惰或恶劳之罪被处以四周以上自由刑的行为人,为矫正其行为,可以在刑罚执行宣告后的六个月至三年之间,将其收容于劳役所,如果自由刑为六个月以下,可以用劳役所收容代替自由刑。收容期间过半,如果行为人表现良好,可以假释。

(2) 对酒癖者的治疗处分

草案第 43 条规定,对由于饮酒而犯罪的行为人,法院可以在刑罚外附加一年以下的禁止令,禁止其出入酒店。对行为基于酒精中毒者,可以宣告将其收容于酒精中毒治疗所,时限以治愈为限,但不得超过两年。

(3) 对无责任或限制责任能力人的处分

草案第 65 条规定了对犯罪时处于精神障碍状态的行为人,对其不起诉或减刑的,为了公共安全的利益,可以将其监置于医院或保护所。

(4) 对未成年犯罪人的教养处分

草案第 69 条第 2 项规定,对十四岁以上十六岁以下的未成年人,出于教育目的可以在刑罚外附加宣告教养处分,或者代替刑罚执行,将其收容于感化院或教养院。

此后,在帝国主义和魏玛共和国时期,即 1909—1927 年曾经有过数个有关预防性措施的草案,但最终都没有成为生效法律,因为其是否合宪受到了质疑,尤其保安监禁看上去有侵犯个人自由这一民主

---

① 如第 38 条的"警察监督",第 161 条的"剥夺宣誓权";第 362 条的"将威胁公众的犯罪者送州警察局看管"等。参见李建明《德国刑法上的矫正保安措施》,《法学天地》1994 年第 4 期。

② 参见林亚轲《刑法上保安处分之研究》,《法轨》1933 年第 2 期。

权利的风险。[1]

一般来说，根据德国的三阶层体系，需要通过构成要件、违法性、有责性三个层次的判断才能对一个人定罪量刑，其中有责性作为核心要素，要求犯罪人对其危害社会安全和其他法益的行为负责，但是预防性措施不是针对这样的已经实施犯罪的行为人的，所以它并不要求犯罪嫌疑人的有责性判断，而是针对未来可能的对社会防卫的风险，这种预防性措施包括针对精神病患者的医院治疗措施、针对毒瘾者的治疗处所以及保安监禁。由于这种预防性措施不具有刑罚性质，所以不需要遵守一般的禁止溯及既往以及双重危险的原则。但从欧洲人权法院的判例来看，法院一直是坚持保安监禁等同于刑罚的。

2. 瑞士

瑞士1918年制定的《瑞士刑法草案》（以下简称《草案》）规定将保安处分的犯人拘禁于特定的处所，比如习惯犯的幽禁所（第40条），习艺所（第41条），酒癖犯的拘禁所（第42条）等，这种处分不是减轻之刑，而是为社会利益而实施的特别处分，用以替代并补充刑罚的效用。此草案主要规定了以下几种剥夺人身自由的预防性措施：[2]

（1）对累犯、惯犯设置幽禁所

根据《草案》第40条的规定，对累犯（两次判刑及以上）再次犯罪的，如果认为其有犯罪、作恶或游手好闲的倾向时，法官应将其遣送幽禁所，代替刑罚的执行，最短幽禁期为五年，期满后，如果主管机关认为无需继续幽禁的，可以给予三年的假释，在此期间如果行为人再犯罪，则再入幽禁，如果表现良好，则释放。法国1885年5月27日的法令中规定了对这种情况的累犯在执行刑罚后应当终身监禁于殖民地，而

---

[1] Tobias Mushoff. *Strafe-Maßregel-Sicherungsverwahrung*: *Eine kritische Untersuchung über das Verhältnis von Schuld und Prävention*. Frankfurt am Main: Peter Lang Internationaler Verlag der Wissenschaften, 2008.

[2] 本部分相关法律条文参见翁率平《瑞士刑法草案中保安处分之规定》，《中华法学杂志》1933年第4卷第4期。

瑞士草案则考虑到了犯人品性有改善的可能而规定了假释制度。[①]

（2）对有犯罪倾向的行为人设置的习艺所

根据《草案》第41条的规定，如果因犯罪被判监禁（imprisonment，指八日以上两年以下的徒刑）刑罚的人，其犯罪行为和平时游手好闲的生活有关，且犯罪人有工作能力的，法官可以停止刑罚执行，遣送至专设习艺所，但在此之前必须严格审查犯罪人的身心状态、工作能力以及是否被判处过禁锢（reclusion，指一年以上、十五年以下或终生徒刑）之刑。留所之期至少一年，如果三个月后认为犯罪人没有学习工作能力的，就继续执行刑罚。一年后，主管机关如果认为其已具备工作能力，可以予以一年假释，交付监护，在此期间如果行为人违反规则，则再入劳役所或执行宣告之刑，如果表现良好，则确定释放，刑期消灭。

在此之前瑞士各邦就有习艺所和感化院的制度，用于收容酒癖及劣迹者，但效果不大，这次草案对这种制度做了改革，将顽冥不灵之徒和能感化教育的区分开，前者加以幽禁，后者予以习艺收容。根据《草案》第332条，因犯流氓及乞丐违警罪被处罚，在一年内再犯的，遣送习艺所。各邦也有对酒癖和行迹不检人的遣送习艺所的行政处分，和刑法规定并行不悖，但以法院处分优先执行。[②]

（3）对酒癖者设置的拘禁所

根据《草案》第42条的规定，如果被判监禁之刑的人所犯之罪和其酒癖有关，法官可以在征求鉴定医生的意见后，决定在刑罚执行完毕后将其遣送至酒徒拘禁所，即使此人因无责任能力被开释或不起诉的，也可以遣送。犯人痊愈后主管机关应当立即开释，拘禁不得超过两年，开释后交付监护期间如果犯人违反规则的，可以再入拘禁所。

在1918《草案》的基础上瑞士又在1937年通过，并于1942年

---

① 参见翁率平《瑞士刑法草案中保安处分之规定》，《中华法学杂志》1933年第4卷第4期。

② 翁率平：《瑞士刑法草案中保安处分之规定》，《中华法学杂志》1933年第4卷第4期。

颁布施行了现行《瑞士刑法典》，其中进行了古典学派与社会学派融合的尝试，法典一方面规定了未经裁判不准论罪的基本原则，另一方面又加入了保安处分制度，比如第 42 条规定羁押习惯犯罪者，第 43 条规定送往劳动监狱，第 17 条规定羁押责任能力低的犯罪者。①

3. 奥地利

1909 年奥地利刑法准备草案的第 5 条、第 6 条、第 36 条、第 38 条至第 42 条均为保安处分相关的规定，其中涉及剥夺和限制人身自由的预防性措施的有：②

（1）对幼年犯罪人的救护教养

根据《草案》第 5 条规定，对未满十四岁的未成年犯罪人，可以交付救护教养。

（2）对少年犯罪人的救护教养

根据《草案》第 6 条的规定，对十四岁以上十八岁以下的犯罪少年，因身体精神不健全不能辨别是非，不负刑事责任的，可以交付救护教养。

（3）对精神病人和酒精中毒者的收容处分

根据《草案》第 36 条的规定，对因精神病或醉酒而不负刑事责任的犯罪人，如果认为其精神状态对公共秩序和公共安全有危险的，可以将其收容于犯罪癫狂院，时间以危险结束为限。

（4）对限制责任能力人的监置处分

根据《草案》第 37 条的规定，由于犯罪人在病中导致辨别力、意思力减弱而犯罪的，如果认为本人的状态和犯罪行为的表现有危险的，可在执行刑罚后监置。

（5）对累犯的监置处分

根据《草案》第 38 条的规定，③ 对于两次以上犯罪被处以惩役

---

① 苏联司法部全苏法学研究所主编：《苏联刑法总论》，彭仲文译，大东书局 1950 年版，第 52 页。
② 参见胡长清《保安处分与刑罚（三）》，《法律评论》1927 年第 228 期。
③ 此处原文为"三条"，根据相关材料，应为三十八条。

的累犯，在刑罚执行后五年内再犯重罪的，如果认为其犯罪对公共有危险且有再犯之虞的，可以在执行刑罚后监置。

（6）对危险犯的监视处分

根据《草案》第39条的规定，对于因财产之罪和危害公共安全之罪被处以惩役的犯罪人，法院认为有再犯同种罪的危险时，可以交付警察监视。

4. 苏联时期①

列宁在1919年苏维埃共产党第八次全国代表大会前的文章和发言中就提出了教育刑的思想，此外他也反对报复主义，支持社会防卫和预防的惩罚思路。在1919年12月12日批准实施的《苏俄刑法指导原则》中提供了一些原来没有的参考性刑罚种类，其中包括了定期剥夺自由或者直到某个事件发生前的不定期的剥夺自由的刑罚，以及在剥夺自由场所以外强制劳动的刑罚。1922年《苏俄刑法典》则将真正的刑罚和"保卫方法"区分开（但该刑法典第26条又将刑罚实际纳入《保卫方法》之中），在"十一等级的刑罚"（М. Н. 格尔涅特教授语）之外规定了四种"根据法院判决取代或者随同刑罚判处的社会保卫方法"（第46条）。② 1924年的两次对刑法典的补充中修改了社会保卫方法相关的规定：第一是规定了对未成年人保证管教的方法，第二是剥夺亲权。1924年10月31日公布的"苏联法院组织立法纲要、诉讼程序立法纲要以及民事和刑事立法纲要的制定"第5条规定了三类社会保卫方法：司法改造性质的方法、医疗性质的方法和医疗教育性质的方法，第一类就是一般意义上的刑罚。

1930—1931年制定的苏俄刑法典草案中将所有的惩罚方法分为两类：对阶级敌人和蜕化变质分子适用的镇压方法和对劳动人民中的

---

① 参见[苏] Д. В. 巴格里 沙赫马托夫《刑事责任与刑罚》，韦政强、关文学、王爱儒译，法律出版社1984年版，第137—146、224—249页。[苏] Н. А. 别利亚耶夫、М. И. 科瓦廖夫主编《苏维埃刑法总论》，马改秀、张广贤译，群众出版社1987年版，第396—405页。

② （1）安置在智力上或者精神上有缺陷的人在收容所中；（2）强制治疗；（3）禁止担任某种职务，禁止从事某种活动或者营业；（4）逐出特定地区之外。

违法者适用的强制教育影响方法，其中后者就包括了劳动改造、限制权利、限制居所、强制医疗、教育措施等种类。

（二）第二次世界大战时期保安监禁制度的扭曲

进入20世纪后，保安处分的适用进入了一个扭曲的时期，被法西斯分子所利用。他们打着"强化民族精神""捍卫国家利益"的幌子制定了一系列所谓的保安处分法令，无限扩大保安处分的适用范围、放宽保安处分的适用条件、利用扭曲的保安处分来进行种族清洗和政治迫害，极大玷污了保安处分教育改善人、预防再犯的美好初衷，一度使保安处分制度声名扫地。[①]

1. 德国

1933年至1943年纳粹统治时期，德国刑法不进反退，罪刑法定原则被修改，保安处分被滥用，成为纳粹分子灭绝种族、镇压反抗的政治手段。1933年，这种制度首次进入德国刑法体系，以规制习惯性犯罪人（habitual offenders, gefährliche Gewohnheitsverbrecher）为目的。1933年订立的"对抗危险习惯犯罪人以及安全暨改善处分法"（Law against habitual offenders and measure of security and improvement, 1933.11.24）（以下简"称犯罪习惯人法"），将刑法定位为"对抗犯罪之国家及社会的守护者"，亦即刑法任务被界定为以法律维护人民共同生活体及其安全。[②] 这个法案中提出了"习惯危险犯"的概念，首次正式规定了保安监禁措施。所谓习惯危险犯，在客观形式方面表现为行为人多次发生故意犯罪，在实质方面表现为行为人必须基于内在性格素质而产生犯罪倾向。[③] 纳粹无限扩大了保安处分的适用范围和条件，将其当作民族压迫的工具，一切以法西斯主义所谓的国家、社会利益为中心，将保卫社会安全作为适用保安处分的根本目的，以

[①] 刘刚：《西方近现代保安处分制度的改革发展及其启示》，《湖南科技学院学报》2006年第6期。

[②] 周佳宥：《德国事后安全管束监禁制度实施之问题——以欧洲人权法院及德国相关判决为讨论中心》，《刑法论丛》2013年第4卷（总第36卷）。

[③] 刘旭东：《累犯制度研究》，中国政法大学出版社2012年版，第58页。

消极镇压为主要手段，而对被处分人的教育改善则是附属于保安目的的次要内容。①

这时候的保安处分是一种绝对不定期的制度，对处分延续期不作具体规定，以达到消除危险性、保卫社会之目的为基准，同时连最低期限也不作规定，只规定了每三年一次定期审查，如果认为处分的预期目的已经达到，就予以释放，否则就继续收容。②

在纳粹时期颁布的相关法令中，规定了对惯犯、政治犯以及患有精神病的罪犯施以预防性监禁，比如1933年2月26日"关于保卫人民的国家"法令，就对18000名共产党员判处了监禁，③ 除此之外还对性犯罪者施以阉割（Entmannung）之刑，导致很多人丧生，这个残忍的制度之后被废除。

2. 意大利

意大利在1930年10月19日公布，1931年7月1日生效的《洛克刑法典》受到墨索里尼执政思想的影响，刑罚不可避免带有法西斯色彩，比如重新规定死刑（1889年颁布的《扎纳尔德利法典》废除了死刑和肉刑），扩大监禁刑适用范围，加重惩罚力度，扩大累犯范围并加重处罚，采用合法推定的危险性为适用前提的保安处分制度等。④ 但不能否认的是，这部法典是保安处分制度历史上的里程碑，首次对保安处分的种类做了详细划分，还详细规定了适用范围、条件、机关、期限、执行等多项内容，很多国家都受其影响规定了详细、具体的保安处分。⑤

1925年阿尔图洛·洛克（Arturo Rocco）教授主持成立一个委员会来进行新刑法典的起草工作并由司法部长阿尔伏勒多·洛克进行了

---

① 苗有水：《保安处分与中国刑法发展》，中国方正出版社2001年版，第53页。
② 苗有水：《保安处分与中国刑法发展》，中国方正出版社2001年版，第65页。
③ 参见朱华荣主编《各国刑法比较研究》，武汉出版社1995年版，第49页。
④ 参见何勤华、李秀清主编《意大利法律发达史》，法律出版社2006年版，第305页。
⑤ 如1932年的《波兰刑法典》、1935年《中华民国刑法典》、1937年《瑞士刑法典》、1932年《法国刑法草案》、1934年《罗马尼亚刑法草案》等。

最后的修改，于 1930 年 10 月 19 日正式颁布，被称为"洛克法典"。这个应法西斯思潮而生的刑法典不可避免地带有浓厚的专制主义色彩，规定了以推定人身危险性作为量刑基础的保安处分制度。①

这个刑法典在保安处分的发展史上具有重大意义，因为它将保安处分作为一种正规、系统的制度在正式法典中确立，标志着保安处分走向完善化，其创新之处有四点：②

（1）此刑法典首次采用对人和对物的二元种类划分方式，对人的保安处分，又分为拘禁处分和非拘禁处分，对物的保安处分又分为善行保证和没收二种。

（2）此刑法典第 199 条规定了保安处分必须在法有明文规定时才可适用，并引入了罪刑法定原则。

（3）此刑法典原则上采用了相对不定期刑，对保安处分一般只规定最短期限，不规定最长期限，唯一的例外是善行保证，期限为一年以上五年以下，且执行完毕后不得延期适用。

（4）此刑法典详细规定了保安处分的适用机关、效力、执行程序等，在保安处分立法史上也是空前的。

受到一般预防和特殊预防理论的影响，《意大利刑法典》体现出用刑罚实现一般预防的威慑目的和用保安处分解决个人社会危险性的特殊预防思路，采用了类似德国的双轨制模式（doppio binariao），其特色在于保安处分和刑罚不仅具有可选择性，还具有可相加性，即对应负刑事责任的犯罪人适用刑罚，对有危险的犯罪人适用安全措施（le misure di sicurezza），当犯罪人被认为既有责任也有危险时就可以同时适用刑罚和安全措施。

在法典规定之初，安全措施适用的一般条件包括了客观上实施了犯罪或准犯罪（1930 年刑法典第 49 条第 2 款到第 4 款和刑法典第 115 条，主要是行为人未满法定责任年龄或犯罪时处于精神病状态），

---

① 参见［意］杜里奥·帕多瓦尼《意大利刑法学原理（注评版）》，陈忠林译，中国人民大学出版社 2004 年版，序 28 页。
② 参见郭自力《第十三讲 保安处分》，《国外法学》1987 年第 2 期。

主观上具有社会危险性（1930年刑法典第133条）或再犯新罪的可能性。根据刑法典第203条的规定，实施了被法律规定为犯罪的行为人，有再犯危险时，无论其是否有不可归责或不受处罚的情节，在刑事法律的意义上均具有社会危险性。① 这种危险性是一种推定的危险性，即只要出现法律上认定为有危险性的因素就必须适用安全措施，比如刑法典第222条就规定了对精神病人的最低关押期限。②

这种推定的危险性机制经常被滥用，常被用在没有具体危险的主体之上，虽然人民多次从宪法角度攻击其合理性，却一直没有将其废除。直到1986年第663号法律将刑法典第204条第1款规定的法律推定危险性的条文废除，但保留了第2款关于"所有对人的保安处分都只能适用于行为人的社会危险性已经确认的场合"的特殊预防规定。由于刑法典第220条第2款限制了危险性判断的手段，一般只能通过诉讼结果进行危险性判断，不允许"就犯罪的习惯性、职业性、犯罪倾向、犯罪者的人格特征以及非精神病的心理品质"进行鉴定，只有在呈现精神病的情况下才能进行人身危险性的鉴定，这样就限制了安全措施的使用。这种推定的危险性最终在2003年被意大利宪法法院第253号判决废除，在这个判决中将不允许法官对精神病院收容的病人根据社会危险性状态，采取更有利的其他替代性安全措施的内容违宪。③

洛克法典曾规定，对于刑满后须接受监禁性保安处分的人不适用假释，1962年对此做出了修改，允许在上述情况中适用假释，并可

---

① 法典中规定了五类可被推定为具有社会危险性的人：（1）犯罪人被宣告为惯犯、职业犯或者倾向犯的；（2）犯罪人是惯常性醉酒者的；（3）由于精神病、酒精或麻醉品慢性中毒、又聋又哑而被免除处罚的；（4）犯罪后因不可归责而被免除处罚的未成年人；（5）犯有侵犯国家罪的外国人。参见《意大利刑法典》，黄风译，中国政法大学出版社1998年版。

② 一个不应负刑事责任的精神病人，实施了应处无期徒刑的犯罪，就必须在司法精神病院关押至少10年；如果实施了应处十年以上有期徒刑的犯罪，就必须在司法精神病院关押至少5年。

③ 参见［意］杜里奥·帕多瓦尼《意大利刑法学原理（注评版）》，陈忠林译，中国人民大学出版社2004年版，第386—388页。

以对被假释者暂缓适用安全措施。①

按照刑法典的规定，保安处分主要适用于惯犯、职业犯和有犯罪倾向者，惯犯可以通过刑法典第102—104条规定的条件推定，也可以由法官根据案情认定；职业犯在惯犯的条件之上还须符合第133条第2款规定的"习惯性地，并且部分纯粹地依靠犯罪所得生活"这一条件；有犯罪倾向者有别于累犯、惯犯和职业犯，指"实施了侵犯他人生命、健康的非过失性犯罪"，且"（犯罪）本身或结合刑法典第133条第1款规定，表明犯罪人因性格特别恶劣而具有犯罪倾向"，但精神病除外。这三种犯罪人必须适用保安处分，且若还符合累犯条件就要加重处罚。1986年第663号法律第31条第2款对这一手段的运用作出了限制，规定了事先的对危险性的司法鉴定制度，事实上代替了原有的对惯犯和有犯罪倾向者推定条件的规定。

根据刑法典第205条和刑事诉讼法典第313、679条的规定，保安处分适用的时间点比较灵活，既可以在判决中适用，也可以在判决生效前或判决后适用。

3. 日本

日本现行刑法典于1907年4月24日公布，1908年10月1日施行，是以德国1870年刑法典为样板制定的，受到了当时的新派刑法理论以及刑事政策的影响，最大的特色是犯罪类型的概括性与法定刑的宽泛性，前者使得条文对犯罪的包容性强，从而有利于保护法益特别是防卫社会；后者有利于贯彻刑罚个别化的原则，从而实现教育刑的理念。② 迄今为止日本刑法典已经修改了数十次，在两次世界大战期间，日本刑法学界出现拥护人权和民主的趋势，但同时政治上法西斯势力逐渐控制整个国家，法律制度也逐渐法西斯化，在这个背景下，大正十年（1921年），日本政府提出刑法修改的咨询，大正十五年（1926年），临时法制审议会制作了"刑法修改纲要"，之后司法部设立的"刑法以及监狱

---

① 《意大利刑法典》，黄风译，中国政法大学出版社1998年版，第35页。
② 参见张明楷译《日本刑法典》（第2版），法律出版社2006年版，"第1版译者序"第1页。

法修改调查委员会"提出了《修改刑法预备草案》(1927年),又于1939年发表了《刑法以及监狱法修改调查委员会总会决议以及保留事项(刑法总则以及分则未定稿)》,一般称为《修改刑法假案》,"假案"中提议新设对常习累犯的不定期刑,增设保安处分。① 日本进入战争时期后该委员会被解散,刑法修改工作也就中断了。

1932年日本新刑法草案中第十一章规定了保安处分,分作预防监护、酒癖矫正、劳动留置以及预防监禁四种,具体规定如下:②

(1) 预防监护:根据第99条规定,对犯应处禁锢以上刑罚的心神丧失者或聋哑人,无罪宣告时,在公益上认为有必要时可以宣告预防监护;对已处惩治以上刑罚的心神丧失者或聋哑人,又犯同种或类似罪行的,有必要时处以预防监护,在刑罚执行终了后开始施行。

(2) 酒癖矫正:根据第104条规定,对有饮酒习癖并因此犯罪的行为人,宣告一年以下禁锢或拘留或因心神丧失宣告无罪的,如果认为有再犯之虞的,可以宣告酒癖矫正,不得超过两年,在刑罚执行完毕后继续执行。

(3) 劳动留置:根据第107条规定,对常习犯,可在宣告一年之下惩治或拘留的同时宣告劳动留置,不得超过三年。

(4) 预防监禁:根据第110条规定,犯惩治以上刑罚的犯罪人释放后如果认为有显著地杀人放火或强盗犯罪的危险的,可以处以预防拘禁。

(三) 第二次世界大战后保安监禁以及相关预防性措施的新发展

第二次世界大战后很多国家鉴于纳粹滥用权力的教训,对保安处分制度进行了重大修改和完善。

1. 意大利

第二次世界大战后,"再教育"观念在意大利刑罚学说中占据显著地位。意大利《宪法》第27条第3款规定,"刑罚不得成为违反人道精

---

① 参见黎宏《日本刑法精义》,中国检察出版社2004年版,第14页。
② 参见林亚轲《刑法上保安处分之研究》,《法轨》1933年第2期。

神的待遇,并且应当侧重于对判刑人的再教育"。在这个宪法原则之下,1930年刑法典也进行了一系列的修改,包括了对假释、缓刑、监禁刑替代措施以及新监狱法的修正,以实现刑罚教育改造的目的。这些修订使得一些意大利学者主张废除洛克法典中的双轨制,取消刑罚与保安处分的职能分工,把他们在再教育的宗旨下统一起来。也有学者反对这种观点,认为教育改造目的应当主要体现在刑罚执行阶段,而在决定刑罚适用阶段还是应当坚持罪刑适应和预防观念,《宪法》第27条要求的是"侧重",表明再教育只是刑罚潜在目的而不是实在性目的。[1]

《意大利刑法典》中对人的监禁性处分分为以下几种:[2]

(1) 农业劳动营和劳动所

对具有刑事责任能力的惯犯、职业犯、倾向犯,以及其他法律有明文规定的特殊情况的人而设立的机关。如刑法典第226条第3款规定的在司法感化院的未成年人在满16岁后应转入农业劳动营或劳动所;第231条第2款规定严重违反保护管束规定的人可撤销保护管束,送入农业劳动营和劳动所。

(2) 司法感化院

司法感化院收容的对象主要为无刑事责任能力的未成年人,有时也收容有刑事责任能力者。意大利对送交农业劳动营或劳动所、送交司法感化院的,在处分期限上只规定下限,无上限。送交农业劳动营、劳动所的,一般情况最低期限为1年,惯犯为2年,职业犯为3年,有犯罪倾向者为4年。送交司法感化院的,最低收容期限为3年以上。

(3) 治疗或监护所

对象主要是具有限制刑事责任能力或习惯性酗酒人。第219—221条规定了最低期限。

---

[1] 参见黄风译《最新意大利刑法典》,法律出版社2007年版,第29—30页。
[2] 本部分相关法律条文参见 [意] 杜里奥·帕多瓦尼《意大利刑法学原理(注评版)》,陈忠林译,中国人民大学出版社2004年版,第391—393页。陈忠林《意大利刑法纲要》,中国人民大学出版社1999年版,第292—293页。黄风译《意大利刑法典》,中国政法大学出版社1998年版,第1页。

(4) 司法精神病院

对象是因为心理性精神病、聋哑、酒精或麻醉品病慢性中毒等原因而免罪的人（见第222条，宪法法院2003年第253号判决宣布了此条规定部分违宪）。这里的心理性精神病不包括因生理异常引发的精神病。执行的最低期限根据所犯罪的法定刑来决定，除轻罪、过失性重罪、法定刑为财产刑或2年以下有期徒刑的重罪外，一般为2年以上的保安处分，若所犯之罪法定刑是无期徒刑或10年以上有期徒刑的，则为10年以上的保安处分。

除此之外1956年第1423号法律还规定了一种预防性措施（le misure di prevenzione），适用于未实施犯罪或者曾实施过犯罪，但对公共安全有危险的人，这个法律后来屡经修改，1965年第575号法律又专门规定了适用于黑手党分子的预防性措施。这种措施有对人的口头警告、安全监督、禁止令等手段，也有对财产的搜查和没收措施。由于这种预防性措施严格上不属于刑法范畴，所以其限制人身自由的规定是否违宪一直有所争论，宪法法院在1964年第68号判决中认为这种措施原则上是合法的，因为"在任何国家中，为预防犯罪和社会安全而采取镇压措施是一种根本的需要和原则"。[①]

2. 德国

1945年后德国刑法重新复苏，进入新的发展阶段。西德政府废除了死刑和阉割刑，保留了保安监禁的相关规定，但是在司法实践中，法官们普遍不愿意适用这种预防性监禁，尤其对这种拘留的不定期刑提出了批评。20世纪60年代在对新刑法的讨论中，对保安监禁的批评也愈演愈烈。[②] 1969年西德政府将原《习惯犯罪人法》（Law against habitual offenders and measure of security and improvement）中的

[①] 参见［意］杜里奥·帕多瓦尼《意大利刑法学原理（注评版）》，陈忠林译，中国人民大学出版社2004年版，第393—395页。

[②] Dünkel, van Zyl Smit, *Preventive Detention of Dangerous Offenders Re-examined: A Comment on two decisions of the German Federal Constitutional Court (BVerfG - 2 BvR2029/01 of 5 February 2004 and BVerfG - 2 BvR834/02 - 2 BvR1588/02 of 10 February 2004) and the Federal Draft Bill on Preventive Detention of 9 March 2004*, German Law Journal, No. 5, 2004, p. 619.

后半部分修改为 measure of improvement and security，以突出保安监禁制度的防治功能。[1]

出于对学界批评的回应，1975年德国政府进行了刑法改革，对保安处分制度进行了限制性规定，兼顾惩罚与预防这两个目的，分成刑罚和保安两类惩罚措施。1934年德国刑法规定的保安措施有7项，[2] 而到1975年修正的刑法典中删除了强制劳动、阉割和驱除出境，加入吊销机动车驾驶执照的规定，该法典中对人的保安措施包括剥夺自由和不剥夺自由两种形式，前者包括收容于精神病院、戒除瘾癖等机构，后者包括品行监督、吊销驾驶许可、禁止从事某种职业等，这种保安处分和刑罚相结合的制裁体系依然是现在德国沿用的立法模式。[3]《德国刑法典》规定了三种剥夺自由的保安处分，分别为：收容于精神病院措施（Unterbringung in einem psychiatrischen Krankenhaus，《德国刑法典》第63条）、收容于戒除瘾癖的机构措施（Unterbringung in einer Entziehungsanstalt，《德国刑法典》第64条）和保安监管措施（Unterbringung in der Sicherungsverwahrung，《德国刑法典》第66条。）

第66条对剥夺自由的保安措施的重点问题做出了专门的规定，正是因为这一问题领域的复杂性，刑法典的这几个相关条文被认为是"最晦涩、最复杂、最难理解亦最无体系的规则领域"。[4] 第66条以下规定的保安监禁，旨在通过对部分社会成员自由的限制来消除其人身危险性，避免社会秩序和公共安全受到破坏。该规定的适用程序为：成年公民多次故意犯罪，短期监禁刑不能起到矫正的作用，则再一次审判时如果认为很难指望其完全放弃重新犯罪，则会被判处更长刑期的有期徒刑，同时受到保安监禁措施。执行时先执行刑罚，紧接

---

[1] Herbert R. Steinböck, *New Developments in preventive detention in Germany*, Current Opinion in Psychiatry, No. 22, 2009, p. 488.

[2] 1. 送入治疗看管机构进行强制治疗看管，2. 送入戒毒矫正机构，3. 送入劳动场所强制劳动，4. 保安性监禁，5. 对危险性风化犯罪者采取阉割措施，6. 禁止从业，7. 驱逐出境。

[3] 龙腾云：《刑罚进化研究》，法律出版社2014年版，第83页。

[4] Jescheck, H. H. & T. Weigend, *Lehrbuch des Strafrechts, Allgemeiner Teil*, 5 Aufl. Duncker & Humblot, 1996, p. 818.

着执行保安监禁，期满释放后法院可以再判处一个保安处分措施——行为监督，如果在此期间再次犯罪，会再次受到刑罚和保安监禁，此次保安监禁不受期限限制，甚至可以是终身监禁。

该法典强调了保安处分的矫正特点，防止被用来作为单纯排除社会危害的防卫手段，该法典还将保安处分更名为"矫正及保安处分"。同时为了更好地实现教育改善、预防再犯的初衷，在刑罚与保安处分执行的顺序上，规定保安处分可以先于刑罚而执行。保安处分执行完毕后如果达到教育改善的效果，则可以替代刑罚的执行。除此之外对保安监禁的适用情况也做了严格的规定，并将首次判处保安监禁的期间限定在10年。虽然有了10年的最高期限限制，实践中法院还是严格控制了这种预防性措施的适用，到20世纪90年代初期为止，每年只有不到40例适用了保安监禁。①

20世纪90年代中期，包括德国在内的欧洲地区发生了数起影响范围甚广的儿童虐待和绑架案件，在德国，1998年保安监禁制度进行了一个很大的改革，随着新一届政府的上台，新的法律被制定来对抗性犯罪和其他严重犯罪，首次保安监禁的最大十年的期间被修改成了不定期，同时对适用保安监禁的条件也放宽了。自此之后，被判处保安监禁的数量急剧上升，到2010年超过了五百件。② 在社会民主党和绿党的争议声中，2002年对保安监禁的条文做出了修改（《德国刑法典》第66条a项），推迟了判处保安监禁的时间（reserved preventive detention, vorbehaltene Sicherungsverwahrung），即在有期徒刑执行到三分之二的时候再决定是否判处保安监禁，以便于有足够的时间去收集证据来证明犯罪人不需要保安监禁。2004年这项规定扩展到年轻人（18—21岁），并将2002年保留的保安监禁改为事后的保安监禁

---

① Dünkel, van Zyl Smit, *Preventive Detention of Dangerous Offenders Re-examined: A Comment on two decisions of the German Federal Constitutional Court（BVerfG - 2 BvR2029/01 of 5 February 2004 and BVerfG - 2 BvR834/02 - 2 BvR1588/02 of 10 February 2004）and the Federal Draft Bill on Preventive Detention of 9 March 2004*, German Law Journal, No. 5, 2004, p. 619.

② See, the Federal Statistical Office（Statistisches Bundesamt）Fachserie 10 Teihe 4.1, 2010. Quote from Grischa Merkel, *Incompatible Contrasts? —Preventive Detention in Germany and the European Convention on Human Rights*, German L. J. No. 11, 2010, p. 1046.

(subsequent preventive detention, nachträgliche Sicherungsverwahrung), 即法官无须在判决时保留判处保安处分，而是可以判决之后根据服刑情况来自由裁量（《德国刑法典》第 66 条 b 项）。这样犯罪人在服刑期间对之后是否会判处保安监禁就没有预期。德国联邦法院（Bundesgerichtshof）对此条文进行了限缩解释，对犯罪人危险性的判断不能基于在审判期间无法得知的事实和法官也不可能知道的事实，这就变相限制了新条文原本期待的广泛的适用性。[①]

2012 年《德国刑法典》第 66 条第 1 款规定，对特定的犯罪人[②]，在进行人身危险性评估后，认为有实施严重犯罪行为的倾向，对公众安全仍有威胁，没有其他更合适的措施可以预防其再犯的，必须判处保安监禁。根据第 66 条第 2、3 款规定，对特定的犯罪人，如性犯罪人、醉酒犯罪人等，[③] 由法官裁定是否判处保安监禁。

在 2009 年的 M v. Germany 案之后，2010 年德国立法通过了《暴力犯罪人法》（Violent Offenders Act），将对危险犯罪人的事后科处保安监禁的权利（post-sentence）从刑事法庭转移到了民事法庭，显然是为了逃避 M 案（见本书第四章）中对相关制度的指责。[④] 但在 2011 年德国最高法院宣布，所有的事后科处都是违宪的，因为在这种情况下没有充分的治疗条件和分别关押的条件。2013 年 5 月，对此制度再次改革，

[①] See, Grischa Merkel, *Incompatible Contrasts? —Preventive Detention in Germany and the European Convention on Human Rights*, German L. J. No. 11, 2010, p. 1046.

[②] 两次针对三类犯罪（侵犯生命、身体完整性、人身自由或性自主权的行为；违反分则相关条文或《国际刑法典》《麻醉品法》相关条文，应处 10 年以上自由刑的行为；醉酒状态实施的犯罪行为）被判处一年以上自由刑且至少已经执行 2 年以上刑期的犯罪人，又故意犯罪，实施了要处以 2 年以上刑期的这三种犯罪。

[③] 行为人实施了应当被判 1 年以上自由刑的三类犯罪（侵犯生命、身体完整性、人身自由或性自主权的行为；违反分则相关条文或《国际刑法典》《麻醉品法》相关条文，应处 10 年以上自由刑的行为；醉酒状态实施的犯罪行为）的一个或多个行为，面临至少被判 3 年自由刑的；行为人实施过被判 3 年以上自由刑的三类犯罪（侵犯生命、身体完整性、人身自由或性自主权的行为；违反分则相关条文或《国际刑法典》《麻醉品法》相关条文，应处 10 年以上自由刑的行为；醉酒状态实施的犯罪行为）的一个或多个行为，面临至少被判 2 年自由刑的；行为人实施了应当被判 2 年以上自由刑的违反分则相关条文或《国际刑法典》《麻醉品法》相关条文，应处 10 年以上自由刑的行为，面临被判 3 年自由刑的。

[④] Michael Bohlander, *Principles of German Criminal Procedure*, 2012, p. 235.

2013年6月1日生效的《刑法引导法案》（Introductory Act to the Criminal Code）中规定了保安监禁的过渡性条款。规定只有构成严重暴力和性犯罪的罪犯以及处于严重精神障碍状态的罪犯才有可能适用事后保安监禁，德国法院也将审核期从两年减少到了一年。[①]

2013年修改最重要的一点是加入了第66条第c款，该条文是为了执行2011年5月4日德国宪法法院判决中所设定的保安监禁制度合宪性的基本要求，即保安监禁应将保持"距离原则"作为其宪法上的合法性的决定性根据，该条文的主要内容除了是在联邦法的角度为保安监禁的执行作出了指导方针，同时也还确定了保安监禁前的刑罚执行的规则。[②] 此后《德国刑法典》第66条第3款有关性犯罪人保安监禁的规定在2016年和2017年又进一步进行了修改，细化了适用条件。

从近年来德国适用保安监禁案件的数量来看，预防性监禁制度在德国的适用已经趋于稳定。

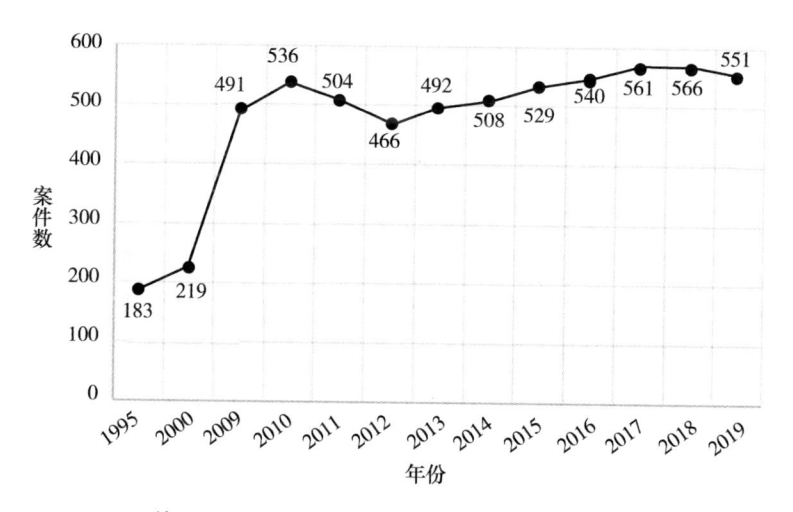

德国1995—2019年保安监禁案件数量变化图[③]

[①] BVerfG, Docket No. 2BvR 2365/09 (May 4, 2011).
[②] 参见江溯、唐志威《德国保安监禁制度的晚近发展》，《净月学刊》2018年第1期。
[③] 数据来源：Statistisches Bundesamt, Fachserie 10, Reihe 4.1, 2019。

除了刑法典外，在德国《少年法院法》（Jugendgerichtsgesetz，JGG）中也有相关的规定。旧版的《德国少年法院法》中排除了预防性监禁措施的适用，但在2004年和2008年的修正案中却引入了对青少年及未成年人采取附条件和有追溯力的预防性监禁的措施。2012年12月5日的修正案（Gesetz zur bundersrechtlichen Umsetzung des Abstandsgebots im Recht der Sicherungsverwahrung）中再次限制了这种措施的适用，判定有追溯力的预防性拘留违反《欧洲人权公约》和《德国联邦基本法》，但附条件的预防性监禁措施则保留了下来。

《少年法院法》第7条规定了剥夺自由的预防性措施适用于少年犯罪人的条件：

第一，对于安置于精神病院或戒瘾场所的，可以按照普通刑法规定适用。

第二，对于至少判处7年少年刑罚（Jugendstrafe），或者是实施了涉及针对生命、身体完整性、性自由以及抢劫或转化型抢劫的犯罪行为致使受害人受到严重伤害或有重伤危险的，如果从青少年个人和行为整体评估中认为有再犯之虞的，可以适用保安监禁措施。在少年刑罚执行完毕之后，可以审查决定是否暂缓保安监禁的执行。

第三，对同时处以少年刑罚和保安监禁的，如果到27岁时刑罚仍未完结的，可以在社会矫治机构执行刑罚，除非这种矫正不能起到更好的再社会化效果。这种命令也可以在事后作出。如果被执行人还没有转入矫治机构，则每六个月需要重新审查决定是否转入。

第四，对实施了涉及针对生命、身体完整性、性自由以及抢劫或转化型抢劫的犯罪行为，致使受害人受到严重伤害或有重伤危险的青少年犯罪人，如果裁决适用了精神病院收容措施，且根据相关规定已经完成裁决，但根据其责任能力的排除或减轻使得这种措施不合理的，如果该行为人已因多个同类犯罪行为被处以收容，或在这种收容之前已经被判处至少3年的少年刑罚或被收容于精神病院，从少年自身和行为以及裁决过程中的表现来看有再犯之虞的，法庭可以在事后处以保安监禁。如果该行为人在收容开始时不满24岁，则每六个月应当审查其是否结束保安监禁或者处以缓刑。

历史上德国还提出过一种社会治疗处分措施,是指针对累犯、性犯罪等犯罪性精神病质者(Kriminelle Psychopathen),为排除其人格上的障碍将其收容于各种社会治疗设施中的处分。这种精神病质者或性格偏执者在大多数情况下其心神状态没有达到无责任或限制责任能力的状态,但由于其具有人身危险性,所以应当采取预防性措施,但是这类人群很难取得医疗上的治疗效果,所以采取医疗监护的措施是没有用的,必须采取一种新的社会治疗处分。但这种处分一方面需要庞大的预算和人员,另一方面需要社会治疗设施和专业人力,在实际操作中很有困难。德国此制度的施行被延期至 1978 年 1 月 1 日,而后重新被延期至 1980 年 1 月 1 日,之后再次被延期至 1985 年 1 月 1 日,最终由于现实的财政和政策上的支持不足,依据 1984.12.20 字刑法改正案和 1985.2.25 字刑法改正案被废除。①

3. 奥地利

奥地利现行刑法典在第三章规定了预防性处分,有以下三种:②

(1) 对精神病犯罪人的收容措施

根据第 21 条,对应科处 1 年以上自由刑之罪但因行为时有严重的精神或心理疾患而阻却责任的行为人,在考察行为人和行为种类后,如果认为因其精神障碍状态有再犯之虞的,可以收容于安置精神病违法者的机构之中。对具备责任能力,但有在其精神或心理疾患影响下实施应科处 1 年以上自由刑的犯罪行为可能性的行为人,也可以收容于安置精神病违法者的机构之中,此时安置命令和刑罚同时宣告,先执行收容措施,收容折抵刑期。

(2) 对瘾癖者的收容措施

根据第 22 条,对滥用麻醉剂或毒品并在昏醉状态或因昏醉或瘾

---

① 参见〔韩〕金日秀、徐辅鹤《韩国刑法总论》(第 11 版),郑军男译,武汉大学出版社 2008 年版,第 786 页。
② 本部分相关法律条文参见徐久生译《奥地利联邦共和国刑法典》,中国方正出版社 2004 年版。

癖实施了应受刑罚处罚行为的，在考察行为人和行为种类后，如果认为还有因麻醉剂或毒品实施，具有严重后果的应受处罚的行为，可命令其收容于安置戒除瘾癖违法者的机构，收容先于自由刑执行，折抵刑期。但如果该行为人需服刑2年以上的，或没有戒断瘾癖希望的，不收容。

（3）对再犯的保安监禁措施

根据第23条，对年满24岁、判处了2年以上自由刑之罪的行为人，实施了以下行为：针对身体和生命，针对自由的应受处罚的行为，对他人使用暴力或者暴力威胁针对财产或风化的应受处罚的行为；《麻醉品法》第28条第二至五款规定的行为；故意实施危害公共安全的应受处罚的行为，在两种情况下可能会被收容于安置危险再犯的机构之中：判决仅是或主要是一次或数次实施了上述某个行为的；已两次（前后罪在五年之内）仅是或主要是因上述行为每次被科处6个月以上自由刑，且在实施该行为前、年满19岁后被监禁18个月以上的，且行为人有实施这类行为的癖好或以此为主要生活来源，有再犯之虞的。这种收容后于自由刑执行，在移送收容机构之前需要再次审查收容的必要性。

如果行为人同时满足精神病收容条件的，则不适用此项措施。

根据第25条，以上三种预防性措施的期限是不确定的，长短取决于目的是否实现，但收容于安置瘾癖戒除者机构的，不得长于2年；收容于安置危险再犯机构的，不得长于10年。是否撤销由法院决定，对精神病违法者和危险再犯，每年至少审核一次是否继续收容，对瘾癖戒除者，每6个月至少审核一次。

4. 法国[①]

法国最高法院将保安处分（mesure de surete）更倾向称为"治安与安全"措施（mesure de police et de securite），法律中保安处分处于

[①] 本部分相关介绍参见［法］卡斯东·斯特法尼等《法国刑法总论精义》，罗结珍译，中国政法大学出版社1998年版，第430—447、505—525页。法律规定参见《最新法国刑法典》，朱琳译，法律出版社2016年版。

附属性地位，被明确规定的是对未成年犯罪人的再教育措施，其他的诸如医疗性质措施和一些财产附加刑也被承认有保安处分的特征。

法国刑法学家认可保安处分的不定期性，1810 年的《刑法典》第 271 条就规定了对游荡罪的犯罪人，在其刑满之后应当交由政府处理，由政府视当事人的行为表现自行决定是否释放当事人。之后的《新刑法典》中尽管分开了保安处分与刑罚，但是保安处分都以附加刑或从刑的形式规定，应当确定期限的刑罚中也有很多不确定期限（直到预防犯罪不再必要时为止）或期限很长的规定：比如"无职业能力处分"就不确定期限，治疗性保安处分措施也是执行到治疗取得满意结果为止，1945 年 2 月 2 日的法令对未成年人教育措施也没有规定最短期限；而禁止居留时间，对轻罪长达 5 年，重罪长达 10 年（第 131—31 条第 2 款）。

法国法律中还规定了对保安处分的延长条件和限制。比如，1954 年法律对有危险的酗酒者规定的关管时间是 6 个月，可以延长；1970 年法律更为灵活，规定医疗监视与戒毒治疗在卫生机关监督下应当持续任何必要的时间（《公共卫生法典》第 355—17—3 条）；对未成年人的在教育措施的延长规定到成年为止，1975 年 7 月 5 日法律将成年年龄改为 18 岁，所以当年 7 月 11 日法律允许法官对 16—18 岁未成年人实行司法保护，这种新的教育措施，在一定条件下可以最长适用到年满 21 岁。

法国刑罚制度规定了同时适用刑罚和保安处分的可能性，比如 1945 年 2 月 7 日法律中规定同一未成年人可以宣告将其置于受监视的自由制度，禁止拘留制度可以和主刑同时宣告，酗酒者受到刑罚处罚的同时可以施以保安处分措施，吸毒者可以被强制戒毒，同时也可以被判处刑罚等等。但这种二元适用必须以法律明文规定为前提。

《新刑法典》改革草案中曾经提出系统规定保安处分的设想，但最终的《新刑法典》没有采纳，所以法国法律中的保安处分是以分散的状态规定的，主要呈现三种状态：

（1）作为保安处分得到正式承认的措施，包括对未成年人的再教育措施，对危险酗酒者监视、强迫治疗和再教育措施，对吸毒者医疗监视的措施，对破产商人的"无职业能力"措施等。

（2）以刑罚的名义运作实际性质为保安处分的措施，包括对法人宣布解散和司法监视的措施，禁止拘留，收回护照，没收，禁止从事某项业务，缓期执行，吊销与撤销驾驶执照，驾照扣分，关闭机构，禁止入境，支票上相关权利的禁止措施等。

（3）按照行政制度运作的保安处分措施，包括精神病患者住院治疗，驱逐出境，行政性扣留，指定居所，扣留、吊销驾照，强制性治疗，关闭机构等。

其中，涉及对人身自由限制的措施主要有以下几种：

（1）剥夺自由的措施

a）将未成年人送入教育机构的措施。1945年2月2日法令规定可以对未成年人宣告合适的保护、救助、监视与教育措施。

b）将酗酒者或吸毒者送入治疗所的措施。1954年4月15日法律规定医疗卫生部门可以对酗酒的人监视和强迫治疗，必要时由裁判机关命令送入再教育机构。这种治疗在第一次未取得预期效果时可以进行第二次。1953年2月24日法律规定对吸毒者进行戒毒治疗，1970年12月31日的法律规定了吸食毒品未犯罪，可以进行隔离和限定治疗，保安处分优先于刑事制裁实施（《公共卫生法典》第355—18条，第355—19条，第355—20条）。吸毒者可以自己进行戒毒治疗或在合适机构接受治疗，也可由卫生机关责令其前往指定机构治疗。必要时可由医生和所在的社会卫生所进行医疗监视。

c）将精神病患者送入精神病院的措施。《公共卫生法典》第18条及以下，第343条及以下规定精神病犯罪人作出不起诉裁定的条件是作出住院治疗的决定。

d）对性病患者强制医疗的措施。《公共卫生法》第254条规定医疗卫生机关可以强制患有传染性性病的人接受治疗和强制住院，拒绝服从就构成犯罪。

e）扣留等待驱逐或等待接送边境的外国人的措施。

（2）限制自由的措施

a）禁止居住的措施，《新刑法典》第131—31条规定，禁止被判刑人出现于法官确定的场所或地点，相应的限制由法官根据受刑人的表现和危险状态的变化来确定。

b）驱逐出境、禁止入境、指定居所、解送至边境等措施。

c）在指定的家庭中对未成年人进行监视。

d）缓刑考验期内指定居所的措施。

e）对犯有淫媒牟利罪犯罪人收回护照的措施。

此外，法国在2008年颁布的《保安拘留与保安监控法》中特别规定了严厉的保安拘留和保安监控措施，这两类措施可以在刑罚执行完毕之后适用，表明其刑事政策更加偏向安全价值。[①]

5. 俄罗斯

（1）苏联时期[②]

1959年开始生效的《苏联和各加盟共和国刑事立法纲要》以及1959—1962年通过的《各加盟共和国刑法典》形成了最终的苏联刑罚体系。苏联刑罚体系中除刑罚手段外还规定了医疗性和教育性刑事强制方法，前者主要由《苏维埃刑法》以及1967年白俄罗斯共和国未成年人事务委员会条例规定，对未成年人进行改造和再教育；后者由刑法规定，对精神病患者、嗜酒成癖者和嗜毒者进行治疗和劳动教育。《苏维埃刑事立法纲要》和《白俄罗斯共和国刑法典》中，都有规定可以使用这些方法的规范。《苏俄刑法典》第10条第3款规定，对于未满十八岁犯有社会危害性不大的罪行的人，如果法院认为可以不适用刑罚而加以改造，就可对他采取不算刑罚的教育性强制方法……或者可以免除未成年人的刑事责任，把他移送未成年人事务委

[①] 刘仁文主编：《废止劳教后的刑法结构完善》，社会科学文献出版社2015年版，第310页。

[②] 参见［苏］Д. B. 巴格里－沙赫马托夫《刑事责任与刑罚》，韦政强、关文学、王爱儒译，法律出版社1984年版，第137—146、224—249页。［苏］H. A. 别利亚耶夫、M. И. 科瓦廖夫主编《苏维埃刑法总论》，马改秀、张广贤译，群众出版社1987年版，第396—405页。

员会，以便研究对他采取教育性强制方法的问题。第11条规定了对精神病人的医疗性强制方法。之后的第55—60条专门规定了这两种强制方法的实施细则。立法纲要中将规定这两种强制方法的权力给予各共和国，各共和国扩大了这些方法的范围，从未成年人和精神病人扩大到了实施危害社会行为或有不道德的，反社会的生活方式的嗜酒成癖者和嗜毒者。

苏联时期的强制方法的性质是不同于刑罚的，虽然也存在强制性，有惩罚的内涵，但是不以刑事责任存在为前提，也不会成为前科。故而医疗性和教育性强制方法和刑罚可以同时实施，也可以排除刑罚（对无责任能力人和未成年人）或终止服刑（判决执行后得慢性精神病的人）。另外，这种强制方法的实施不规定期限，而要到改造和教育好违法者，或者使他们恢复健康为止。

《白俄罗斯共和国刑法典》第10条第3款和第60条规定了对可以不适用刑罚，但又不应当免除刑事责任的未成年人，采取教育性强制方法的具体手段：①道歉；②赔偿损失；③交由家长或家长代理人严加管教；④交由劳动人民集体或社会团体担保或监督；⑤送入专门为少年儿童办的医疗教育机构。

究竟对未成年人适用刑罚还是教育性强制方法，法律没有明确的界限标准。一般来说，只有在未成年人犯有社会危害性不大的罪行的情况下才能适用教育性强制方法，要根据具体案件的情节而定。

对于嗜酒者和嗜毒者，刑罚和医疗性强制方法可能会同时进行，此时的处罚根据是刑事责任，比如《白俄罗斯共和国刑法典》第59条规定，当嗜酒者和嗜毒者判处了不剥夺自由的刑罚时，就必须在医疗劳动防治所里接受强制性治疗，判处了剥夺自由的刑罚时则在劳动改造机构的医务所里接受强制性治疗，释放后如果必须延长强制性治疗，就送往医疗劳动防治所。对于未犯罪但由于嗜酒破坏社会秩序的人也可以送去医疗劳动防治所，此时不存在刑事责任的承担，是一种行政法律方法。《苏俄刑法典》第62条也有类似的规定。强制医疗可由法院根据社会团体、劳动者集体、同志审判会、卫生保健机关的要求或其本人的请求加以判处，时限不预先规定，由法院根据治疗机关的意见决定。

《苏俄刑法典》第58条规定了对精神病人的医疗性强制方法，规定在无责任能力状态下，实施危害社会行为的人和虽在有责任能力状态中实施犯罪行为，但在做出判决之前或服刑期间患有精神病而失去辨认或控制自己行为能力的人，可以适用安置在专门或普通精神病院的医疗性强制方法。1967年2月14日"关于对实施危害社会行为的精神病人适用强制医疗和其他医疗性方法的程序"对医疗性方法的适用作了详细规定。法院在裁定中不规定强制医疗的期限，视治疗情况而定。

（2）俄罗斯联邦时期①

苏联解体后，1993年12月12日通过了新《俄罗斯联邦宪法》，确立了总统制为俄罗斯联邦民主共和政体形式，为了适应新政体的需要，俄罗斯联邦国家杜马于1996年5月24日制定并通过了《俄罗斯联邦现行刑事法典》，1997年1月1日正式生效，在这之后刑法典经过了数次修改，涉及条文达3/4之多。

联邦立法者采用了双轨制，在刑罚之外规定了非刑罚措施，有利于国家机关解决重要的社会预防问题，即降低各种心理不正常的人蓄意犯罪的数量，有统计显示患有精神疾病并犯罪的人数出现增长，所以立法不得不对这些行为人采取非惩罚性的措施，其出发点很大程度上是为了通过预防达到保障社会安全的目的。②对于患有精神疾病的人实施医疗性强制措施，体现了立法个别预防的理念，目的是治愈患有精神疾病的人或改善其心理状态，适用期间取决于精神失常状态何时消除，如果是犯罪后产生精神障碍的，治疗时间抵消刑期。

根据刑法典第97条的规定，适用医疗强制措施的人员包括以下

---

① 本部分相关法律条文参见赵路译《俄罗斯联邦刑事法典刑法典》，中国人民公安大学出版社2009年版。

② 参见［俄］Л. В. 伊诺加莫娃-海格主编《俄罗斯联邦刑法典（总论）》（第2版），黄芳、刘阳、冯坤译，中国人民大学出版社2010年版，第269—270页。

三种：①在无责任能力状态下实施刑法分则条文的犯罪行为，认为可能导致其他实际损害或对他人造成危险的；②在实施犯罪后罹患精神性障碍疾病不能被判处或执行刑罚的；③实施犯罪且罹患不排除刑事责任能力精神性障碍疾患的。①

医疗性强制措施有四种：强制性门诊观察和精神病学家诊治；在普通精神病院进行强制性治疗；在专业精神病院进行强制性治疗；在专业精神病院进行强化诊察的强制性治疗。根据第 101 条的规定，根据行为人的精神障碍病症轻重决定采取何种强制治疗措施：病症需要诸如看管、监禁、诊察等治疗的，判处在普通精神病院进行强制性治疗；需要住院治疗的，以及需要进行持续性诊察的，判处在专业精神病院进行强制性治疗；因自身精神状况对自己或他人显现出极其特别的危险性，需要持续性和强化性诊察的，判处在专业精神病院进行强化诊察的强制性治疗。

此类强制措施的延长、变更和终止需要法院在相关的行政机构的报告以及精神病专家委员会的鉴定基础上做出，至少每六个月进行一次专家委员会诊察，或者由主治医师或行为人、代理人、近亲属申请审查，以决定是否变更措施。

6. 日本

日本刑法中的保安处分，既有相对不定期刑的规定，② 也有绝对不定期刑的规定。③

日本在 1956 年开始的全面修改刑法工作引发了新一轮的学派之

---

① 指非病态的心理状态，比如各种类型的精神失常、神经官能症、神经衰弱等，这类人可能由于一定因素的刺激作出有侵犯性的行为，所以要采取强制医疗措施。参见［俄］Л. В. 伊诺加莫娃－海格主编《俄罗斯联邦刑法典（总论）》（第 2 版），黄芳、刘阳、冯坤译，中国人民大学出版社 2010 年版，第 273 页。

② 规定了监护处分的最高期限为五年，预防处分的最高期限为二年。在执行完毕之后，裁判所认为受保安处分之人仍具有社会危险性，可以作出更新处分，继续执行保安处分。参见郭自力《第十三讲 保安处分》，《国外法学》1987 年第 2 期。

③ 主要是指保护观察处分，这种处分没有期限规定，只要受处分之人具有社会危险性，就可以无限期地执行下去。参见郭自力《第十三讲 保安处分》，《国外法学》1987 年第 2 期。

争。1961年制作的《改正刑法准备草案》在多次修改后于1974年制成了《改正刑法草案》，其中调整了刑罚制度及其在总则中的地位，创设了保安处分。但这点遭到了日本律师联合会和日本刑法研究会的强烈批评，他们认为这个制度是落后于时代的，"提倡犯罪化、严罚化、国家利益优先等落后于时代要求的刑事政策"。[①] 反对者批评认为，这个草案的基础是战前的旧宪法思想以及与此相应的国家主义、权威主义的思想和报应刑论，将维护国家道义作为刑法的首要任务，容易陷入"只要具有责任，就要受到处罚"的"积极责任原则"的危险，这种观念不仅会妨碍刑事政策的合理发展，还会导致国家利益优先和犯罪化、刑罚化的倾向。[②] 而负责修改工作的小野清一郎则解释说，刑法是将国家治安和社会保安作为重要功能的国家刑法，伦理和报应是和道义责任相连的刑法基本原理，刑法不考虑伦理道义的话，责任原则就会形式化、空虚化，刑罚和保安处分的区别就会消失，将刑法作为保护个人利益的技术方法不过是启蒙时代的合理主义的再现，必然导致无政府主义的状态产生。[③] 这个草案由于遭到太多批判，最终没有被日本国会通过。

现行的《改正刑法草案》第十五章规定了保安处分。日本刑法中剥夺自由的保安处分包括，对危险的犯罪者的预防处分（日本刑法改正草案第139条），对精神障碍者的治疗处分（日本刑法改正草案第97条以下），对酒精、毒品中毒者的禁绝处分（日本刑法改正草案第101条等），对厌恶劳动者的劳作处分（日本刑法改正草案第136条等），对人格障碍者、性犯罪者等的社会治疗处分。[④]

《改正刑法草案》第97条规定了保安处分的类型和适用条件：保

---

① 大谷实：《刑事政策学》，黎宏译，法律出版社2000年版，第95页。
② 参见平场安治、平野龙一《刑法修改研究1》（概论、总则），东京大学出版社1972年版序言部分。转引自黎宏《日本刑法精义》，中国检察出版社2004年版，第19页。
③ 参见中山研一《刑法理论研究的现代意义》，《法律时报》1995年第67卷第1号。转引自黎宏《日本刑法精义》，中国检察出版社2004年版，第19页。
④ ［日］浅田和茂：《刑法总论》（补正版），成文堂2007年版，第527页。

安处分分为治疗处分和禁绝（禁止、根除之意）处分两种，由裁判所宣告，与有罪判决或由于责任能力是由判处的无罪判决同时宣告，此外，如果符合了保安处分要件，即使没有追诉也可以按照独立的程序宣告保安处分。第98—100条规定了治疗处分的条件、场所和期间：因精神障碍致使无责任能力或者限制责任能力的人，实施了符合禁锢以上刑罚的行为，如果不加以治疗和看护，将来可能再次实施符合禁锢以上刑罚的行为，在保安上认为有必要时，可以作出附治疗处分的判决，收容于保安设施进行治疗和看护所必要的处置。收容期间为三年，但裁判所认为有必要时可以每两年予以更新，最多更新两次，但对明显具有实施符合死刑、无期或短期两年以上惩役行为的人除外。第101—103条规定了禁绝处分条件、场所和期间：因醉酒或其他精神性药物成瘾的人，因此实施了符合禁锢以上刑罚的行为，如果认为这个瘾癖会导致再犯符合禁锢以上刑罚的行为，有必要时可以作出附禁绝处分旨意的判决，收容于保安设施进行消除饮酒或使用药物习癖所必要的处置。收容期间为一年，但裁判所认为有必要时可以在两次限度内予以更新。

根据第103—107条的规定，退所有两种情况：行政决定可以让被收容人暂行退所或者期间届满时应当退所。但对这类人要有两年期间的疗护观察，对暂行退所的如果存在有必要再收容的状况时行政部门可以将其再次收容。当附疗护观察的人被认为没有必要执行保安处分或暂行退所没有被再次收容的人，疗护观察期结束视为保安处分执行完毕。

第108—110条规定了刑罚与保安处分之间的关系。一般情况下同时判处刑罚和保安处分的，先执行刑罚，但裁判所可以判处先执行保安处分。两者在下列情况可能变更执行顺序：（1）被执行惩役或禁锢的人或被判处惩役或禁锢后被许可假释的人，存在有必要执行保安处分状况时，裁判所可以命令停止执行刑罚而执行保安处分；（2）正在受保安处分执行的人，存在有必要执行刑罚的状况时，裁判所可以命令解除保安处分或者停止其执行而执行刑罚。当已经执行了刑罚或保安处分之一后，认为没必要执行另一种的，可以解除保安处分或免除刑罚的全部或部分。保安处分判决后三年内没有执行的，除非裁判所许可，否则不得执行，同时受刑罚和附保安处分判决的人，执行刑罚期间不算入这个三年的期间。①

在《日本刑法典》的处罚目录中，只有刑罚而没有保安处分。立法者多次尝试把处分制度引入刑法典，遭到了不少法学家和精神病学家的猛烈批判，而最终失败。心理上有疾病的行为人，缺少责任能力，因此只能采取行政法上卫生部有权使用的措施。有学者认为，强制医疗措施可以认为是日本刑法中的保安处分：2001年有这么一个案件，一名有心理疾病的行为人窜入大阪的一家小学，杀死了8名学生，伤害了13位学生和两位老师。舆论大哗，认为对于有心理疾病的行为人有必要采取司法措施。由此制定了一个特别法：即2003年7月16日的针对无责任能力状态实施了重大伤害行为的人的医疗和观察法，根据该法，对处于无责任能力状态或者限制责任能力状态的实施了严重违法行为的人，比如故意杀人、抢劫、强奸、伤害、纵火等，可以由地方法院的一位法官和一位精神病专家组成的机构，命令采取急诊式或者住院式医疗处理措施。这里规定的强制治疗，根据其性质，属于保安处分。②

7. 韩国③

韩国现行《宪法》第12条第1项规定，任何人不依法律之规定不受保安处分，在宪法上将保安处分进行了明文化，但韩国刑法中没有在总则做出规定，而是分散在少年法、国家保安法、社会保护法、关于保护观察等法律、保安观察法、母子保护法等特别法中进行规定，除了少年法上的保护处分，其他措施基本都是依靠行政机关来实

---

① 本部分规定参见张明楷译《日本刑法典》（第2版），法律出版社2006年版，第142—144页。
② ［日］井田良：《社会变迁背景下日本刑法的发展》，樊文译，载陈泽宪主编：《刑事法前沿（第7卷）》，中国人民公安大学出版社2013年版，第270—271页。
③ 本部分的法律规定参见［韩］金永哲译《韩国刑法典及单行刑法》，中国人民大学出版社1996年版。

施的。[1]

韩国原先的特别法中规定的限制和剥夺人身自由的预防性措施主要有以下几类：

（1）保护监护

保护监护是对危险常习犯的预防性措施，以再犯危险性为要件，被规定在《社会保护法》[2]第5至7条。根据第5条，被处以保护监护的行为人为：因同种或者类似的犯罪被判处两次以上徒刑以上的实刑，刑期合集三年以上，刑罚执行完毕或被赦免后又犯同种或者类似犯罪的人；累犯性常习犯人；受保护监护宣告后又犯同种或类似犯罪的人。

所谓的类似犯罪，是指1985年修订本法时规定在社会保护法附表中的罪行：掠取和引诱的犯罪（刑法第287条至289条），关于贞操的犯罪（刑法第297条至303条，第305条），抢劫致人受伤、受伤致死、抢劫强奸罪（刑法第337条至339条），违反关于处罚常习性暴力行为等法律的犯罪（关于处罚暴力行为等的法律第2条第1款，第3条第3款），掠取引诱、抢劫盗窃罪常习犯、抢劫致人受伤（关于特定犯罪加重处罚等的法律第5条之2，第5条之4，第5条之5），诈骗罪常习犯（刑法第351条），关于特定经济犯罪加重处罚等的法律第3条（欺诈、恐吓、贿赂、渎职，业务上贿赂或者渎职的财物或者财产上的利益的价款在5亿元以上的情况）。

保护监护的措施主要是将被监护者收容于保护监护机构，进行监护、教化，可以附加为复归社会所必要的职业训练和劳动，但劳动需得到被监护者的同意。有必要的时候，保护监护设施的负责人可以决定委托适当的机关来进行监护。在保护监护机构中的收容最长期限为7年，在判决中不予宣告，可以由检察官停止或由社会保护委员会审查后停止。根据《社会保护法》第25条第1款的规定，社会保护委员会每一年需要对是否可以改为监外执行进行审查，对于监外执行的

---

[1] 参见［韩］金日秀、徐辅鹤《韩国刑法总论》（第11版），郑军男译，武汉大学出版社2008年版，第789页。

[2] 1980年12月18日法律第3286号制定，1989年3月25日法第408号修订。

被保护监护人每六个月要审查是否继续执行或者免除，对于监外执行的被保护监护人需要进行保护观察。

根据《社会保护法》第 23 条第 1 款，当保护监护和刑罚并科时（包括收容于保护监护机构中受到刑罚宣告的情况），先执行刑罚，维护了保护监护作为最后手段的二元主义。但停止资格同保护监护一起执行的，先执行治疗监护，期限计入刑期。有数个保护监护判决时，只执行最后被宣告的保护监护。

（2）治疗监护

治疗监护是针对心神障碍者和毒品、酒精中毒者的预防性措施，规定在《社会保护法》第 8 和第 9 条。根据第 8 条的规定，治疗监护的对象有两类：①根据《刑法》第 10 条认定的心神丧失者和心神微弱者实施符合徒刑以上刑罚的犯罪并被认定具有再犯危险性的；②对麻药、精神性医药品、大麻以及其他有类似毒害作用的物质或酒精有注射习癖或者中毒者，应处徒刑以上刑罚之罪，被认为有再犯可能性的。

根据第 9 条，对于受到治疗监护的宣告者，要收容于治疗监护机构进行治疗措施，这种收容没有期限限制，到被治疗者不再有治疗必要，受到社会保护委员会的终止决定时为止。根据第 25、28 条的规定，在对心神障碍者的治疗经过两年时，可以规定一定的期限，委托其亲属进行监护治疗机构以外的治疗，社会保护委员会每六个月需要审查决定是否终止治疗。

根据《社会保护法》第 20 条第 4 款，当保护监护和治疗监护的要件竞合时，只宣告治疗监护。根据《社会保护法》第 23 条第 2 款，刑罚和治疗监护同时宣告时，适用替代主义，先执行治疗监护，其间算入刑期。

（3）《社会安全法》《社会保护法》的批判和废除

旧《社会安全法》[①] 曾在第 3 条规定了保安监护的处分，但这个法律是在维新统治时期在安保信念下将保安处分立法化的，仍然有刑

[①] 1975 年 7 月 16 日，法律第 2769 号。

事制裁的性质，侵害了宪法上以基于法官令状拘禁身体作为内容的基本权，且不是基于预防理念下的法治国家规律，而是当局政策的正当化，所以一直被批判。1989年将其修改为《保安观察法》，删除了保安监护处分。①

《社会保护法》也受到了双重处罚和侵犯人权的批判，有学者认为，应当放宽假释的条件，引入中间审查制度来审查刑罚执行完后是否还有必要执行保护监护处分，将保安处分作为刑法上的制裁手段编入刑法中以接受严格的司法审查。②

韩国政府2005年8月4日废除了社会保护法，在8月5日公布了《治疗监护法》，规定了针对心神障碍者和毒品、酒精中毒者的治疗监护（第6条）。这种收容不得超过15年，毒品、酒精等中毒者实施徒刑以上刑罚的犯罪被收容于治疗监护设施的，不得超过两年（第16条）。被治疗监护者治疗监护结束或者为委托法定代理人在监护设施外接受治疗的，附以三年保护观察（第32条）。

（4）少年法中的预防性措施

韩国《少年法》中对具有反社会性及非社会性的少年规定了关于其环境调整与品行矫正的保护处分，其中剥夺人身自由的措施主要有：委托《儿童福利法》上的儿童福利设施及其他少年保护设施进行监护（4号）；委托医院、疗养院（5号）；短期移送少年院（6号）；移送少年院（7号）。③

根据《社会保护观察法》第27、28条的规定，对少年保护设施的负责人在保护少年服刑过少年法第65条期限或收容过6个月时，应向管辖地的审查委员会通报。当负责人认为保护少年矫正成绩良好，没有再犯危险性时，可以向管辖审查委员会申请假释的审查。

---

① 参见［韩］金日秀、徐辅鹤《韩国刑法总论》（第11版），郑军男译，武汉大学出版社2008年版，第791页。
② 参见［韩］金日秀、徐辅鹤《韩国刑法总论》（第11版），郑军男译，武汉大学出版社2008年版，第794页。
③ 参见［韩］金日秀、徐辅鹤《韩国刑法总论》（第11版），郑军男译，武汉大学出版社2008年版，第789—790页。

第二节　英美法系的表现

一　不定期刑的内涵和理论根据

不定期刑是指裁判时对犯罪人宣告不确定的自由刑刑期，根据行为人在行刑中的改善程度而决定自由刑之终期的一种制度，可以分为绝对不定期刑和相对不定期刑两种。绝对不定期刑，是指法官只判处犯罪人监禁，但不规定任何期限，完全由行刑机关决定何时释放。美国的一些州曾经存在这个制度，但不普遍。相对不定期刑是指法官在判决中宣告犯罪人适用的刑期是一个幅度，确定了监禁刑期的上限、下限或其中之一，由行刑机关在这个幅度内根据罪犯的矫治状况决定释放的具体时间。有不同的模式，法官和立法分别确定最大和最小刑期。[1]

世界上最早的不定期刑是1532年的《加洛林纳刑法典》，规定对有证据证明有犯罪倾向的犯罪人判处监禁，直到法院判定其适合保释或无再犯危险时，才予以释放。这种随意的不定期刑与现代不定期刑比较，有三点明显的不同：第一，在理论上不是为了复归改造罪犯，而是为了社会安全；第二，最后释放时间仍由法官，而不是行刑机关决定；第三，刑期长短是绝对不定期的，现代不定期刑大都为相对不定期。[2]

两者的理论基础也是不同的。刑罚从开始的任意刑罚到之后的定期刑，又转向一种相对的不定期刑，实际上是资本主义发展的推动，也是刑法学派由旧派向新派转变的结果。旧派主张报应刑，从黑格尔和康德的绝对主义出发，一致认为量刑和处罚只能以法律为根据，是一种严格的罪刑法定。随着资本主义的发展，犯罪大量增加，导致再犯率升高，累犯职业犯罪、惯犯大量出现，为了解决这种现象，新派

---

[1] 参见张旭主编《英美刑法论要》，清华大学出版社2006年版。
[2] 参见李贵方《不定期刑比较研究》，《法律科学》1992年第1期。

提出了矫正刑或说教育刑的理念，罪犯刑罚的轻重和限制人身自由时间的长短取决于罪犯自身改造的效果，这就是不定期刑产生的理论根据。

预防性监禁从其本质上说具有不定期的性质，因为其只宣告一个罪名，却不判决具体的刑期，具体关押时间长短取决于罪犯的改造情况，这正是现代不定期刑的特点和矫正导向，所以讨论英美法系预防性监禁制度规定的问题，实际就是讨论不定期刑的适用问题。

二 近代不定期刑的发展

1. 不定期刑思想的萌芽

1789年英国的本杰明·拉什提出了不定期刑的思路，他认为刑罚的长短要加入行为人个人因素以及回归社会需要的考量，不需要在判决时候确定。德国同时期的法学家也有人提出了这种思想，并体现在一些邦国的法典中，比如1813年《巴伐利亚刑法典》只规定最大期限的苦役和最小期限的苦役。[①]

近代的不定期刑制度由美国刑法学家 Wines 所首倡，他主张，刑期乃随犯人改善之需要而确定，法官对于某犯人需要多长时间可以改善，就如医生对于病人何日可以痊愈一样不可预料，如果所定刑期不足以改善罪犯，判决的功能就等于零，反之，则又未免浪费国家经费，所以刑期之长短应由监狱官视囚犯是否已经改善为标准。这种主张在1868年美国监狱会议上讨论通过，规定在宣言第8条，并于次年在埃尔米拉教养院（Reformatory of Elmira）试行，再犯者仅百分之十五，显著下降，所以各州先后效仿。其他国家也有类似规定，比如澳大利亚1928年7月18日少年法第12条，捷克刑法草案第69条，比利时1930年社会防卫法，德国刑法草案第10条等。[②]

[①] 参见田暐《论外国的不定期刑制度》，《杭州大学学报》（哲学社会科学版）1995年第4期。

[②] 参见许鹏飞编《比较刑法纲要》，商务印书馆2014年版，第161—162页。

2. 埃尔米拉教养院的改革[①]

美国1796年的密执安州的《三年法》（Three years Law）规定对妓女可以判处三年以下的不定期拘禁，这是近代的不定期刑制度的开端。1870年，在全美监狱工作会议上，著名的刑罚学家、时任底特律监狱监狱长的泽布伦·布兰克韦（Zebulon R. Brockway）论述了爱尔兰制、不定期刑思想和假释制度的可能性，受到与会者的支持。1876年埃尔米拉教养院正式成立后，布兰克韦被任命为教养院院长。在他的倡导和主持下，纽约州议会于1876年制定了《埃尔米拉教养院法令》，这是世界第一个不定期刑的立法。[②]

布兰克韦主张，教育犯人不只是圣经和道德强制教育，而且还包括知识和职业技能，他将这三种方法集中运用于埃尔米拉教养院：（1）基于工作和教育水平分类的评分制；（2）假释制，与犯人服刑表现（根据分数）相联系的提前释放制度；（3）不定期刑，表现好的犯人可以提前释放。第一种方法来自亚历山大·麦科诺1840年在诺福克岛监狱推行的行为矫正方案，将自由刑转化为作业刑，监禁时间转化为作业和劳动时间，对犯人的行为进行打分。埃尔米拉教养院适用的打分制不仅用于释放决定和激发犯人改造上，还作为犯人的分类制度。第二种方法来自1790年英国和日本实行的"持票离狱"制度，布罗克韦将计分和假释评估相结合，使假释更容易评价，更有可预见性，但这种可预见性在20世纪中叶根据医疗处遇模式采用不定期刑时就消失了。第三种方法来自本杰明·拉什在100年前提出的方法，欧洲和美国许多监狱实行着犯人可因良好行为获得早释的善行制政策。1877年布罗克韦促使纽约州改变立法，在埃尔米拉教养院率先实行了不定期刑。

尽管这个教养院最初的设计是为了关押16—30岁的初犯，但实际上其中有三分之一在其他地方服过刑，但这个教养院的尝试仍被视为成功的典范，到1913年美国有18个州的监狱模仿了它。这个教养

[①] 参见［美］理查德·霍金斯、杰弗里·P. 阿尔珀特《美国监狱制度——刑罚与正义》，孙晓雳、林遐译，郭建安校，中国人民公安大学出版社1991年版，第54—57页。

[②] 胡威、李杉杉：《论美国的不定期刑制度》，《法学论坛》2007年第4期。

院制度最终成为了青少年教养感化院的经典模式,并推动了美国少年法院制度的建立。

3. 不定期刑的模式

不定期刑大致可以分为五种模式:① 第一,法官在法定幅度内确定具体案件的最大和最小刑期,如堪萨斯州刑法对某些重罪的规定;第二,立法固定最大刑期,法官确定最小刑期,如纽约州刑法对 A I 级重罪的规定;第三,最大刑期由法官在法定幅度内确定,最小刑期由立法作原则规定,如纽约州对 B 级暴力重罪的规定;第四,立法规定了最大和最小刑期,法官没有自由裁量权,如阿拉斯加州刑法的相关规定;第五,法律允许陪审团确定最大刑期,由立法规定最小刑期为最大刑期之一定比例,或者法官只决定是否适用监禁,而由假释机关决定具体刑期,如密苏里州刑法的相关规定。对于上下限都确定的不定期刑,罪犯必须在监狱中服满最低刑期才能够获得假释资格,由假释委员会根据其狱中表现和对重新犯罪可能性的评估来决定是否假释。

4. 不定期刑的推广

第二次世界大战以后,受"复归社会"思想的推动,不定期刑制度迅速扩张,由1946年的《少年法》推广到全国,纽约等38个州的刑法以及联邦刑法都成年人也规定了不定期刑。②

美国法学会在1962年颁布的《模范刑法典》中将重罪划分为三类,并规定了相应的刑罚幅度。该法典在其判刑制度中,规定将不定期刑简化为宣判最高刑期、宣判最低刑期和同时宣判最低刑期与最高刑期三种,并规定徒刑的实际执行长度由既独立于法院又独立于监狱的"假释委员会"决定。③ 法典第6.06条规定了以下几种监禁刑和替代方案:(1)构成一级重罪的最低刑期由法庭在一年以上十年以下确定,最高刑期为终身监禁或由法庭在二十年以下的范

---

① 参见李贵方《自由刑比较研究》,吉林人民出版社1992年版,第135—136页。
② [日]大谷实:《刑事政策学》,黎宏译,法律出版社2000年版,第127页。
③ 杨联:《不定期刑制度的起源及其运用》,《法学杂志》1986年第2期。

围确定；（2）构成二级重罪的最低刑期由法庭在一年以上三年以下确定，最高刑期为十年或由法庭在十年以下的范围确定；（3）构成三级重罪的最低刑期由法庭在一年以上两年以下确定，最高刑期为五年或由法庭在五年以下的范围确定。判处的不定期监禁最低刑期不得超过最高刑期的1/2，如果是终身监禁，不得超过十年。

5. 不定期刑的黄金时代

19世纪中叶至20世纪中叶近100年时间内是不定期刑的黄金时代，在很多国家的司法实践中它都是一种十分重要的刑罚制度，但适用的范围有所不同。

不仅同为普通法系的英国仿效美国制定了1908年的《犯罪预防法》，还有些大陆法系也有所借鉴，比如法国和意大利在其刑法的修订中也包含了不定期监禁的剥夺自由刑。

英国属地新西兰在1906年公布《常习犯与犯人条例》（*Habitual Criminals and Offence Act*），规定对常习犯和特别累犯实行保安处分。[①] 1908年的英国《犯罪预防法》（Prevention of Crime Act）规定了双罚制，对累犯徒刑执行完毕后规定再处以5—10年的预防性监禁。[②] 1909年美国宾夕法尼亚州对累犯规定了特殊的不定期刑，行为人两次犯罪而被判处1年以上监禁刑，又再次犯罪的，处以不超过30年的不定期监禁。[③]

6. 国际组织的推动

此外不定期刑也是这一时期国际会议和国际组织关注的热点。1872年在伦敦召开的第一次国际监狱会议就决议废止了定期刑，1878年的国际监狱会议上就曾以侧面的方式对不定期刑加以讨论，1900年在第六次国际监狱会议上正式提出讨论，本次会议虽然未明确承认不定期

[①] 蔡墩铭：《唐律与近世刑事立法之比较研究》，（台北）商务印书馆1968年版，第279页。

[②] See Anne-Marie Mcalinden, *Indeterminate Sentences for the Severely Personality Disordered*, Criminal Law Review, Feb. 2001, p. 109.

[③] See Mabel A. Elliott, *Conflicting Penal Theories in Statutory Law*, Chicago, 1931, p. 193.

刑是一种正式刑罚，但却规定了对少年犯、酒精中毒犯、精神病的犯人等特定犯罪人不定期刑是一种刑罚。① 1910 年在美国华盛顿召开的第八次国际监狱会议的决议中肯定了不定期刑作为正式刑罚的地位，并慎重规定了其适用的范围。1925 年在伦敦召开的第九次国际监狱会议是不定期刑制度的顶峰，其决议：不定期刑是刑罚个别化的必然结论，是社会防卫犯罪最有效的方法之一，各国应依据自身的情形，尽力使这一制度有可能实行。② 1928 年成立的国际刑法及监狱会议先后召开过十一次会议，对不定期刑的必要性问题都有过专门的决议。1950 年该会议并入联合国经社理事会，确定了一系列和预防犯罪与罪犯待遇有关的项目进行专题研究，延续至今。

7. 不定期刑适用的收缩

在英国，自《1908 年法案》中针对 16 岁起有三例先前重罪的犯罪人规定预防性监禁后，这一制度也几经修改。1910 年时任内政大臣的丘吉尔发布公告中就公开宣称，不应当仅仅聚焦于违法上的重复性，纯粹的顺手牵羊盗窃，没有任何严重的加重要素就不应当适用预防性监禁，这一制度的目的应当成为保护社会防范来自职业犯罪这个最坏级别的侵犯。自此之后预防性监禁的适用就开始减少。20 世纪后，英国在 1948 年的《刑事审判法》（Criminal Justice Act）中废除了 1908 年的双罚制，规定了累犯的单罚制，但依然保留了不定期刑，以 5—14 年的预防性监禁代替普通监禁。当时政府设想这一制度可以覆盖相对轻微犯罪的惯犯，但 20 世纪 50 年代末期开始，法官逐渐反对这么做，1962 年，英格兰威尔士首席大法官甚至发布了限制预防性监禁适用的实践指导，此后这一制度在实践中已经弃用。③ 这个规定在 1967 年的《刑事审判法》修改为延长性监禁和终身监禁，并规定了释放后的长期监督。到了 1991 年的《刑事审判法》又回归双罚

---

① 参见高格主编《比较刑法学研究》，北京大学出版社 1993 年版，第 234 页。
② 参见高格主编《比较刑法学研究》，北京大学出版社 1993 年版，第 234 页。
③ 参见［英］安德鲁·阿什沃斯《量刑与刑事司法》（第 6 版），彭海青，吕泽华译，中国社会科学出版社 2019 年版，第 218 页。

制，之后的 1997 年《犯罪法》对性犯罪或暴力犯罪的再犯罪人规定了强制性终身监禁。[①] 2003 年《刑事司法法》中对危险性犯罪人引入了三种程度的量刑——终身监禁、公共保护监禁（IPP）以及延长性量刑。其中，公共保护监禁旨在为保护公众免受罪犯的伤害。这种刑罚原本是用在监管一些高度危险的罪犯们，如果他们在刑满时，惩教人员及司法人员仍认为他们对社会有危险，那么他们将被继续关押，直到假释委员会认为他们不再对社会有危险，他们才会被准许出狱。但由于这项法律有被滥用的情况，在判处监狱服刑的罪犯中，刑罚是不定期刑或者终身监禁的比例从 1993 年的 9% 增长到 2012 年的 19%，是当时欧洲国家中的最高比率，增长的大部分源于公共保护监禁这一不定期刑罚。2008 年这一刑罚修正为自由裁量适用，法院开始放宽对这三种量刑的适用标准，并不再对某些犯罪人进行危险性假定。[②] 2012 年时颁布的《罪犯法律援助、量刑和惩罚法》中废除了这项法律，但仍有超过 5000 名被判 IPP 的犯人没有被假释。[③]

20 世纪 60 年代后半期以来，报应刑思想重新抬头，人们对不定期刑适用中出现的同罪不同罚、缺乏释放硬性标准、假释委员会不当使用裁量权等不平等的问题的不满也越来越大，许多获得假释的罪犯都出现了再次犯罪的现象。很多人认为，不定期刑使量刑发生混乱，具有很大的非正义性，并且使犯人的地位处于不安状态，同时也为法官和假释机关无原则地处置犯罪人提供机会，造成同样情况下的犯罪出现不平等的处理结果，这是与法律面前一律平等的原则相背离的，同时不定期刑制度并未减少犯罪，相反，犯罪不断增加。[④] 国际刑事政策中也出现了抛弃重新社会化思想，要求重新回归报应理论和一般预防的趋势，这种反

[①] Anne-Marie Mcalinden, *Indeterminate Sentences for the Severely Personality Disordered*, Criminal Law Review, Feb. 2001, pp. 109 – 110.

[②] 参见［英］安德鲁·阿什沃斯《量刑与刑事司法》（第 6 版），彭海青，吕泽华译，中国社会科学出版社 2019 年版，第 348 页。

[③] 参见［英］安德鲁·阿什沃斯《量刑与刑事司法》（第 6 版），彭海青，吕泽华译，中国社会科学出版社 2019 年版，第 253—254 页。

[④] 赵秉志主编：《英美刑法学》，科学出版社 2010 年版，第 221 页。

对处置性刑法的思潮被称为新古典主义,在美国和斯堪的纳维亚地区有很大影响,其首先反对的就是不定期刑罚和强制性处置。①

1974年美国社会学家Martinson的《什么有效?监狱改革的问题与答案》报告发表,证明除了极少数的例外情况,矫正模式对累犯的控制效果并不理想,引发了矫正模式的全面坍塌。② 此后,"报应模式"崛起,主张刑罚和犯罪一一对应,再适用的时候不用考虑犯罪人的矫正问题,只考虑犯罪行为的严重性。③

曾经不定期刑最繁盛的美国,带头在全世界范围内开展了一场废除不定期刑的运动,出于司法和政治的需要,美国出现了"确定刑运动"(the determinatesentencing movement),即量刑制度改革运动,创立了"量刑指南"。④ 美国社会学家马丁森和他的两名同事——威尔克斯和科普顿整理了从1945年到1967年用英语写出的所有具有再犯率的研究,涉及从个别咨询到缓刑和假释等矫正干预措施,最后得出结论:"除了极少数和孤立的例外情况,迄今为止所报告的矫正活动没有对再犯产生明显的效果。"⑤ 随着其报告的出台,矫正思想受到质疑,世界上许多国家开始缩小不定期刑的适用范围。

曾经适用范围最广的美国,自1975年美国联邦矫正局公开承认放弃改造模式,缅因州率先废除不定期刑制度,之后,加利福尼亚、印第安纳、伊利诺斯各州都废除了不定期刑,而颁布了各自的定期刑法令。⑥ 其中最突出的是加利福尼亚州。该州第一次世界大战后是美

---

① [德]罗克辛:《德国刑法学总论(第1卷):犯罪原理的基础构造》,王世洲译,法律出版社2005年版,第40页。
② Martinson, R. What Works? ——Questions and Answers about Prison Reform. Public Interest, Spring, 1974. pp. 22 – 54.
③ M. H. Orthmann, Corrections in the 21st Century: A Practical Approach. Belmont: Wadsworth Publishing Company, 1999. pp. 100 – 103.
④ 胡威、李杉杉:《论美国的不定期刑制度》,《法学论坛》2007年第4期。
⑤ [美]史蒂文·拉布:《美国犯罪预防的理论实践与评价》,张国昭等译,中国人民公安大学出版社1993年版,第184页。
⑥ [美]克莱门斯·巴特勒斯:《矫正导论》,孙晓雳等译,中国人民大学出版社1991年版,第73页。

国最彻底采用不定期刑的州，1976年该州政府的刑法和其他法律的修改法案获得国会通过，废除了不定期刑。1977年7月1日的新刑法用法律限定的裁量权和确定的刑期取代了原有的广泛的裁量权和不确定刑期，做出了以下改动：①（1）规定监禁的目的在于惩罚，所以要坚持罪行相均衡原则；（2）明确规定了刑期的选择标准，比如对于重罪，只给法官在三个差别不到一年的阶段的法定刑中进行选择的权限，且没有特别加重或减轻理由时只能科处中间阶段的刑罚；（3）创设社会释放委员会，负责假释相关工作，并采用善时制②来确定假释日期，以限制假释的滥用。1984年10月联邦通过《综合犯罪规制法》强化了确定刑的地位，限制法官自由裁量权，使得量刑更具有统一性和一贯性。没有废除的各州也不同程度地限制了不定期刑的适用，比如固定绝对最小刑期、制定假释规则等。

其他国家也开始了不定期刑改革的脚步，比如芬兰、瑞典等国完全废除不定期刑，挪威、丹麦等国仅规定在非常危险的初犯才可以适用，日本等国则将适用对象限制在少年犯和累犯两个场合。

但确定刑真的更为有效吗？美国学者的研究表明，监狱人口数量在确定刑实行后大幅上升，假释委员会也无法利用假释来稳定监狱人口的平衡。一名无期徒刑的罪犯认为，不定期刑给了罪犯改变的希望，而确定刑则否定这种潜力存在，这其实是不人道的。③

对于不定期刑是否合理的问题，各国的学者意见不同。主张不定期刑的学者，有以下几种理由：（1）认为不定期刑符合现代刑罚的最高目的，也有利于增加刑罚执行的机动性，更有利于丰富刑罚措施。④（2）增加犯人改造的积极性，也有利于国家罪犯教育和矫正工作的推进。⑤ 反对不定期刑的学者则有以下几种理由：（1）认为虽然不定期刑

---

① 赵秉志主编：《英美刑法学》，科学出版社2010年版，第221页。
② 善时制，又称善行制度，是西方国家推行的对在监行状良好的受刑人予以缩短刑期的制度。
③ Lee, J. R. *Letter from an Inmate*. Corrections Magazines. No.3, 1977, p.24.
④ 参见何荣功《不定期刑探讨》，《中国刑事法杂志》2001年第4期。
⑤ 参见田晔《论外国的不定期刑制度》，《杭州大学学报》1995年第4期。

有其合理之处，但没必要采用，因为"不定期刑加假释与定期刑加假释只是规定方式不同，没有实质区别，后者还能产生更好的心理效应"。① （2）认为不定期刑使罪刑失衡，"由于未定刑期，在与罪刑法定主义的关系上采用是值得怀疑的"。② （3）认为对人权造成侵犯。（4）认为不定期刑不能达到它赖以生存的基础——矫正的目的，比如不确定的关押时间反而可能造成罪犯不好好改造，而且改造的效果也难以考察，"经验证明，改造犯人的工作遭到了失败。简而言之，即认为那种为了降低累犯率而进行的监狱改革计划丝毫不起作用"。③

三 当代不定期刑制度的立法现状

1. 美国

美国《模范刑法典》第4.08条规定了对精神障碍的犯罪者交付心理卫生机构进行关押、看护和治疗的措施。法庭和负责的心理卫生机构在审查过犯罪人的精神分析报告后，如果认为已没有对他人的危险时，均有权向法庭提出释放的建议或命令。

随着近年来恐怖主义犯罪的多次发生，美国也出台了相应的法案，即《爱国者法案》（USA PATRIOT ACT）。这个法案是由2001年和之后2005年、2006年的《爱国者法》及其修正案共同构成的，其目的就在于打击和防治美国境内乃至世界各地的恐怖主义犯罪，其中大幅度扩张了美国警察机关的权限。根据法案的内容，警察机关有权搜索电话、电子邮件通信、医疗、财务和其他种类的记录；减少对于美国本土外国情报单位的限制；扩张美国财政部长的权限以控制、管理金融方面的流通活动，特别是针对与外国人士或政治团体有关的金融活动；并加强警察和移民管理单位对于居留、驱逐被怀疑与恐怖主

---

① 参见李贵方《不定期刑比较研究》，《法律科学》1992年第1期。
② ［日］福田平、大塚仁：《日本刑法总论讲义》，李乔等译，辽宁人民出版社1986年版，第215页。
③ ［美］伦纳德·奥兰：《定期刑是不切实际的改革吗？》，载北京政法学院刑法教研室编：《外国刑法研究资料》，1982年，第190页。

义有关的外籍人士的权力。①

该法案第八章规定了恐怖主义犯罪的刑事立法,其中重新定义了"国内恐怖主义活动"的范围,强调"对人的生命的威胁","违反美国或任何国家的刑事法律",旨在"恐吓或胁迫平民的危险活动","通过恐吓或胁迫影响政府的政策",或是"通过开展大规模杀伤性暗杀或绑架影响政府"的行为。

第812条规定了对恐怖主义犯罪者释放后的监视措施,规定对可能再犯暴力犯罪,对他人造成死亡或严重伤害的行为人要在释放后继续监视。

2. 加拿大

加拿大刑法典的特色之一就是注重预防犯罪的实际效果,当犯罪人被判处确定期限的刑罚,可能出现"刑罚不足"和"刑罚过剩"的情况时,可以处以不定期的刑罚。刑法典第二一四章规定了对危险犯和长期罪犯的预防性措施。刑法典中也规定了对这两种裁定的上诉制度和相应的处理。②

(1) 对危险犯的不定期刑制度

根据刑法典第753条的规定,被裁定为危险犯有以下两种情况:

①犯罪人据以定罪的罪行属于本章规定的严重人身伤害罪③,且有证据证明犯罪人不能控制自己的行为在将来不对他人造成损害,或者对给他人造成的可能影响持冷漠态度,或者犯罪人行为的残酷性表明通常的控制方式不能预防其将来损害行为的,如果认为对其他人的生命、安全或身体、精神健康构成威胁的情况。

---

① 参见周定平《应急警务措施运行中人权保护分析》,《中国人民公安大学学报》(社会科学版) 2014年第5期。

② 本部分相关法律条文参见罗文波、冯凡英译《加拿大刑事法典》,北京大学出版社2008年版。

③ 指第752条 (a) 项规定的:重大叛国罪、叛国罪、一级谋杀罪和二级谋杀罪外的、涉及下列因素之一的可诉罪,犯罪人可能被判处10年或10年以上监禁:对他人使用暴力或者企图使用暴力;行为危及或者可能危及他人生命或者安全,或者使他人遭受或可能遭受严重精神损害。

②犯罪人据以定罪的罪行属于本章规定的严重人身伤害罪①，且该犯罪人性相关的行为表明其不能控制性冲动，并于此可能在将来会造成他人伤害的情况。

一般这种裁定申请要在量刑之前，但符合规定的也有可能在判决后提出。对于裁定为危险犯的犯罪人，应当判决其在教养院内服不定期刑，如果裁定是在开始服刑后提出，就以教养院不定期刑代替原判处刑罚。

（2）对长期罪犯的不定期刑和监督制度

根据刑法典第753.1条的规定，裁定犯罪人为长期罪犯的条件为：对犯罪人已被定罪的罪行适于判处两年或以上的监禁；犯罪人有重新犯罪的实质危险②；在社区有可能对此危险实现控制。对于被裁决为长期罪犯的犯罪人，至少服刑两年才可以假释，并在不超过10年的时间内在社区接受长期监督。

犯罪人被判处教养院不定期刑的，如果判决是在1977年10月15日之前作出，假释委员会应当至少每年一次对该犯罪人的条件、经历和情况进行审查，决定是否假释。如果判决是在1977年10月15日之后作出的，假释委员会应当在被拘押之日起7年期满后进行，并且之后每两年，对该犯罪人的条件、经历和情况进行审查，决定是否假释。

3. 葡萄牙③

《葡萄牙刑法典》的特点是它既规定了针对故意犯罪人和酗酒者的不定期刑条款，又规定了精神障碍者的保安处分措施。

（1）相对不定期刑

根据第83至第90条规定，相对不定期刑的适用对象有两类，第

---

① 指第752条（b）项规定的：第271条性侵害、第272条以武器或者威胁第三者或者以伤害其身体为手段实施的性侵害以及第273条严重性侵害规定的犯罪或未遂。

② 对于"实质性危险"的判断有两种情况：（1）符合第753.1条第（2）项第（a）款规定的性犯罪相关罪名；（2）犯罪人定罪行为和实施方式表明可能对他人造成死亡或损害的；犯罪人和性相关的行为事项表明将来可能再犯类似犯罪的。

③ 本部分相关法律条文参见陈志军译《葡萄牙刑法典》，中国人民公安大学出版社2010年版。

一类是倾向性犯罪人，是指因故意犯罪被判处 2 年以上监禁刑且 5 年之内曾实施了两个或两个以上监禁刑期，超过两年的故意犯罪的，并对其所实施的行为和行为人的人格同时评估，显示判刑时仍然有明显犯罪倾向的罪犯。其间下限为所实施犯罪最高刑的 2/3，上限为前述最高刑再加 6 年，总和不能超过 25 年。第二类是酗酒者或有滥用酒精饮料倾向者和滥用毒品人员。当这类行为人实施了应当判处实际监禁的犯罪时，如果行为人以往也曾实施了已被或将被判处实际监禁的犯罪，且前后犯罪都是在醉酒状态下实施或者与行为人有酗酒习癖或者滥用酒精饮料倾向有关的，处以相对不定期刑。其间下限为所实施犯罪最高刑的 2/3，上限分两种情况：第一次被判刑的，上限为前述最高刑再加 2 年；第二次以上被判刑的，前述最高刑再加 4 年，总和不超过 25 年。滥用毒品者的规定与之相同。

（2）对精神障碍者的收容

根据第 91—93 条、第 104—108 条规定，《葡萄牙刑法典》第 20 条规定了实施行为时精神错乱的人应被认定为不可归责者，对这类行为人，如果基于其精神状态和实施行为的严重性有理由担心有再犯之虞的，法院必须命令将其收容于康复场所、治疗场所或保安处分场所。收容时间不超过对其所实施的犯罪可判处的最高刑，如果这个最高刑不超过 8 年，且再犯的风险仍然存在，不适宜释放的，可以 2 年为一期将收容连续延长，直到法院证实导致收容的犯罪危险状态终止；如果这个最高刑超过 5 年且属于侵犯人身罪或公共危险罪的，除非认为释放符合法律秩序和社会安宁的需要，否则收容期间最低 3 年，且不得变更。法院需要对被收容者状况进行审查，或者由被收容者提出存在终止收容的合理原因的申请，或者自开始收容或做出维持收容的裁判两年之后。收容处分应当在监禁刑之前执行且抵扣刑期。

如果行为人判处监禁前未被宣告为不可归责者，但认为其在犯罪时已经精神错乱，不适合普通机构制度的，应当收容于为不可归责人设立的机构中，并且时间与刑期相同。如果行为人在实施犯罪后出现了第 20 条的不可归责情况或前句所说的不适合普通制度的精神错乱状态的,也应当收容于为不可归责人设立的机构中,时间与刑期也相同。

4. 新加坡

《新加坡刑法》(临时规定)第五部分规定了拘留相关的制度,第30条规定,当部长认为任何人与一个犯罪行为相关,为了公共安全、和平和良好秩序有必要拘留此人的,可以发布命令将此人进行不超过12个月的拘留,最终由总统决定是否执行。新加坡的内部安全法(Internal Security Act,ISA)[①]则授予了行政部门实施预防性拘留的权利,其目的是抑制对人身和财产的有组织暴力行为,以及防止国家颠覆以及其他危害新加坡内部安全的行为,对于这类行为人,政府有权对其实施不经审判的无限期拘留。这个法案最初是从马来西亚1960年颁布的《内部安全法》扩展适用的。如果行政部门想拘禁一个人,必须证明这种拘留的必要性,即有利于国家安全或公共秩序。

5. 马来西亚[②]

马来西亚第297号法案出台了《1959年预防犯罪法》,并于2013年10月3日通过修正案,目的是预防犯罪和控制相关的犯罪人员和活动。该法律的规制对象是曾构成以及将来有可能构成威胁活动或暴力行为的行为人和有组织团体。

在这个法案中,第一章规定了对有上述危险可能的行为人无许可的逮捕、羁押的程序。第二章规定了建立预防犯罪委员会以及相关的调查、审讯程序。根据第7C条,为了公共利益、公共安全或预防犯罪,当被登记人实施了两项及以上的严重犯罪行为的,无论是否定罪,只要调查报告能够发现足够证据证明犯罪情况的即可签发拘留令;当被登记人实施了两项及以上的非严重犯罪行为的,无论是否定罪,只要调查报告能够发现足够证据证明犯罪情况的即可签发监控

---

① 143, 1985 Rev. Ed.
② 本部分相关法律条文参见杨振发译《马来西亚刑法》,中国政法大学出版社2014年版。

令。本章还规定了调查官的设立和职权，以及委员会对调查官决定的复审制度。第三章规定了登记程序，这个程序决定了什么样的人会被采取预防措施。根据第12条，应当登记的人员有：根据调查官报告有理由相信应被登记的（包括经过复审程序的人员）和委员会为了公共秩序和安全等利益考虑，在必要时可以不经过法律规定的调查程序将下列人员列入登记名单：（1）任何年满21周岁的被指控犯有诈骗罪或者暴力犯罪超过3次的；（2）曾被处以流刑的犯罪人；（3）根据其他法律特别规定的犯罪人。第四章规定了被登记人员登记的后果：可能被警方监管、限制人身自由、对某些犯罪双倍处罚等。第四a章规定了具体的拘留令制度：委员会可以对登记人员给予2年以上的拘留，并可以做2年以内的延期。对于在有期徒刑期间被判此类拘留的，应当被视为和徒刑同期进行，如果服刑结束，拘留期尚未结束的，继续羁押至期满。

6. 菲律宾[1]

菲律宾刑法的突出特点是将各种刑罚幅度细分为最低刑、中间刑和最高刑三个等级，对各等级的适用在总则部分进行了具体的制度设计，并且在司法实践中采取不定期判决制度。菲律宾1933年12月5日通过了第4103号法案，颁布《不定期判决法》[2]，对刑法典和刑法修正案规定的犯罪适用不定期监禁刑，最高刑期为考虑存在的情节根据修订刑法典所能适当地科处的刑期，最低刑期为修订刑法典中该罪的法定刑之下低一等的刑罚，如果是其他法律规定的犯罪，对被告人所适用的不定期刑的最高刑期不超过该法规定的最高刑，最低刑期不低于该法规定的最低刑。

该法第2条规定了不适用不定期判决的情况：犯有应判处死刑或终身监禁之罪的人；犯有叛国罪、政变罪、间谍罪的人、犯有海盗罪的人；惯犯，从监禁状态脱逃或者逃避服刑的人；在被总统给予有条

---

[1] 本部分法律规定参见陈志军译《菲律宾刑法典》，中国人民公安大学出版社2007年版。

[2] 此法案先后被第4225号法案与第4203号共和国法案修正。

件赦免后违反该条件的人；监禁的最高刑期不超过1年的人；不溯及既往。

根据该法令成立了赦免与假释委员会，来调查能够适用假释的罪犯的生理、精神、道德记录，并决定这些罪犯合适的释放时间。根据第5条的规定，在罪犯服完所适用判决的最低刑期后，委员会可以根据该罪犯的表现报告和调查研究情况审查，如果认为该罪犯的背景适合被释放、存在认为该罪犯不会有再犯之虞，不会危害社会的情况时，可以许可对该罪犯假释释放。在等于其判决的最高刑的剩余刑期内为被监督期，如果期满该罪犯没有任何违法行为的，不定期刑委员会可以签发一个对其有利的准许最终释放的命令。

第三节　回顾与总结

从上述的两大法系的发展历史和司法实践中，我们可以总结出预防性监禁措施应具备的基本特征：

首先，预防性监禁措施应当具有不定期性，因为对犯罪人的预防和改造的效果不可能事先预知，只能根据当事人的危险状态和改造措施的进展与效果来确定。但这种不定期性是相对的，出于对人的自由的保护，需要确定某种限度，但对预防性监禁措施期限的限制比对刑罚的限制要灵活得多。[1]

其次，对预防性监禁措施的期限可以延长，但这种延长是受到严格限制的，比如比利时1930年4月9日的《社会防卫法律》对"不正常状态人"的规定、丹麦《刑法典》对累犯的规定，法国1954年4月15日法律中对危险酗酒者的规定，等等。

再次，不同于刑罚做出后难以更改的状态，预防性监禁措施在处分过程中随时可以根据当时的状况复审，做出取消、继续实行甚至加

---

[1] 参见［法］卡斯东·斯特法尼等《法国刑法总论精义》，罗结珍译，中国政法大学出版社1998年版，第436页。

重措施的决定。①《意大利刑法典》第 208 条,《丹麦刑法典》第 70 条与第 75 条,比利时 1930 年 4 月 9 日法律第 28 条,法国 1845 年 2 月 7 日法令第 27 条都有相关的规定。

又次,预防性监禁措施的实施以必要为限,以伦理为基础,这也是韦尔泽尔(Welzel)认定的保安处分的三大基石之一〔"伦理容许性"(Diesittliche Zulassigkeit)、"有效性"(Nützlichkeit)、"目的性"(Zweckmassigkeit)〕。从法治国观念分析,国家出于目的性和有效性的依据,通过司法途径将对社会治安产生威胁的习惯犯、常业犯、精神障碍者以及危险传染病患者等加以特别的矫治或疗护、监禁(隔离)的措施,这个依据不足以满足剥夺有人身危险性的犯罪人人身自由的正当性。② 迈耶(Mayer)也认为保安处分适用必须是合目的性、个人道德容许性和适用必要性的统一。如果没有这样的限制,就可能过于地扩大保安处分的外延,挤压个人自由的空间,导致滥用。

最后,预防性监禁措施应当是适当的,种类和轻重应当与犯罪人的违法行为和人身危险性相适应,不能超出预期的预防目的和防卫的危险程度。比如德国现行刑法典第 62 条就规定,"矫正措施和保安处分如果与犯罪人实施或可能实施的行为的严重性和危险程度不相符时,不能科处"。

---

① 参见〔法〕卡斯东·斯特法尼等《法国刑法总论精义》,罗结珍译,中国政法大学出版社 1998 年版,第 447—448 页。
② 参见林山田《刑罚学》,台湾商务印书馆 1983 年版,第 339 页。

第四章

预防性监禁理论的国际视角

第一节 国际人权理事会对预防性监禁制度的态度

一 联合国个人来文制度简介

个人来文制度是国际人权保护的重要创设,赋予了个人申诉国家的权利。但这个制度与缔约国报告程序是完全不同的,前者是任择性程序,委员会只针对某一项权利单独审查;后者则是强制性措施,审查面覆盖《公民权利和政治权利国际公约》(下称《公约》)规定的各项权利。《消除一切形式种族歧视国际公约》《禁止酷刑和其他残忍、不人道或有辱人格的待遇或处罚公约》以及《公民权利和政治权利国际公约》的任择性条款或任择议定书规定了这一机制,凡加入了议定书的公约缔约国,都要受到指定的条约监督机构(即原人权事务委员会,现人权理事会)的审查。根据议定书的规定,委员会可以接受声称个人依据公约享有的权利受到侵犯的来文,在确定来文符合程序规定并已经穷尽国内救济的基础上可以对来文进行审查,在审查的过程中,被控缔约国需要在6个月内提出书面解释或声明来说明原委。委员会对缔约国解释和个人来文以及双方后续的书面意见和材料进行审议,并就缔约国是否侵犯公约赋予个人的权利以及相关问题给出书面意见。从议定书的用语中就可以看出,"来文"而非"诉讼","意见"而非"判决",这一机制并不是一个司法意义上的程序,委员会的建议有一定的监督作用,也有一定的拘束力，但并非强制，它的目的在于更好地督促缔约国履行《公约》规定的义务，保护个人权利，是一种救济程序。

从人权理事会收到的个人来文涉及的案件类型来看，对性犯罪行为人的处罚是一个焦点。因为此类行为人通常有很高的再犯率，故而普遍认为其人身危险性和犯罪后的危险性很大，故而国内法院会对其判处预防性监禁。由于这种监禁无法给行为人以较为确定的重返社会时限的预期，很多行为人都认为侵犯了其人身权利，通过各种途径进行救济，而联合国个人来文制度就成为了当国家制度和个人权利矛盾冲突时的第三方解决途径。

二 新西兰刑法有关预防性监禁制度的规定

预防性监禁最早进入新西兰刑法规定是在1954年刑法修订中。该刑法借鉴了1948年的《英国刑事司法法》（*The English Criminal Justice Act 1948*），该立法的主要目的之一就是建立对持续性罪犯的特殊处理手段，即纠正训练（类似成人版的少年教养院制度）和预防性监禁。其第24条规定了三类可以适用预防性监禁的罪犯：判定犯有针对儿童的特定性罪行的人；被判处三年以上有期徒刑并在过去曾犯同类罪三次以上被判处一年以上有期徒刑或犯罪两次以上的人；被判处三个月以上有期徒刑且过去曾至少七次被判处同类罪行并有四次以上被判监禁的人。第一类犯罪人服刑三年后可由假释委员会决定释放，后两类的不可假释期最长可达到14年，且没有规定必须释放的时限，所以理论上可以终身监禁。[①]

这个制度在实施初期适用数量很少，在1955—1967年只有152个人被判处适用。1967年对其进行了修正，对犯罪人的年龄以及适用的罪名进行了进一步的限缩和明确，结果导致这个制度更加边缘化，在1968—1985年仅有23人被判处适用。[②] 鉴于这样的适用现状，

[①] See Meek J. The Revival of Preventive Detention in New Zealand 1986 – 93 [J]. Australian & New Zealand Journal of Criminology, 1995, 28 (3): 228.

[②] See Meek J. The Revival of Preventive Detention in New Zealand 1986 – 93 [J]. Australian & New Zealand Journal of Criminology, 1995, 28 (3): 231 – 232.

对于是否要废除这项制度，立法机关和学者都进行了激烈的辩论。最终，这项制度进行了改革，逃脱了被废除的命运。[①]

新西兰1985年刑法从年龄、不可假释期、适用罪名等方面对此制度进行了改革。该法第75、77和89节规定了判处预防性监禁的对象和情形：此制度适用于年满21岁的性侵犯行为人或年满17岁的异种累犯；法院的判决必须基于对罪犯的精神状态和相关情况的专业报告，如果考察报告后高等法院认为有充分的理由认为该罪犯在释放后存在犯特定罪行的实质性危险，对其长期监禁有利于保护公众，可以判处预防性监禁。释放有两种情况，第一种是通过假释委员会的考察予以释放，第二种是服刑满10年后可予以假释。

在不同时期的针对新西兰此项规定的个人来文处理上，联合国人权机构表现出了不同的态度：在Rameka诉新西兰案（下称"R案"）中，委员会回避了对具体权利诉求给出明确的判断，认为对该制度的质疑属于国内法院管辖，在当事人没有穷尽国内救济前不能来申诉这个问题；在Dean诉新西兰案中，理事会实际上并不认为有充分理由判处的不定期刑是违反《公约》赋予提交人的权利的。下面对这两个案件具体分析。

（一）Rameka v. New Zealand[②]

第一种态度，委员会回避了对具体权利诉求给出明确的判断，认为对该制度的质疑属于国内法院管辖，在当事人没有穷尽国内救济前不能来申诉这个问题。

1. 基于案件本身的讨论

（1）基本案情

提交人之一Rameka先生在1996年被Napier高等法院因以强奸和进行性侵犯的两项指控、一项严重入室盗窃指控、一项有强奸意图的

[①] See Meek J. The Revival of Preventive Detention in New Zealand 1986 – 93 [J]. Australian & New Zealand Journal of Criminology, 1995, 28 (3): 231 – 235.

[②] 本案相关的案情介绍、委员会及缔约国意见等材料参见 Communication No. 1090/2002。

袭击和猥亵袭击行为指控被判有罪。向法院提供的判刑前和精神检查报告提到提交人过去曾有性犯罪、具有性犯罪倾向、不愿忏悔以及使用暴力,认为有再犯可能。根据 1985 年《刑法》第 75 节,[①] 他因第一项强奸指控被判处预防性监禁,他对该判决提出上诉,认为明显过重和不当。上诉在 1997 年被驳回,上诉法院认为 Rameka 先生存在暴力犯罪再犯的极大危险性,原法院的判决是正确的。

提交人之二 Harris 先生因三个月里对一个男孩的 11 项性犯罪行为被 Auckland 高等法院判处监禁。他以前曾因与 16 岁以下的男性进行非法性接触,以及对 12 岁以下的男性进行猥亵袭击 2 项指控而被判有罪。这些行为的对象都是一名 11 岁的男孩。因 2 项非法性接触指控,他被判处 6 年监禁,同时因其余的指控被判处 4 年监禁。副检察长提出上诉,认为应判处预防性监禁,在上诉法院获得通过。上诉法院认为 Harris 先生在狱中继续性犯罪的行为以及其精神检查报告认定为恋童癖者的结论表明简单的有期徒刑不能适当地给公众提供足够的保护,而预防性监禁具有释放后继续监督和可改为恢复监禁的特点,因此是适当的刑罚。

提交人之三 Tarawa 先生于 1999 年因强奸罪等 3 项性侵犯罪和入室盗窃、威胁勒索等暴力犯罪被起诉。法官考虑了犯罪的性质、严重性、时间跨度、受害人的性质、对过去的改造努力的反应、自上次犯罪以来经过的时间、为避免重新犯罪采取的步骤、承担责任的态度、判刑以前的报告、心理分析报告、心理评估认为具有极高的重新犯罪

---

① 1985 年《刑法》第 75、77 和 89 节规定如下:判处预防性监禁"(1)本节应适用于任何 21 岁以上者并且有以下两种情况之一(a)根据 1961 年《刑法》第 128(1)节[性侵犯]被定罪;或者(b)自从此人满 17 岁以后,以前曾至少有一次被判犯有一种特定罪行,并且在上次被定罪后,被判犯有另一个特定罪行。(2)依照本节的规定,如果高等法院认为对一名罪犯可适用本节的规定,将罪犯长期监禁有利于保护公众,可以判处预防性监禁。……(3A)法院不应对可适用本节第(1)(a)小节的罪犯判处预防性监禁,除非法院(c)首先得到了关于罪犯的精神检查报告;和(d)考虑了该报告和任何其他有关报告后,足以认为罪犯在释放后存在犯特定罪行的实质性危险"。无限期预防性监禁的期限"被判处预防性监禁的罪犯应予以监禁,直至假释委员会根据本法指示予以释放"。酌情假释"(1)依照本节第(2)小节,被判处无限期监禁的罪犯服刑满 10 年后可予以假释"。

的危险以及有关危险因素，针对这3项性侵犯指控判处预防性监禁，鼓励他使用监狱中的指导和改造服务。上诉法院经过书面审查犯罪人的犯罪情况，认为审判法官已适当地衡量了除有期徒刑以外的处罚形式，因此法官可以得出结论，认为实质性的威胁要求对公众提供保护。

三名提交人的特别上诉请求于2001年被枢密院司法委员会（the Judicial Committee of the Privy Council）驳回。

（2）核心争论点

在 Rameka 等人提交个人来文后，缔约国针对其申诉于2003年2月提交了意见，对该文中程序和实体问题进行了回应，之后提交人又再次对缔约国的陈述进行了评论，反驳了部分观点。在这几个来回的意见交换中，双方的争论点主要在四个方面：

①何时可以适用预防性监禁

提交人认为，在判案中，对预防性监禁适用的条件"存在犯罪的实质性危险""有利于保护公众"的检验标准是不明确的，而且提交人认为以未来的危险作为判刑的依据具有任意性。[①]

缔约国说明了预防性监禁制度的总体特点。它认为，此种监禁的对象只是在享有公平审判和上诉的充分权利后被判犯有特定罪行的21岁或21岁以上罪犯。[②] 刑罚是针对过去的严重犯罪行为判处的，根据犯罪的性质做出了适当和相称的处罚。衡量处罚时考虑了罪犯的过去和关于该罪犯的其他情况，包括今后犯罪的可能性。[③] 判刑可能

[①] 参见 Communication No. 1090/2002, Rameka v. New Zealand, 3.1, 3.2。

[②] 这些罪行是：（一）如果对16岁以下的儿童发生乱伦行为（1961年《刑法》第130节）、与受照顾或保护的女童性交（第131节）、与12岁以下的女童性交（第132节）、针对12岁以下女童的猥亵行为（第133节）、与12—16岁的女童性交或作出猥亵行为（第134节）、对12岁以下的男童的猥亵行为（第140节）、针对12—16岁的男童的猥亵行为（第140A节）、针对男子或男童进行猥亵袭击（第141节）、与16岁以下者或者严重弱智者进行或企图进行肛交（第132节）；以及（二）性侵犯（第128节）、试图进行性侵犯（第129节）、与动物强迫进行猥亵行为（第142A节）、企图谋杀（第173节）、蓄意伤害（第188节）、蓄意伤害并造成严重的身体损伤（第189（1）节）、严重伤害或损伤（第191节），以及为蓄意伤害或毁容喷射酸液（第199节）。

[③] See Communication No. 1090/2002, Rameka v. New Zealand, 4.1.

出于两种情况：第一，一个人以前曾被判犯有特定的类似严重（主要是性）罪行，并且再次犯罪。第二，1993年进行修订后，一个人可以因性犯罪被判处预防性监禁，不考虑以前的犯罪。然而，在此情况下，采取了更多的安全保障：法院必须获得精神分析报告，并且有理由认为罪犯在释放后存在进一步犯特定罪行的实质性危险。①

②判刑时是否要考虑关于任意拘禁的问题

关于任意监禁的问题，提交人认为，对他们今后的"危险性"缺乏足够的定期审查，违反《公约》第9条第4款，并且实际上他们被判刑的依据是释放后他们可能做些什么而不是他们已经做了什么。提交人提及欧洲人权法院②的裁定和学者的著作③，因为这些裁定和著作支持主张因出于预防或保护目的受到拘留的被拘留者，有权由一个具有司法性质的独立机构对延长或正在进行的拘留进行检查。提交人认为，根据缔约国的计划，10年以后假释委员会才能对案件进行考虑，才有予以释放的可能。关于推定无罪，提交人声称，预防性监禁应该被看作对尚未犯有罪行也许永远也不会犯有罪行的人的处罚，因此违反第14条第2款。④

缔约国认为，在判刑阶段和服刑阶段都纳入了安全保障。能判处此种刑罚的唯一法院，是具有特有管辖权的最高法院——高等法院。在实践中一般会要求提供精神检查报告，法院会考虑判处几年的有期徒刑是否可以充分达到保护的目的。如果高等法院在考虑了案件的全部事实后判处预防性监禁，上诉法院也可能改判有期徒刑。根据之前案件规定的标准，判刑的法院必须考虑：犯罪的性质、严重性和时间

---

① See Communication No. 1090/2002, Rameka v. New Zealand, 4.2.

② 提交人引用 *Van Droogenboeck v. Belgium*（1982年）（4 EHRR 443）（因偷盗被判处两年徒刑后，"根据政府的处理"进行行政拘留）以及 *Weeks v. United Kingdom*（1988年）（10 EHRR 293）（因武装抢劫被酌情判处终身监禁，当不再构成威胁时特许释放）。

③ 提交人引用 Harris、O'Boyle 和 Warbrick 的著作：《欧洲人权公约法》（Butterworth's，出版社，伦敦，1995年）第108—109、146、151—152、154页；以及 Wachenfeld 的文章"《欧洲人权公约》规定的欧洲精神病患者的人权"，《北欧国际法杂志》，第60（1991年）号，第174—175页。

④ See Communication No. 1090/2002, Rameka v. New Zealand, 3.4.

跨度；受害人的类别和对他们产生的影响；罪犯对过去的改造努力的反应；距离以前有关犯罪的时间以及为避免重新犯罪采取的步骤；承认责任和对受害人表示忏悔；犯罪倾向（考虑专业的危险评估）；以及对现有改造处理结果的预测。即使达到法律规定的检验标准，判刑仍是酌情做出的，而不是强制性的。[①]

提交人之后对"危险性"评估问题进行了回应，认为案件中对他们的评估方法是不准确的，而这个不准确的结果却正是法院判处监禁的关键依据。他们援引了相关的加拿大国内案例法，其中规定"危险性"必须确凿无疑，在审理前一个星期必须发出通知，必须听取两个精神医生的意见，在3年之后对"危险性"进行审查，其后每两年审查一次。

③10年无假释期是否违反关于人道处罚的要求

提交人声称，由于对他们的判刑适用10年无假释期，直到10年快结束时才可能对性犯罪罪犯提供旨在减少他们的风险和危险的治疗。他们显然反对10年无假释期。因为这样做未能根据第10条第1款的要求，人道和有尊严地对待被判处此种刑罚的人；未能根据第10条第3款的要求，考虑改造和社会康复的基本目的，从而违反第7条的规定，构成残忍、特别、有辱人格和过分严重的处罚。[②]

缔约国认为，首先10年假释期的规定是符合程序正义的，因为独立的假释委员会需要在案件10年到期以前决定是否对案件进行审议。因此，假释委员会至少每年必须对预防性监禁进行审查，这种审查可能会由于囚犯的要求更为频繁。[③]

其次，缔约国认为，预防性监禁有利于对具体罪犯的具体情况予以考虑，一旦确定释放不危害公共安全就可以释放罪犯，更为合理。而且这个制度不是新西兰特有的制度，尽管还没有向委员会提交关于此问题的来文，但欧洲人权法院已经在几个相关案件中处理了这个问题。

---

① See Communication No. 1090/2002, Rameka v. New Zealand, 4.3.
② See Communication No. 1090/2002, Rameka v. New Zealand, 3.6.
③ See Communication No. 1090/2002, Rameka v. New Zealand, 4.4.

在 *V. v. United Kingdom*（(1999) 30 EHRR 121）中，法院认为预防性监禁不是任意、不人道或有辱人格的行为。同样，在 *T. v. United Kingdom*（Application 24724/94）中，法院回顾缔约国有义务采取措施保护公众不受暴力犯罪的影响，认为《公约》未禁止缔约国在认为对保护公众确有必要时判处一个人无期徒刑。① 对这一点，提交人在之后的回应中认为，预防性监禁本身没有问题，但不应当确定一个10年无审查期，而应当对每个案件确定单独的评估期并定期审查。②

最后，缔约国认为并不存在提供补救方法过晚而违反第10条第1款的人道处罚问题，因为在监狱里对囚犯开设的大量课程都是为了帮助其改造从而减少重新犯罪的危险，其中就有针对性犯罪罪犯的自我控制课程，而开设在10年期将满的时候是因为这时候开设才能有利于囚犯释放后最快学会行为的自我控制，最为有效。③

当然，缔约国也承认对预防性监禁的判处必须有监督和限制机制，还要制定后续的执行审查机制，以确保继续拘留是合理和必要的。缔约国认为其设立的假释委员会符合要求：它是独立的，由一个前高等法院法官担任主席，遵守规定的程序，有释放囚犯的充分权力。10年期满后，它对一个案件至少每年审查一次，还可能提前或更经常地审查。此外还存在人身保护权。④ 而且这个制度已经被修改，10年无审查期已经缩短为5年。

④人权委员会是否有权受理

关于可否受理问题，缔约国主张不可受理。一方面，提交人根据公约获得的权利并没有受到侵害，就 Rameka 先生和 Tarawa 先生而言，由于他们尚未因犯罪服满所须的最低刑期，而 Harris 先生，虽然他可能被判十年以下有期徒刑，但尚未达到予以预防性监禁的时候。因此，在预防性监禁的权利要求方面，他们尚不是"受害人"。另一

---

① See Communication No. 1090/2002, Rameka v. New Zealand, 4.5.
② See Communication No. 1090/2002, Rameka v. New Zealand, 5.2.
③ See Communication No. 1090/2002, Rameka v. New Zealand, 4.17.
④ See Communication No. 1090/2002, Rameka v. New Zealand, 4.6.

方面，尚未穷尽国内救济。缔约国提出，他们未用尽国内补救办法，2001年《刑法（刑事上诉）修正法案》于2001年12月10日生效，给提交人提供了请求对判刑进行全面重新审理的权利。上诉法院已清楚地表明像 Tarawa 先生这样的人请求重新审理会获得许可，然而，他尚未请求这样做。①

⑤是否违反无罪推定

缔约国认为没有违反无罪推定。首先，提交人并没有被指控进一步的犯罪行为，不存在可以推定的新指控；其次，判处预防性监禁是在对无罪推定审判和其他情况的尊重之下做出的，针对的是特定的罪行，至今为止没有文献可以断言对未来犯罪情况的预测是任意而无根据的，所以判刑不可能包括预防的部分。所以重点不在于判刑时是否应当考虑预防问题，而是制定的审查机制是否足以在囚犯服满适当的最低刑期时，能适当评估是否需要继续进行监禁。②

（3）委员会的意见

①关于可否受理的争议

第一，委员会认可了缔约国主张的不存在违反《公约》行为受害人的主张。委员会不同意提交人认为在10年无审查期即将结束的时候才审查是不合适的，应当更早审查的观点。委员会以 *A. R. S. v. Canada* 作为对照，在该案中，对于囚犯在将来是否适用强制性监督制度至少部分有赖于他到那时的行为表现，在监禁的早些时候只是一种推测，所以需要在监禁过程中予以审查，而提交人的案件中，判处预防性监禁是在判决的时候就已经确定的，是在监禁结束后必然发生的，所以不需要随时审查。

第二，委员会认为 Tarawa 先生确实没有穷尽国内救济，所以不予受理相关请求。

第三，委员会认为提交人没有说明他们有权在服刑早期可以参加

---

① See Communication No. 1090/2002, Rameka v. New Zealand, 4.8 – 4.10.
② See Communication No. 1090/2002, Rameka v. New Zealand, 4.11 – 4.16.

的课程目录，而相反缔约国主张在整个服刑期间开设了所有标准课程，某些与释放后直接相关的课程划在释放前开设，使时机更加合适。委员会认为提交人证据不足，不予受理相关申诉。

第四，委员会认为提交人提出的预防性监禁是否符合公约的请求可以受理。

② 委员会的审议结果

第一，对于 Harris 先生无法在服刑期间对判处预防性监禁提出质疑的申诉，委员会认为侵犯了他依照《公约》第 9 条第 4 款①应有的权利，即可要求"法院"裁定他在该时期被拘留是否"合法"。

第二，对于 Rameka 和 Harris 先生判处预防性监禁是否符合《公约》问题，委员会认为，假释委员会在十年期满后会进行年度审查，如果认为不再对公众构成重大威胁，委员会有权命令释放囚犯，但这个裁决将受到司法审查。如果还要继续进行预防性监禁，比如证明是出于保护公众的目的，要有具有说服力的根据，而且应当由一个独立的机构对各个案件经常进行定期审查，以确保这种继续监禁不是任意进行的。而提交人并没有证明本国制度违反了上述的标准，也没能证明预防性监禁存在超过正常监禁的痛苦，所以不能认定判处预防性监禁违反了他们作为囚犯应受到尊重其固有人格尊严的待遇的权利。

2. 案件总结

在 R 案中，委员会并不认为预防性监禁存在侵犯《公约》赋予公民的权利的风险。但也有持反对意见的委员认为是存在这种风险的。比如 Rajsoonmer Lallah 就认为，无论对什么罪行的制裁，都应当遵守《公约》第 15 条第 1 款的规定，而且必须明确适用的特定罪行。Lallah 认为，第 15 条第 1 款具有两个重要特点：第一，刑事罪只与过去的行为相关。第二，对这种罪行的惩罚只能涉及过去的行为。它不能延伸到大约 10 年之后罪犯可能存在或者可能不存在的未来的心理

---

① 《公约》第 9 条第 4 款规定，任何因逮捕或拘禁被剥夺自由的人，有资格向法庭提起诉讼，以便法庭能不拖延地决定拘禁他是否合法以及如果拘禁不合法时命令予以释放。

状况，并且有可能或者不可能导致已经服满刑期惩罚部分的罪犯面临再受拘留的危险。Lallah 还认为，没有规定最高上限的预防性监禁存在罪刑是否相称的问题。也有委员认为预防性监禁不违反公约，更长的刑期也不能被认为是任意或不合理，不能将《公约》第 9 条第 4 款解释为授权对一项判决进行无限的司法审查。

（二）Dean v. New Zealand①

第二种态度，理事会实际上并不认为有充分理由判处的不定期刑是违反《公约》赋予提交人的权利。

1. 基于案件本身的讨论

（1）基本案情

Mr. Allan Kendrick Dean 在 1995 年 6 月的时候于电影院猥亵了一个 13 岁的男童，触犯《新西兰刑事法典》第 140A 条猥亵十二周岁以上十六周岁以下的未成年男性罪。在此之前的 40 年中 Mr. Dean 有过 13 次性犯罪记录，并被两次警告过如果再犯类此罪行就会被判处预防性监禁。根据 1961 年《犯罪法》第 140A 条规定，本罪的刑罚力度为 7 年以下的监禁，地区法院的简易程序中，根据其管辖权，他最多会被判处 3 年监禁，在这种情况下 Dean 承认了自己的罪行，但地区法院却认为根据他过去的案底有必要施以预防性监禁（即无限期监禁，直到假释委员会认为可以释放为止），这样本案就超出了地区法院的管辖权范围，所以将案子转到了高院，之后高院于 1995 年 11 月 3 日判处了预防性监禁，并按当时法律的规定附加一个到 2005 年 6 月 22 日止的 10 年不得假释期。最初 Dean 的上诉于 1995 年 11 月 23 日被驳回，未说明理由。其上诉未得到法律援助。在枢密院和上诉法院判定对提交人案件采用的上诉程序有缺陷后，Dean 申请重审其上诉。他得到了法律援助。上诉法院于 2004 年 12 月 17 日驳回上诉。Dean 向最高法院提出的许可上诉申请于 2005 年 4 月 11 日被驳回。

---

① 本案相关的案情介绍、委员会及缔约国意见等材料参见 Communication No. 1512/2006。

第1512/2006号来文即由本案的被告人Dean先生向人权委员会（现已变成人权理事会）提交，申诉在判决和上诉中出现的侵犯人权的问题。

（2）核心争论点

在Dean提交个人来文后，缔约国针对其申诉于2007年6月提交了意见，对该文中程序和实体问题进行了回应，之后提交人又再次对缔约国的陈述进行了评论，反驳了部分观点。在这几个来回的意见交换中，双方的争论点主要在四个方面：①有无穷尽国内救济措施；②预防性监禁制度本身是否合理以及是否可以提交给委员会解决；③监禁期间应有的权利保障；④是否存在对同性恋者的歧视。以下简单分析一下双方的主张及人权委员会的审议结果。

①有无穷尽国内救济

这是本案唯一一个程序性问题，缔约国用这个理由反驳了大多数提交人的主张，包括性取向的歧视、假释委员会的独立性和公正性问题、预防性监禁制度的公正性、矫正方案、管辖权转移、刑法的追溯效力等问题。缔约国认为，提交人在上诉中并未提到这些问题，所以才导致了这些问题没有被上诉法庭解决，所以属于未穷尽国内救济。① 对于此，提交人在之后的评论中指出，由于新西兰《权利法案》的有关规定，导致法院不能审理关于法律是否违反《权利法案》所载权利的问题，这是导致他就此问题无法在国内获得救济的原因。②

②预防性监禁制度的正当性和适用标准

这是本案中唯一关于法律制度本身性质和适用的争议。提交人认为，一方面，新西兰的预防性监禁制度违反了《公约》第9条人身自由和诉讼自由权、第14条判决的司法独立性和无罪推定、第15条禁止溯及既往以及根据危险而非实害定罪；另一方面，对其使用预防性监禁是过度的，违反第7条禁止酷刑和第10条人道待遇。缔约国则

---

① See Communication No. 1512/2006, Dean v. New Zealand, 4.4 – 4.5.
② See Communication No. 1512/2006, Dean v. New Zealand, 5.1.

援引了委员会在 Rameka 案中的判例，认为如果委员会要在和 R 案情况基本相同的本案中做出不同的决定的话应该给出充分的理由，而关于判决是否过度的问题，缔约国提出其判决以及之后对上诉的驳回都是充分考虑了提交人的犯罪历史以及在改造中的不积极态度做出的，所以并非是过度的判决，而且，提交人之来文相当于要求人权委员会作为新一级别的裁决机构对其行为应受的惩罚进行再次的上诉审查，这显然是属于国内法院的管辖范围，而非委员会的职权所在。① 提交人在之后的评论中指出虽然其案件和 R 案情况类似，但他依据的是该案后附的个人意见，而且关于对预防性监禁制度本身的合理性审查受到本国《权利法案》的限制而无法进行，所以才需要委员会介入。②

③审判和拘留期间的权利保障

提交人主要依据《公约》第 10 条第 3 款对监狱制度应包括以争取囚犯改造和社会复员为基本目的的待遇的规定和第 14 条第 1 款关于审判程序的规定申诉。第一，他认为在案件移交的时候没有给予其重新考虑有罪答辩是否继续以及是否出庭的机会，而且这种决定是在没有陪审团的简易程序中决定的，缺乏正当程序保护；第二，在上诉问题上，法庭不但拖延了其上诉听证会达 9 年之久，而且在听证中违反了对抗诉讼的原则，没有将相关的一份 1970 年的判决材料提前提供给他的辩护人，还无理驳回其辩护人的意见。此外上诉法院所依据的精神状况报告的正当性也是存疑的，因为报告不但陈旧、过分简略，而且报告人本身还在接受渎职的调查。第三，在矫正和假释问题上，他认为首先矫正机构没有帮助其转移到假释听证会时假释委员会建议的奥克兰监狱进行治疗，也没有帮助其制订一份矫正计划（假释委员会指出，如果在 2006 年 11 月下一次听证会时已制定一份合适的释放计划，假释委员会将下令予以释放），原因是矫正部门的政策是要在预防性监禁服刑人在其达到获得假释资格的日期后才安排具体的

---

① See Communication No. 1512/2006, Dean v. New Zealand, 4.3.
② See Communication No. 1512/2006, Dean v. New Zealand, 5.4.

治疗，这使得其获得矫正的权利被侵犯，并直接导致了在下一次的听证会上他没有获得假释，使得他被任意监禁超过了不得假释的十年期限。其次该部门的政策更有利于有期徒刑的犯人，这侵犯了他在法律面前得到公平处理的权利。最后假释委员会和矫正部门的关系也不够合理，提交人认为假释委员会不够独立。①

对于正当程序问题，缔约国首先以未穷尽国内救济反驳，其次证明了提交人有理由对其可能面临预防性监禁判决有预见可能性。对于上诉问题，第一，缔约国认为拖延不能完全归因于缔约国，因为重审本就是对第一次上诉的程序瑕疵进行的补救，而提交人没有请到律师也是拖延的原因之一。第二，对1970年案件资料的提供问题，缔约国认为因为这份卷宗实际上与律师提交的文件是相关的，所以这份卷宗仅是提供了一次审讯的机会，不违反第14条。第三，对驳回上诉的问题，缔约国认为这属于对国内法院管辖，委员会没有权利重新评价法院司法活动的结果或审查国内法律，所以不能受理提交人对法院裁定的审查的要求。第四，对于精神状况报告问题，缔约国指出他们赋予了提交人自行提交本人心理或精神状况的证据的权利，是提交人没有行使。对于假释问题，缔约国认为提交人的有关假释委员会独立性和公正性的指控没有作为提交人上诉的一部分提出，且提交人的律师明确告知上诉法院，他并没有对这些指控提起诉讼。此外，提交人对假释委员会在其案件中的裁定并没有寻求司法审查，也没有签发对违反新西兰《权利法案》的诉讼。而且对假释委员会的诉讼是行政诉讼，不属于公约第14条的法律诉讼范围，所以在这部分并没有违反公约14条的要求。对于矫正问题，一方面缔约国主张未穷尽国内救济，另一方面缔约国提交了关于矫正部门已经提供矫正机会而被提交人拒绝的证据以及提交人关押期间的康复援助的记录。②

在提交人对缔约国陈述的评论中，对案件移交问题，提交人认为

---

① See Communication No. 1512/2006, Dean v. New Zealand, 3.4–3.8, 3.11–3.13.
② See Communication No. 1512/2006, Dean v. New Zealand, 4.4–4.5.

法院有责任将他增加危险的看法通知他，并就改变其请求的可能性向他提出建议。对上诉拖延问题，他重审自己是上诉不当拖延的受害者，而非作为者。对于上诉法院的审理，一方面提交人重审他认为法院无权使用1970年的卷宗，另一方面认为一份十年前的心理报告本就不能成为定罪依据，而且根据2002年的新法案，在实行预防性监禁之前需要两份报告，这个规定当然地适用于其2002年之后的上诉，所以对法庭没有出具第二份报告就裁判的行为有充足理由怀疑是任意裁判。对矫正计划问题，提交人重审了他要求过制定矫正建议但没有回音的现状，对假释委员会独立和公正的问题则不再申诉。①

④关于对同性恋者的歧视

提交人在两方面认为受到歧视，一方面是在判决预防性监禁时，另一方面是在决定是否假释时。在判决方面，提交人认为在量刑上他的判决比同等情况的非同性恋者更加严厉，比如1970年案子中判处其8年徒刑的法官就明显表达了对同性恋的歧视，而其判决依据的1961年《犯罪法》的罪名也强调了男子猥亵男童，此节于2003年被一项未提及性别的中性条款取代。在对是否假释的决定方面，提交人认为在2002年《刑法》生效后，原有的十年不得假释期的规定被五年无假释期取代，而因为他的原有判决在2002年以前，所以就没有按新的规定判，这不但违反了公约第15条关于从新从轻的规定，仅以判刑日期区别对待罪犯即构成歧视，违反了第26条不得歧视的规定。②

在同性恋歧视问题上，缔约国首先以提交人没有穷尽国内救济反驳，其次在具体事实问题上也从两方面解释，一方面，对于之前有过的类似案例没有判处和提交人一样刑罚的原因不是因为犯罪人是妇女，受害者是男童，而是因为该罪犯当时被指控犯有殴打等罪行，由于殴打含义的广阔性，就没有在对猥亵具体定罪，提交人不能证明他由于为同性恋而判刑更重；另一方面，缔约国指出，对提交人行为的

---

① See Communication No. 1512/2006, Dean v. New Zealand, 5.6 – 5.8.
② See Communication No. 1512/2006, Dean v. New Zealand, 3.7 – 3.8.

定罪事实上和犯罪人的性取向无关，而是在于受害者是儿童。关于不得假释期的问题上，缔约国首先也是指出提交人没有穷尽国内救济；其次在实体问题上，缔约国认为《公约》第 15 条第 1 款并没有延伸到一个人被定罪和判刑后执行的处罚，而且不要求缔约国将已经判刑的人送回法庭重新判刑。2002 年《刑法》的五年并不是提交人理解的不得假释期，而是一个最低刑期，而提交人并不能证实根据新法判决他的行为就能获得较轻的刑罚，此外，缔约国不认为判决日期的区分属于《公约》第 26 条的"其他状况"的歧视。①

对此提交人在之后的评论中辩论说他的申诉没有能够证实，就是因为他是一个同性恋男性而强加给他的判决更重，并提及专家报告发现，对同性恋罪犯判处预防性监禁的频率几乎是异性恋罪犯的 4 倍。②

（3）委员会的意见

委员会回顾本案和 R 案之后认为，如果预防性监禁的理由是可由司法机构复审令人信服的理由，则预防性监禁本身并不等于违反《公约》③。在本案中，提交人的性侵犯和猥亵罪已有很长的历史，已多次向其发出警告，如若再犯，他可能被判处预防性监禁。在因相同的犯罪被定罪以后，他在从监狱释放后的三个月内再次犯罪，因此被判处预防性监禁是合理的。根据该国刑法，对提交人的行为的最高刑期是 7 年，所以之后的三年属于预防性监禁的范畴，提交人对这部分时限长短的质疑确实由于《权利法案》的限制导致法庭无法审理，所以这不属于穷尽国内救济，而且《权利法案》的这个规定违反了提交人根据《公约》第 9 条第 4 款享有的申请法院确定其监禁期是否合法的权利，在这点上可以受理，缔约国有义务向提交人提供有效的补救办法。缔约国有义务避免今后发生类似的违反行为。

对提交人的矫正和假释待遇问题，委员会认为提交人有责任自己制

---

① See Communication No. 1512/2006, Dean v. New Zealand, 4.2, 4.9.
② See Communication No. 1512/2006, Dean v. New Zealand, 5.5.
③ 此处委员会引用了他们在 Communication No. 1090/2002, Rameka v. New Zealand 中的意见，参见 R 案 7.3.

作矫正计划和选择参加康复项目与否,所以本案中提交人本人才是计划未能落实的原因。对上诉程序和案件移交,委员会支持了缔约国未穷尽当地救济的主张。对上诉中出现的程序问题,委员会认为无论是1970年卷宗还是心理报告问题,提交人不能证实其申诉,所以不予受理。[①]

对于歧视问题,委员会认为他的定罪在于对未成年人的猥亵,与性取向无关,提交人也无法证明自己是性取向歧视的受害者,所以这个请求不予受理。对于新旧刑法的适用问题,委员会认为根据之前委员会 Ronald can der Plaat 诉新西兰案(第1492/2006号来文2006年4月7日通过的决定)的判例,在新制度下提交人本来会提前释放的论点是对判刑法官根据新的量刑制度行事以及提交人本人的一些假设性行动的推测,这种重新评定不是委员会的职能,提交人也不能证明在新制度下的量刑会缩短其服刑期,所以对此部分不予受理。[②]

个人来文的对象仅限于对《公约》所涉权利的侵害行为。因此,委员会无权审查一国政府的措施与本国人权条款的相符性及国内法庭对证据的认定。但在 Maroufidou v. Sweden 案中,委员会又进一步明确了对国内法的及其任意的或属于滥用性质的适用也将构成对《公约》的违反。在之后的 Hendriks v. the Netherlands、Morael v. France 等案件中所做的决定也都清楚地证实了"司法的自我约束"要求。[③]

2. 案件结论

本案提交人认为,一方面,新西兰的预防性监禁制度违反了《公约》第9条人身自由和诉讼自由权、第14条判决的司法独立性和无罪推定、第15条禁止溯及既往以及根据危险而非实害定罪;另一方面,对其使用预防性监禁是过度的,违反第7条禁止酷刑和第10条人道待遇。缔约国则援引了委员会在 Rameka 案中的判例,认为如果委员会要在和 R 案情况基本相同的本案中做出不同的决定的话应该给出充分的理

---

① See Communication No. 1512/2006, Dean v. New Zealand, 6.4。
② See Communication No. 1512/2006, Dean v. New Zealand, 6.3。
③ [奥]曼弗雷德·诺瓦克:《民权公约评注:联合国〈公民权利和政治权利国际公约〉》,毕小青、孙世彦等译,生活·读书·新知三联书店2003年版,第650页。

由，而关于判决是否过度的问题，缔约国提出其判决以及之后对上诉的驳回都是充分考虑了提交人的犯罪历史以及在改造中的不积极态度做出的，所以并非是过度的判决，而且，提交人之来文相当于要求人权委员会作为新一级别的裁决机构对其行为应受的惩罚进行再次上诉审查，这显然是属于国内法院的管辖范围，而非委员会的职权所在。提交人在之后的评论中指出虽然其案件和 R 案情况类似，但他依据的是该案后附的个人意见，而且关于对预防性监禁制度本身的合理性审理受到本国《权利法案》的限制而无法进行，所以才需要委员会介入。

第二节 欧洲人权法院对预防性监禁制度的态度

受到"天赋人权、人权至上"观念的影响，欧洲国家在 1953 年制定并实施《欧洲人权公约》以保障各国公民权利，防止国家政权对公民权利造成侵犯，并为可能的权利侵犯提供了救济，于 1954 年成立的欧洲人权委员会和 1959 年成立的欧洲人权法院。承认欧洲人权法院判决的效力已经成为了加入欧盟的必要条件。欧洲人权法院秉持"人权高于主权"的理念，帮助公民对抗国家权力，弥补国家机器的不足，起到救济和监督的作用。欧洲人权法院的判例对欧洲司法改革和人权保护的影响是十分巨大的，一个判决往往会影响国内法律的修订甚至废止。

一 M v. Germany[①]

与国际人权理事会采取保留态度，放权给国内法律系统的态度形成对比的是欧洲人权法院对 M v. Germany 一案的实践。预防性监禁制度是否违反欧洲人权公约？对这个问题的探讨起源于欧洲人权法院

---

① 本案相关的案情介绍，委员会及缔约国意见等材料参见 2009/12/17 EGMR 19359/04。

于 2009 年 12 月 17 日的一份判决。

1. 基本案情和国内救济

该判决起源于 1986 年马尔堡的黑森州州法院（Landersgericht）的一份判决，被判刑者 M 被判谋杀未遂和抢劫罪，处以五年徒刑。基于在此案之前犯罪人有近十年的犯罪历史，在 1971—1975 年他由于共同盗窃行为不断入狱并四次越狱。之后他由于抢劫、伤害等行为被不同地区的法院判处了 1—6 年不等的有期徒刑，并且根据之前的专家检测，认为犯罪人有严重的病理性精神障碍而减轻了刑事责任，但在 1981 年的犯罪之后，专家鉴定认为该犯罪人已经不再具有精神障碍的迹象，所以在 1986 年的判决中，马堡地区法院认为其对公众有危险，可能有进一步的自发行为，对其处以保安监禁。1991 年 8 月刑期满后，M 继续在 Schwalmstadt 监狱执行保安监禁，再次期间他曾于 1995 年试图越狱，但在不到一个月后就主动投案。1992 年开始每两年 M 就向法院申请以暂缓执行的方式执行保安监禁，但由于其在 6 年的服刑过程中曾卷入监狱内的斗殴而被拒绝。1998 年德国刑法修改后首次保安监禁的 10 年最长期限被取消，并适用于之前的生效判决。之后在 2001 年 M 的申请再次被驳回，并延长了保安监禁的期限到 2001 年 9 月，根据是 1998 年新修改的保安监禁的规定中有规定可以超过 10 年的情形，此决定于 2001 年 10 月被法拉克福上诉法院维持。直到两年后 M 先生才能再次申请上诉，认为此判决违反基本法的刑罚不溯及既往的原则。上诉法院认为 M 先生继续受到保安监禁并不违反德国基本法而驳回，理由是这并不是刑罚而只是预防性措施。

2001 年申请人向联邦宪法法院提出申诉，认为对他科处的保安监禁超过了行为时保安监禁的最高限度（10 年）。这项关于保安监禁最高限度的规定于 1998 年在修改《刑法典》第 67d 条时被废除了。[①]

[①] 《预防性犯罪及其他具有较大危险性的犯罪行为法》于 1998 年 1 月 26 日在《联邦法律公报》第一卷第 160 页上予以公布。转引自［德］Georg Freund《刑法以及保安与矫正处分法中所涉及的国家强制措施的相对人所具有的危险和危险性——在法学理论中和法律实践中反对刑罚一元体系》，张正宇译，《研究生法学》第 29 卷第 5 期。

申请人认为1998年修改的条款违背了《基本法》第103条第2款关于禁止溯及既往的规定。这一申请被联邦法院于2004年驳回，法院认为这个条款（《刑法典》第67条第3款）与《基本法》是兼容的。联邦宪法法院主要讨论了两个问题：人身自由权和禁止溯及既往的法律。

首先，对于保安监禁对人身自由权的限制，法院认为是不违反《基本法》第2条第2款的规定的，对人身自由限制的时间越长，其保护性规定和程序限制就会越严。因为保安监禁是基于对更高法律利益的保护而设，是为了避免受害者的身心受到威胁。为了证明被监禁人的危险性，需要经验丰富的精神病学家的报告。对预防性监禁的程序性规定对判断一个人应当延长还是停止监禁需要定期审查，由于对基于未来危险性的监禁条件放宽了，法院在没有充足理由的时候不能拒绝对保安监禁的停止执行的决定。保安监禁不是为了对过去犯罪的报复，而是对未来犯罪的预防，所以州要确保被监禁人的监禁条件必须有所改善，以符合监狱对矫正的要求。①

其次，关于禁止溯及既往原则，联邦宪法法院认为《基本法》第103条第2款的规定是刑罚要以责任为前提，行为严重性和行为人责任之间的关系是考量重点，这是为了使得人民可以从这个规范去控制自己的行为在合法范围内。因为这个规定的前提是针对惩罚措施，是基于对过去行为的可归责性和非难可能性。而保安监禁是基于对未来再犯对社会的危险性，是一种预防性、矫正性的措施，所以和"刑罚"概念不符，故而不属于《基本法》第103条对基于责任的刑罚的限制，所以没有是否禁止溯及既往原则的适用问题。②

联邦宪法法院认为从形式审查上保安监禁是符合对人的尊严、人的自由权等权利的保护的，因为一方面其目标是为被拘留者未来自由生活奠定基础；另一方面，法院在刑期结束前要进行审查，且之后至

---

① See EGMR, Application No. 19359/04（2009），Rn. 29.
② See EGMR, Application No. 19359/04（2009），Rn. 31 – 33.

少每两年要审查是否有必要暂停监禁，这些规定都有助于保安监禁的执行。

2. 欧洲人权法院的审查

欧洲人权法院2004年受理了M的上诉，M主张上诉法院的裁定违反了欧洲人权公约。首先，1998年修订的刑法典不再要求首次保安监禁的10年限制，故而M的刑罚被延长为不定期关押，这违反了公约关于自由权的规定；其次，允许保安处分溯及既往适用也违反了公约禁止溯及既往的规定。

（1）惩罚性和预防性措施之分

在比较法学的基础上，欧洲人权法院认为，所谓的惩罚措施和预防性措施之间的区别并没有那么壁垒分明，因为在一个国家作为惩罚措施出现的手段可能在另一个国家就成为了预防性措施。[①]

（2）德国执行机构的矫正手段和条件

基于防止酷刑和不人道或有辱人格的待遇或处罚的要求，欧洲委员会对德国监狱的保安监禁相关教育手段进行了考察。认为应当注重保安监禁犯人和普通犯人的区别，在保证普通标准的住宿和饮食条件以外，针对这类犯人创设特别的工作机会以及针对性的人文关怀和心理治疗，注重个性化的改造方案。[②]

与联邦宪法法院的观点不同，欧洲人权法院从判决机构和执行机构一致的角度将保安监禁视为欧洲人权公约第7条第1款禁止溯及既往（与德国基本法第103条第2款相一致）意义上的一种刑罚，所以认定对被判刑者科处超过10年最高限度的保安监禁违反了欧洲人权公约。欧洲人权法院认为保安监禁是刑罚的一种的理由如下：刑罚和保安监禁有许多重要的特征是一致的，自由刑和保安监禁都是由法院对行为人予以科处的，它们的监内执行和监外执行条件都是一样的，它们都是由法院的执行庭予以执行的；最重要的是在保安监禁中不包

[①] See EGMR, Application No. 19359/04 (2009), Rn. 74 - 75.
[②] See EGMR, Application No. 19359/04 (2009), Rn. 77 - 78.

含任何特殊的预防措施以避免行为人继续实施犯罪行为。①

（3）对违反《欧洲人权公约》第 5 条第 1 款的申诉

申请人认为超过了根据当时法律规定的 10 年监禁期后继续保安监禁违反第 1 款有关合法拘留的规定不合法，也没有按照法律规定的程序。缔约国则认为 1986 年的定罪和 10 年之后的保安监禁没有足够的因果关系，在当年法院判决的时候对法律的变动是没有预知的，最长期限的废止并不会破坏初步定罪刑期和之后的保安监禁之间的因果关系。而所谓的合法拘留权不能抗衡公共安全问题，申请人被继续保安监禁是为了防止其可能的危险，即再犯严重的性或暴力罪行。②

按《欧洲人权公约》第 5 条第 1 项第 a 款规定，剥夺自由的保安处分必须以刑事判决为依据，③原告首先在 1985 年受到刑事判决宣告，却又在 2001 年执行保安处分，人权法院认为此两项决定在内容与责任、判决与剥夺自由这两组关系之间缺乏足够的因果关系，所以

---

① 支持将保安监禁视为刑罚的一种的论据还有：欧洲人权法院认为，依据特殊预防的目的，刑罚和保安监禁，特别是与刑罚同时科处的保安处分保安监禁都是基于行为人所实施的行为而予以科处的。参见 Georg Freund《刑法以及保安与矫正处分法中所涉及的国家强制措施的相对人所具有的危险和危险性——在法学理论和法律实践中反对刑罚一元体系》，张正宇译，《研究生法学》2014 年第 5 期。

② See EGMR, Application No. 19359/04（2009），Rn. 79 – 85.

③《欧洲人权公约》第 5 条第 1 款：

1、人人享有自由和人身安全的权利。不得剥夺任何人的自由，除非依照法律规定在下列情况下：

（1）由具有管辖权的法院作出有罪判决对某人予以合法拘留；

（2）由于不遵守法院合法的命令或者为了保证履行法律所规定的任何义务而对某人予以合法逮捕或者拘留；

（3）如果有理由足以怀疑某人实施了犯罪行为或者如果合理地认为有必要防止某人犯罪或者是在某人犯罪后防止其脱逃，为了将其送交有关的法律当局而对其实施的合法的逮捕或者拘留；

（4）基于实行教育性监督的目的而根据合法命令拘留一个未成年人或者为了将其送交有关的法律当局而对其予以合法的拘留；

（5）基于防止传染病蔓延的目的而对某人予以合法的拘留以及对精神失常者、酗酒者或者是吸毒者或者流氓予以合法的拘留；

（6）为防止某人未经许可进入国境或者为押送出境或者是引渡而对某人采取行动并予以合法的逮捕或者拘留。

2001年之后的刑罚是不公正和不合法的。并且作为一项刑罚的保安处分，根据欧洲人权公约第7条第1款的规定①，就不能在1998年新法生效后再去溯及既往地对原有的行为判决，变相加重了刑罚。

（4）对违反《欧洲人权公约》第7条第1款禁止溯及既往原则的申诉

本案在宣判的时候依据的法律规定保安监禁最高期限为十年，而实际执行却超过了10年，是因为1998年修订之后删除十年规定的影响，使得保安监禁得以溯及既往地延长。②

法院综合事实、法律、程序及措施严重性等观点，认为保安监禁具备了刑罚的资格，而不仅仅是一种矫正和预防的措施，因为保安监禁和有期刑罚的执行规定并没有本质的差别，而且，从保安监禁的执行情况来看显然也没有将其作为一个预防性措施来用，而是带有惩罚的色彩，并且是比自由刑更为严厉的惩罚（M被执行保安监禁的时间远远超过了其有期徒刑的时间）。加上M被科处保安监禁是基于其之前的谋杀未遂和抢劫犯罪，符合刑罚的前提条件，欧洲人权法院顺理成章地将保安处分纳入《欧洲人权公约》第7条规定之刑罚措施的范围，从而确定了可受理和可约束的前提。

联邦宪法法院针对与M案情况相仿之措施相对人应否被释放之问题，主张应就以下两方面加以审查：一方面，以措施相对人对法律之信赖利益作为考量重点；另一方面，必须透过严格之比例原则审查模式针对个案进行判断，亦即严格审查重大暴力犯罪者或重大性侵犯者，是否对不特定相对人产生高度重大危害。③

---

① 《欧洲人权公约》第7条第1款：任何人的作为或者不作为，在其发生时根据本国的国内法或者是国际法不构成刑事犯罪的，不得认为其犯有任何罪刑。所处刑罚不得重于犯罪时所适用的刑罚。

② See EGMR, Application No. 19359/04 (2009), Rn. 123.

③ 参见周佳宥《德国事后安全管束监禁制度实施之问题——以欧洲人权法院及德国相关判决为讨论中心》，《刑法论丛》2013年第4卷（总第36卷），法律出版社2013年版，第347—348页。

二　Haiden v. Germany[①]

1. 案件事实和国内救济

申请人 Haiden 曾在 1994 年因对儿童性虐待的 3 项罪名被处以监禁刑，由于专家认为不能排除申请人有病态心理障碍而减轻了刑事责任。之后在 1999 年申请人又因为两起强奸案被判处监禁刑，同样因为精神病鉴定减轻了刑事责任。在法院的审查中发现申请人从 1982 年起就对和自己有不正当关系的 A 的 14 岁大女儿 P 实施了强奸行为，并威胁她不许报案。地区法院并没有对其进行保安监禁适用的审查，因为刑法典第 66 条第 3 款不适用于 1998 年 1 月 31 日之前定罪的人。

2002 年 4 月 13 日申请人服满了监禁刑期，在此之前的 1 月受到了心理学家的检查，认为其具有很大的再犯危险，于是根据《巴伐利亚危险罪犯安置法》[*Bavarian (Dangerous Offenders') Placement Act*]要延长监禁时间。地区法院认为两起强奸案的罪行满足了判处保安监禁的条件，而在心理学家和精神病专家的报告中发现申请人并没有参加任何针对其性犯罪问题的治疗措施。相反，其病态人格随着年龄加剧，对孩子的性侵倾向增加。地区法院认为巴伐利亚州这个法律是合宪的。

1998 年 1 月 31 日生效的《防止性犯罪人及其他危险犯罪人法》(*Gesetz zur Bekämpfung von Sexualdelikten und anderen gefährlichen Straftaten*) 给刑法典第 6 条加入了新的第 3 款，规定对于特定的严重犯罪人（包括强奸和儿童性犯罪人），如果他们曾因两项以上的性犯罪被处以分别至少 3 年的监禁，且犯罪人展现出了第 66 条第 1 款规定的公共危险性的，即使犯罪人没根据第 1 款定罪和拘留，也可以处以保安监禁。

上诉法院驳回了申请人的上诉，认为其具有极大的再犯危险性，

[①] 本案相关的案情介绍、委员会及缔约国意见等材料参见 2011/01/13 EGMR 6587/04。

而《巴伐利亚危险罪犯安置法》保障的是公共利益，申请人根据此法受到的监禁是为了防止将来的风险而非过去的罪行，且程序合法，加之本立法已经通过了正规的立法程序，所以该法合宪。

申请人对地区法院和上诉法院的决定向联邦宪法法院提出申诉，认为《巴伐利亚危险罪犯安置法》的安置措施（Retrospective placement）规定是违宪的，因为巴伐利亚立法机构没有对这个问题的立法权（《基本法》第104条规定对个人自由的限制的法律只有议会有权制定），且这个规定违反了禁止无法律依据的处罚和人的尊严的保护。

联邦宪法法院经过审查，认为根据《基本法》第74条的规定，各州对事后的保安监禁（Nachträgliche Sicherungsverwahrung）的规定是超出了州的立法权限的，这种无限期的拘禁侵犯了罪犯根据《基本法》第2条受保护的自由权，必须修改。保安监禁和《基本法》第103条针对的防止再犯的刑罚有所不同，两条依据的基本权利不一样。对一个人长期剥夺自由，必要条件之一是之前的严重罪行，且在关押后必须对犯罪人的危险性和未来再犯可能性全面评估。地方立法中的安置措施和刑法中的保安监禁十分类似，地区法院没有权利规定这类监禁。

联邦宪法法院多数票认为州没有立法权并不当然导致之前的立法无效，在新法制出的过渡期内，原有的根据《巴伐利亚危险罪犯安置法》的判决依然是有效的。在本案中，已有两名以上的专家鉴定认为申请人对公共利益有危险，可能侵犯他人的生命、性自由等权利，在这种情况下，如果法令被直接宣布无效，这些极端危险分子就必须被释放而无须经过联邦立法决定。法院认为对有限的一些特殊情况，联邦立法中关于保安监禁的部分是符合基本法规定的。出于对大众利益的保护，在立法过渡时期对危险罪犯自由权的限制是合理的。根据过往宪法法院的判例，刑法法院必须毫不拖延地对犯罪人进行重新审查，决定是否有继续监禁的必要，特别是要参考专家的鉴定意见。此外，还有可能将罪犯安置在精神病院。而持反对票的法官则认为在过渡期的监禁是没有法律依据的。

在立法修改的过渡期中，2003年区域法院决定暂停一年的保安监禁的执行，改为指定居所居住，2004年3月申请人再次被拘留，因为发现在指定居所居住期间他对居所的人有性骚扰行为，这说明他对他人的性自由权利依然有严重威胁。同年7月该申请人被转入精神病医院。2005年Passau地区法院下令在精神病院中执行事后的保安监禁，这个命令被联邦法院在2006年撤销。2007年Hof地区法院判决其在精神病院接受治疗，停止了之前Passau法院判决的事后的保安监禁。

在这之前的立法状况是，联邦立法没有对事后性保安监禁给出立法根据，即对在判决时未保安监禁的案件事后是否可以判处没有联邦立法依据，联邦政府认为这是州议会的权利。基于此，数个州都出台了危险犯的法规规定了事后性保安监禁措施。2002年1月生效的《巴伐利亚危险罪犯安置法》就规定了地区法院有权判处安置措施，如果该罪犯的危险性符合刑法典第66条的规定，就可以被安置在精神病院或其他矫正机构，这种监禁是无限期的。

2004年宪法法院的判决之后，联邦立法机构开始将事后的保安监禁引入刑法典，第66b条于2004年生效，规定对于判处一年以上有关侵犯生命权、性自由权、身体伤害等相关罪名的罪犯，如果有证据证明犯罪人对公众仍具有极大危险性，对其人格、罪行和服刑期间的表现进行整体评估后认为仍然有严重犯罪的再犯可能性的，可以判处事后的保安监禁。这一条适用于以往根据《巴伐利亚危险罪犯安置法》判处安置措施的犯罪人。

2. 欧洲人权法院的审查

（1）关于是否违反公约第5条第1款关于自由权的规定

申请人认为其被剥夺自由是基于判决后新的事实，与判决时的量刑没有因果关系，这种做法是违反第1款规定的，宪法法院的判决也不能成为继续拘留的依据，无论安置法被宣布无效还是符合《基本法》，这两种情况根据第5条都不是"合法"和"令人信服"的。只有少数的州对事后的保安监禁措施授权立法，但在2001年时是不存在这个规定的,而到 2004 年时他的健康状况很差,不能被视为一个特别危险的罪犯,也没有任何新的事实来佐证。而在巴伐利亚的安置法生效之前他已经充分服刑。①

政府认为这种剥夺自由的措施是遵守第 5 条第 1 款的规定的,对申请人的定罪和事后的保安监禁有因果关系,《巴伐利亚危险罪犯安置法》中提到的刑法第 66 条要求的严重罪行的危险行为人也佐证这一点,根据罪犯的定罪和之后监狱的表现来判断是否继续监禁。而且对第 5 条第 1 款的解释可以将安置措施包括进来,因为行为人曾经的危险行为可以作为"合理而必要的防止犯罪"的理由。如果安置法被宣布无效,会造成立法空白,且原来根据安置法监禁的危险罪犯会被释放。普通公民会受到有再犯危险的危险犯罪人的威胁,切身利益无法保障。政府认为这种自由的剥夺并不是任意的,是在议会充分讨论的基础之上的,在过渡期限制人身自由是适当的。②

欧洲人权法院认为,根据第 5 条第 1 款,定罪和监禁之间必须有足够的因果关系。对一个行为人的监禁必须基于充分理由,认为对犯罪的阻止是必要的才可以。③ 根据第 1 款 e 段的规定,除非证明"精神不健全",否则不能剥夺一个人的自由:第一,他必须可靠地证明精神不健全,真正的精神障碍的认定必须建立在主管当局根据客观的医学专业知识的判断之上;第二,值得必须强制监禁的心理障碍的种类或程度有明确限制;第三,继续监禁的有效性取决于这种障碍的持久性。此外,必须经过正当程序,且有满足拘留条件的地方,比如诊所、医院或其他适当机构。④

人权法院认为要确定本案中申请人的安置措施是否处于预防目的,程序是否正当。在审查中,法院认为,从目前的情况来看,本案符合公约要求的剥夺自由的因果关系条件主要存在于申请人的两项强

---

① See EGMR, Application No. 6587/04 (2011), Rn. 61 – 65.
② See EGMR, Application No. 6587/04 (2011), Rn. 66 – 72.
③ See EGMR, Application No. 6587/04 (2011), Rn. 76.
④ See EGMR, Application No. 6587/04 (2011), Rn. 77 – 78.

奸罪名之中，所以必须证明申请人的罪行和剥夺自由之间有足够强的确信度。然而 Passau 地区法院对其刑期之外的附加监禁的判决程序不当，且政府的回应中也无法证明足够的因果关系，所以这种监禁是不合理的。申请人被判处保安监禁是出于对其释放后可能再犯性侵犯罪风险的预防，然而这并不符合第5条整体上对限制自由的监禁的内涵范围。根据第5条，这种预防性限制自由的决定必须在审判罪行之时而非之后做出，或者是在试图犯罪的合理区间做出。对于精神障碍的认定，人权法院也认为没有绝对的信服理由，所以用这个理由限制申请人的自由也是违反了第5条的。此外法院还重申了关于合法性的问题，法院认为对监禁的法律规定必须同时符合实质和程序性要求，以避免所有可能的风险。国内法院以《巴伐利亚危险罪犯安置法》作为监禁的依据，而在此法被认为可能违反《基本法》需要修改的过渡期，申请人仍然按照该法被监禁，这是不公正的。①

（2）对是否违反公约第3条禁止不人道或有辱人格待遇的规定的审议

申请人认为对其实施保安监禁是不人道的，因为他年事已高，且健康状况极差。政府则认为安置措施的实施是出于预防目的，公共利益压倒一切，没有违反第3条。且《巴伐利亚危险罪犯安置法》也规定了对这种保安监禁的定期司法审查制度，根据审查会决定是否暂停监禁，予以缓刑。所以，申请人是有可能被释放和重新融入社会的。对于健康状况的指控，政府认为在监狱已经为其提供了足够全面的医疗服务。

人权法院认为，根据之前的判例法，所谓的虐待、惩罚，必须达到最低限度的严重程度才会进入第3条规制的范围，这个限度的评估取决于案件的性质、待遇、处罚方式以及执行、持续时间、犯罪人身体或心理状况，有时候还要考虑受害者的情况。对于年龄问题，法院援引了之前的判例，认为这不能直接成为判定对其监禁违反第3条的

---

① See EGMR, Application No. 6587/04 (2011), Rn. 87-92.

理由。具体到本案中，申请人并没有足够理由证明其身体疾病在监狱中没有得到必要的医疗照顾，所以没有达到第3条的严重程度。①

对于监禁的程序，人权法院查明，地区法院是在其刑期期满前三天（2002年4月10日）才出于预防考虑决定延长拘留期，所依据的《巴伐利亚危险罪犯安置法》是2002年1月1日才生效的，距离刑期期满仅3个多月。尽管该法有违宪的问题，但在2004年9月30日之前该法依然可以被适用，所以对申请人的延长监禁是符合国内法的。尽管如此，它违反了公约第5条。对申请人的延长监禁会导致其对未来的不确定感和屈辱感，这比监禁带来的痛苦更甚。但法庭在刑期将满的时候作出延长监禁的决定并不能表明其希望通过这种"惊喜"的方式给申请人增加痛苦，此外程序上也规定有定期审查制度，所以很难认为违反了公约第3条的要求。②

三 Bergmann v. Germany ③

1. 案件事实和法律救济

申请人 Bergmann 出生于1943年，目前被监禁在 Rosdorf 预防性监禁中心。在1966—1984年，曾因对未成年男孩和女孩猥亵罪和强奸未遂的罪行被5次判刑。1986年4月18日在 Hanover 地区法院因两起谋杀未遂加强奸未遂和其他两起危险犯罪被判处15年有期徒刑，并根据刑法典第66条第2款判处保安监禁。经专家鉴定认为，在该申请人实施犯罪行为的时候处于限制刑事责任能力的状态，被诊断为人格障碍与心理障碍综合征，可能是长期酗酒的原因。出于这种人格障碍，地区法院认为有严重犯罪的情形，如果释放会有很大风险在酒精作用下进一步实施性犯罪和暴力犯罪，对公众有危险，所以判处了保安监禁。申请人服刑完毕后于2001年6月开始保安监禁，到2011年6月11日

---

① See EGMR, Application No. 6587/04 (2011), Rn. 105 – 108.
② See EGMR, Application No. 6587/04 (2011), Rn. 109 – 113.
③ 本案相关的案情介绍、委员会及缔约国意见等材料参见 2016/01/07 EGMR 23279/14。

已经10年，在2011年5月13日和2012年10月5日，Lüneburg地区法院宣布继续延长保安监禁的时间。地区法院认为在1985年10月3日申请人最后罪行发生的时候，保安监禁的十年期限的规定是有效的，而1998年的Combating of Sexual Offences and Other Dangerous Offences Act取消了10年的限制性规定，这导致了申请人保安监禁的延长，根据联邦宪法法院2011年5月4日的判决，过渡性条文①用于本案。区域法院认为对申请人的酒精成瘾和精神障碍的认定没有问题，根据其精神状态和之前的行为，危险性没有因徒刑而减轻，因延长时间而被监禁的近30年和对公共安全构成的重大威胁相称。

2013年8月1日申请人向Celle法院提出上诉，认为延长的回溯性保安监禁违反公约规定。上诉法院认为，治疗监禁法（Therapy Detention Act）中的精神紊乱并不仅限于刑法第20条和第21条规定的减轻或免除刑事责任的精神障碍的状况，一些特定的精神紊乱也包括其中，申请人的性虐待倾向和酒精成瘾就包括其中。而专家已经证实他的精神疾病很难证实，也不会因为年龄大而减少危险性，所以出于高风险的暴力犯罪倾向，继续监禁是与其危险性相称的。

2013年9月24日申请人提出违宪审查，认为继续进行预防性监禁侵犯了他自由权和保证在国家内受到法治保护的预期这一宪法权利。申请人援引了M诉德国一案，认为回溯性延长保安监禁不符合公约第7条关于禁止溯及既往的规定，且根据公约第5条他的保安监禁不符合实质正义，他的精神障碍并没有达到预防监禁要求的程度，而且这种精神紊乱的定义在国内法和判例中并不明确。

申请人在监禁过程中拒绝了针对酒精成瘾的治疗方案，也从针对社会技能训练的治疗小组中退出，并以害怕上瘾为由拒绝服药。Rosdorf监禁中心的环境良好，提供了必要的治疗和护理，鼓励被监禁者参加相关的课程，配备了精神病医生、心理学家和社会工作者，并会

---

① 2013年6月1日生效的《刑法引导法案》（Introductory Act to the Criminal Code）第316f包含了保安监禁的过渡性条文。

对拘禁者进行审查以确定需要必要的治疗，有针对性地制订个人计划。从 2014 年开始申请人就全面拒绝了这些课程和治疗。根据 2013 年的引导法案，刑法第 66 c 条适用于 2013 年五月以前的犯罪。第 66c 条规定对被监禁者要在全面审查的基础上定期更新个人治疗计划，促进和提高其参加精神、心理治疗以及社会治疗的医院，当其对公众威胁的危险减少时可以暂停措施或缓刑，除非有令人信服的理由不放宽，比如有事实证明被监禁者可能潜逃或犯严重罪行。《下萨克森州保安监禁法案》（*Lower Saxony Preventive Detention Act*）第 2 部分规定了保安监禁的目标，是保护公众免受进一步严重罪行的侵害，同时该法规定了对被监禁人要保证生活条件和治疗措施。

2. 欧洲人权法院的审议

（1）对是否违反《欧洲人权公约》第 5 条第 1 款的审议

申请人认为在其定罪的时候保安监禁适用十年最大期限的规定，所以之后的监禁侵犯其自由权。政府则认为该申请人没有穷尽国内救济办法，人权法院不能受理。人权法院审议后认为这个争议不满足《欧洲人权公约》第 35 条第 3 款 a 项的规定，是可以受理的申请人认为他不属于《欧洲人权公约》第 5 条第 1 款的"精神紊乱"的情况，该条只指向精神疾病的状况，申请人只是属于病态人格范畴，不包括在上述范围之内。国内法院将"精神紊乱"做了过于宽泛的解释。申请人认为是否对他采取保安监禁应当取决于他对公众是否有危险，而非是否有精神紊乱，所以在十年期限过后，对他的保安监禁是违反第 5 条第 1 款 a 项的。此外，申请人认为从 2001 年他就一直被监禁，这和其较大的年龄不成正比。①

政府认为，申请人的酗酒行为和性虐待倾向已经是医学意义上的疾病，且其被鉴定有孤独性偏好障碍，如果释放有再犯暴力犯罪和严重性犯罪的风险，而酗酒会加剧这种风险，所以持续的保安监禁是必要的。政府已经提供了专门的治疗中心提供针对性罪犯和暴力罪犯的

---

① See EGMR, Application No. 23729/14（2016），Rn. 82 – 86.

防治再犯的预防培训和用药物降低成瘾问题的措施,此外还有其他休闲活动来辅助治疗,而申请人一直拒绝服药,不配合治疗方案,所以只能对其保安监禁来保护公众不被侵犯。①

人权法院在审议中重申,《欧洲人权公约》第5条"精神不健全人士"一词并不是一个学术上的精确定义,对一个人剥夺自由必须满足三个判定精神不健全的最低条件:第一,他必须可靠地证明精神不健全,真正的精神障碍必须建立前主管当局根据客观的医学专业知识的判断之上;第二,心理障碍的种类或程度必须值得强制监禁;第三,继续监禁的有效性取决于这种障碍的持久性。如果一个人的精神障碍需要在治疗过程中有控制和监督措施,是为了防止其伤害自己或其他人。法院承认缔约国的自由裁量权,但同时强调要有剥夺自由的理由和地点。②

在审查事实和法律依据之后,法院认为对申请人延长的保安监禁和其1986年的罪行之间缺乏足够的因果关系,所以根据第5条第1款是不正当的。对于"精神紊乱"状态的认定,法院认为必须建立在客观的专业知识基础之上,在这点上国内法院的程序是没有问题的。关于申请人认为其精神障碍状态不是第5条的"精神紊乱"状态的观点,人权法院认为根据国内法院请的专家的鉴定结果来看,申请人确实有性虐待和性异常的状况,需要接受治疗,且酒精会加剧其危险性,这种状态从1986年至今一直存在。同时通过对Rosdorf中心的考察,认为符合保安监禁犯人矫正治疗的要求,且申请人确实存在不配合治疗的情况。所以人权法院同意政府的观点,申请人的状态符合第5条第1款的规定。此外人权法院也审查了程序正当问题,认为国内法院的程序是符合第5条第1款"合法"和"程序由法律规定"的要求的。③

基于以上分析,人权法院认为申请人的保安监禁没有违反《欧洲

---

① See EGMR, Application No. 23729/14 (2016), Rn. 87-94.
② See EGMR, Application No. 23729/14 (2016), Rn. 95-102.
③ See EGMR, Application No. 23729/14 (2016), Rn. 103-132.

人权公约》规定。

（2）对是否违反《欧洲人权公约》第 7 条第 1 款的审议

申请人认为对其超过了之前 10 年最大监禁期限规定的保安监禁违反了禁止溯及既往的公约要求，政府则提出反对意见。人权法院认为这一请求可以受理。

政府认为申请人最初的刑罚完成后已经用不同的标准来衡量是否继续监禁，即是否要作为精神病人治疗以及是否有利于保护公众。在 M 诉德国案时，保安监禁和一般徒刑没有很大差异，但现在的保安监禁和有期徒刑是有严格区分的，适用不同的规则，其唯一目的是用尽所有可能的治疗方案来减少被监禁者的危险性以达到最终释放的目的，这个措施并不是第 7 条第 1 款所指的刑罚。虽然对保安监禁仍然采取法院负责制，属于刑事司法系统，但这是出于实用性和必要性的考量。现在的保安监禁措施的作出要求很严格，必须要证明有精神障碍而有再犯严重暴力或性犯罪罪行的风险，不再认为过去 10 年最大监禁期就代表风险消除。①

人权法院重申第 7 条的保护出发点是为了防止任意起诉、定罪和处罚，这里的处罚是有一定的弹性解释范围的，要对某一特定措施进行实质性考察，比如性质、目的、程序以及严重程度的规定等来判断是否属于本条的处罚措施。在本案中，首先，对申请人在 10 年期满后延长保安监禁是有国内法律依据的；其次，在治疗监禁法下的对精神障碍的治疗不同于原有的刑法典下的预防性监禁的措施，而是一个民事措施；最后，对于申请人的保安监禁是否属于第 7 条的刑罚呢？法院认为，第一，从目的上看，从德国国内法来看从未将保安监禁视为禁止溯及既往的刑罚，在 2009 年 M 案后刑法典进行了修改，已经明确区分了预防措施和惩罚措施的区别，且本案保安监禁的方式是在治疗中心进行，和 M 案在监狱进行是有本质区别的，从监禁目的、环境、手段等方面都有所变化，更加强调对

---

① See EGMR, Application No. 23729/14 (2016), Rn. 141 – 147.

精神障碍、心理疾病的预防和治疗。第二，从程序上看，法院有严格的审查程序，也有根据不同严重和危险程度制定的不同措施。综上，人权法院认为国内法院有完整地评估相关因素，处于更多的预防性质和目的做出的保安监禁的措施已经改变了原有的惩罚色彩，所以不属于第7条的刑罚范畴。[①]

人权法院最后认定，对申请人的保安监禁措施没有违反《欧洲人权公约》第7条第1款。

第三节 预防性监禁制度与国际人权保护的反思

一 相关的公民权利国际文件

1. 国际公民权利公约和人权保护机制

（1）《世界人权宣言》

在1948年巴黎召开的大会上通过的《世界人权宣言》中首次规定了基本人权、人格尊严和价值应当得到普遍的承认和保护，并对《联合国宪章》中相关的人权条款予以解释。尽管《世界人权宣言》本身并不具有法律约束力，但是作为全面规定人权和基本自由的普遍性国际文件，具有广泛的影响力。这个宣言开启了国际人权宪章体系的大门，在此之后的联合国会议上，起草一个规定公民权利以及政治经济文化各项权利的公约成为了讨论焦点。1950年第六届联大会议设立了人权事务委员会，并确定了公民权利与政治权利和经济、社会、文化权利分两个公约规定的步骤。

（2）《公民权利和政治权利国际公约》

在数十年的起草工作之后，1976年《公民权利和政治权利国际公约》终于生效，在《世界人权宣言》的基础上对公民的政治权利和人身权利进行了系统而完整的规定，并建立了人权事务委员会为中心的

[①] See EGMR, Application No. 23729/14 (2016), Rn. 149－183.

国际监督机制，保障各国公民权利不受国家侵犯，包括了联合国机关实施的政治监督和国际人权条约监督机构实施的程序性监督等。

2.《欧洲人权公约》和地区人权保护机制

在人权保护方面，欧洲国家的步伐是远远先于联合国的，不但通过了《欧洲人权公约》，还设立了欧洲人权法院，将软性的程序监督、政治监督上升到了硬性的司法监督。1950年《欧洲人权公约》在欧洲理事会的主持下签署，1953年9月3日开始生效，呼应了1948年的《世界人权宣言》，对具体的权利种类以及保护机制。1998年生效的第11本议定书撤销了欧洲人权委员会，设立了欧洲人权法院，使得个人、团体或非政府组织都可以直接进入法院诉讼程序，对国家提出控诉。根据《欧洲人权公约》第34条，在穷尽国内救济的前提下，个人和非政府组织可以以被侵犯权利的受害者身份向人权法院递交申请。不同于联合国人权委员会在个人来文中的意见不具有强制力，欧洲人权法院根据《欧洲人权公约》第46条的规定获得强制执行的权利，"在任何案件中，缔约国有义务遵守法院对于其是一方的案件的最终判决"，执行由欧洲委员会部长理事会进行监督。判决对缔约国发生直接拘束的效力，并且国内法要根据此判决进行修正，同时对申诉方进行一定的补偿。

《欧洲人权公约》在缔约国的适用上有直接效力，在各国的地位有所不同，有些国家中高于基本法，有些国家则只看作一般法律。德国的方式是通过国会批准将其转化为国内法优先适用，其他规定应当与公约的保障方向取得一致。如果法院判决违反公约保护的基本权利，当事人可以直接以公约作为依据上诉到联邦宪法法院，请求合宪性审查。

二 预防性监禁制度适用的"雷池"

1. 可能会侵犯的基本权利

从联合国个人来文和欧洲人权法院的判例中可以看出，预防性监禁制度最有可能引起争议的是对以下几个公民权利的侵犯：

(1) 对自由权的侵犯

《世界人权宣言》第3条规定人人有权享有生命、自由和人身安全，这一权利在《公民权利和政治权利公约》第9条和《欧洲人权公约》第5条中被进一步细化，规定不得任意拘禁或逮捕，除非有法律规定的程序和根据，并赋予了他们运用司法程序申诉对侵犯自由权行为的合法性进行审查的权利。预防性监禁措施受到批评之处在于认为可能会侵犯反对任意或非法逮捕和拘禁的权利以及对非法逮捕和拘禁提出申诉的权利。

(2) 对人格尊严的侵犯

《世界人权宣言》第1条就规定人人生而自由，在尊严和权利上一律平等，这一权利在《公民权利和政治权利公约》第10条中被进一步细化，规定被剥夺自由的人享有人道及尊重其固有人格尊严的待遇，包括了一般被剥夺自由的情况和在刑事诉讼中被审前羁押和定罪的情况。

(3) 对禁止溯及既往原则的违反

禁止溯及既往原则是一个刑法原则，基本在国际人权文件中都对此有所规定。《世界人权宣言》第11条第2款规定了禁止溯及既往原则：任何人的行为或不行为在发生时依照国内法或国际法均不构成刑事犯罪的，不得被判决刑事犯罪，刑罚不得重于犯罪时适用的规定，《欧洲人权公约》第7条的规定与之类似。这一权利在《公民权利和政治权利公约》第15条被进一步细化，《公民权利和政治权利公约》增加了关于较轻刑罚的补充性规定，如果在犯罪之后依法规定了应处以较轻的刑罚，则应当予以减刑。两个公约中还规定了禁止溯及既往原则的例外，当一个行为在发生的时候根据各国公认的（《欧洲人权公约》的用词是"文明国家所承认的"）一般法律原则判定是刑事犯罪的，可以不受此原则限制，进行追诉，这种所谓的一般法律原则也就是国际习惯法。[①]

[①] See Manfred Nowak, *U. N. Covenant on Civil and Political Rights-CCPR Commentary*, 2nd revised edition, N. P. PUBLISHER, 2005, p. 366.

(4) 对禁止酷刑和不人道待遇原则的侵犯

《世界人权宣言》第 5 条规定不能对任何人施加酷刑或残忍、不人道或侮辱性的待遇或处罚，这一权利在《公民权利和政治权利公约》第 7 条和《欧洲人权公约》第 3 条中被进一步细化，规定对任何人不得未经其自由同意而施以医药或科学实验。要强调的是，《公民权利和政治权利公约》第 7 条规定的禁止不人道或有辱人格的待遇适用于所有的情形，而前文讨论的第 10 条则是针对被剥夺自由的人。很多普遍性和区域性文件中都规定了禁止酷刑原则，比如《囚犯待遇最低限度标准规则》（1945），《保护人人不受酷刑和其他残忍、不人道或有辱人格待遇或处罚宣言》（1975），《禁止酷刑和其他残忍、不人道或有辱人格的待遇或处罚公约》（1984），等等。

2. 具体的权利内容和预防性监禁制度的冲突

(1) 自由权

自由权是人类享有的最古老和最基本的权利之一，几乎所有的国际和地区性人权文件中都规定了对自由权的保护。不同于其他禁止性条款保护的绝对性权利，自由权是一个相对性的权利，在刑事审判程序甚至有些国家的行政程序中都会有剥夺人自由的处罚手段，而且是作为主要手段存在的，不可能废除，所以对自由权的保护主要是从程序保障出发的。《公民权利和政治权利公约》中自由权的含义是比较狭窄的，不包括一般意义上的表达、集会、结社等自由权利，而是限于在刑事诉讼程序和其他强制性措施中涉及对人身自由的剥夺和限制的对象享有的权利。[①] 人身自由权的内容主要包括七个方面，和预防性监禁措施相关的是以下两个权利：

第一，反对非法或任意逮捕或拘禁的权利，也就是两个禁止性原则。禁止非法拘禁原则的要求就是任何人不能被任意地剥夺自由，除非有合法的依据，这个要求与禁止任意逮捕和拘禁原则是互为补充

[①] 参见岳礼玲《〈公民权利和政治权利公约〉与中国刑事司法》，法律出版社 2007 年版，第 47 页。

的,"任意"比"非法"的含义更为宽泛,除了违背法律,任意包括不公正、不合比例等因素,也就是除了合法,拘禁还必须合理,① 这就从法律本身的内容和执行程序两方面都提出了要求。

第二,对非法逮捕和拘禁提出申诉的权利,这个权利不仅包括刑事诉讼程序当事人,也包括所有被拘禁情形下的人。这是赋予被拘禁者防止非法拘禁的保障,是一个主动性的权利,《公民权利和政治权利公约》第9条规定需要向法庭提起而非其他行政或司法机关,是为了保证审查的权力机关的客观性和独立性,对拘留可以准确地把握真实的情况。② 从联合国人权委员会和欧洲人权法院的处理过程可以看出,对逮捕和拘禁的审查不仅是对程序上的合法性审查,还包括对拘禁理由、具体案件和犯罪的实质性审查,即对法律规定、程序运行还有行为人的犯罪行为、原作出决定机关的动机和理由都要审查。

前文介绍过的R案的争议焦点之一就在《公民权利和政治权利公约》第9条第4款关于被拘禁人有权提出合法性审查的规定上。这项规定实际上可以被作为对预防性监禁的一种程序上的限制和安全保障,法院应当对预防性监禁定期审查,对是否继续的裁决做出是否合法的判断,因为任何人都有可能随着时间推移减少其危险性。但这种司法审查也应当有所限制,否则会对预防性监禁制度造成冲击,无限的审查会导致其无法正常执行。

从前文梳理的欧洲人权法院对德国保安监禁制度的判例中可以看出,在刑法修订加入事后的保安监禁之后,争论的焦点转移到事后保安监禁是否违背欧洲人权公约人身自由的条约的问题上,人身自由应当根据犯罪事实审查,在判决时候就应该核定,而事后保安监禁是在监禁中核定的,违背了公约第3条。2011年5月4日联邦宪法法院第二法庭判决最终裁决德国保安监禁相关规定违反德国基本法。该宪法

---

① See Manfred Nowak, *U. N. Covenant on Civil and Political Rights-CCPR Commentary*, 2nd revised edition, N. P. PUBLISHER, 2005. P. 225; Hugo can Alphen v. The Netherlands. Communication No. 305/1988.

② See Vuolanne v. Finland, Communication No. 265/1987.

判决要求立法者在 2013 年 5 月 31 日之前，要制定出一项新的规则，在判决中要有对未来核定的规定，在该最后期限到期之前，现行规则仍继续有效。在 2011 年 12 月 31 日之前要对被监禁人的回溯性保安监禁进行审查，如果不再满足"精神障碍"的条件，就要释放。对其他严重暴力或性犯罪的犯罪人也要严格审查才能决定在新法案出台之前的过渡时期是否继续采取保安监禁。宪法法院试图通过这样的方式避免保安监禁制度违反欧洲人权公约的要求。在之后 2011 年 9 月 15 日的另一个判决中，联邦宪法法院又对之前的判决进一步解释，认为只有当一个人的保安监禁超过了最初的 10 年限制期的情况下才有可能有违反公约第 5 条第 1 款之虞。2013 年 6 月 11 日关于《治疗监禁法》和《基本法》是否兼容的决定中，联邦宪法法院认为《治疗监禁法》第 1 条第 1 款是符合基本法的，因为该条已经明确了限制条件是高再犯风险和严重暴力及性犯罪罪行。

（2）被剥夺自由的人享有的人道待遇和尊重其人格尊严的权利

被剥夺自由的人享有人道待遇和人格尊严的规定在很多国际文件中都有体现，比如《囚犯待遇最低限度标准规制》（1957）、《美洲人权公约》（1969）、《联合国少年司法最低限度标准规则》（1985）、《保护所有遭受任何形式拘留或监禁的人的原则》（1988）、《联合国非拘禁措施最低限度标准规则》《欧洲防止酷刑、不人道和有辱人格的待遇或惩罚公约》（1988）等。

《公民权利和政治权利公约》第 10 条第 1 款是对所有被剥夺自由的人的一个一般性规则，适用于被关在监狱、医院、精神病治疗机构、拘留所、教养院以及其他地方而失去自由的所有人，这条规定是对第 7 条的补充。第 2 款是对审前羁押过程中的权利保障，首先是隔离要求，未被定罪判刑的和已被定罪判刑的人要分别关押；其次是对少年犯罪人的特殊保护，少年犯罪人要与成年人完全隔离，包括被控告和已判罪的成年人；最后是对少年犯罪人尽快审判的要求。第 3 款体现了回归社会、再社会化的监狱改造理念，要求监狱待遇要包括争取囚犯改造和社会复员为目的的条件，尤其强调了对少年罪犯的特殊待遇。

(3) 禁止溯及既往原则

①本原则的具体内容

禁止溯及既往原则涉及法的确定性问题，和其他基本人身权利密切相关，比如对拘禁合法性的认定，对无罪推定的规定等。这个原则有三方面的含义：法无明文规定不为罪，法无明文规定不可罚以及国际习惯法的例外。预防性监禁在适用中最主要的争议点就在于，这种监禁是否属于本条的"刑罚"，只有认为它属于刑罚，才会适用禁止溯及既往的原则。

比如前文讨论的欧洲人权法院对德国保安监禁处分的判例，最初争议的核心在于保安监禁是不是刑罚，是否具有社会必要性。联邦法院认为保安监禁不具有刑罚的目的所以不属于刑罚，而人权法院没有从责任角度出发，而是从程序角度认为一个措施的做出如果不符合程序性规范，就有可能侵犯基本人权，这就造成了一个比较宽泛的刑罚概念。此外，保安处分是否属于刑罚和保安监禁是否属于刑罚其实是两个概念，联邦宪法法院在论述中是回避了这一点的。实质上保安监禁不同于一般保安处分会先于或与刑罚代替执行，而是在刑罚执行后实施，有延续刑罚效果，剥夺人身自由的性质，所以应当认为是一种刑罚，需要受到禁止溯及既往原则的约束。

②适用较轻刑罚的例外

与《欧洲人权公约》第7条相比，《公约》中为缔约国规定了一个新的义务，即适用在犯罪发生后生效的对该犯罪规定了较轻刑罚的法律的义务，这是符合刑法人道化趋势的。但由于这个规定比较笼统，就导致了在具体适用中会出现争论，比如本文中对10年不得假释期和5年最低刑期的争论，甚至有时候如果是不同类型的刑罚之间的比较，就会涉及有关人员的主观看法，这也会出现各种争议。在本案之前，人权委员会对三个加拿大的来文处理中有涉及这个问题，[①]委员会都驳回了提交人对违反这一规定的指控，理由或是因为认为讨

---

① Van Duzen, No. 50/1979; MacIsaac, No. 55/1979; A. R. S, No. 91/1981.

论已经没有意义，或是因为指控涉及的制度不是第 15 条的刑罚。那对比本案，预防性监禁是不是本条中的"刑罚"呢？有学者认为，结合第 14 条，"任何不仅仅具有预防性，而且还具有惩罚性和威慑性的制裁都可以被称为刑罚，而不管其严厉程度如何，以及法律或施加这种处罚的机关为它所规定的正式条件是什么"。① 由此可以看出，预防性监禁是一种刑罚措施，所以也是受到本条"从新从轻"的限制的，所以如果本案的提交人可以证明，根据新的规定他确实会获得更轻的刑罚，自然应当适用本条，但提交人实际上并没有证据证明此点，故而无法适用本条为其减轻刑罚。

（4）禁止酷刑和不人道待遇原则

在前文介绍过的 D 案来文中提交人认为罪刑相适应的一个标准就是处罚应当禁止残忍、不人道和有辱人格，其受到的预期性拘留固有的不确定性造成严重的不良心理影响，致使判决残忍和不人道。为对此做出判断，就需要讨论究竟什么样的量刑制度和处罚手段才是公约第 7 条的残忍和不人道。

禁止酷刑保障的是公民保持身体和精神完整性的权利，在各种各样的区域性和普遍性宣言和公约中都是必不可少的，并受到绝对的保证。《公约》在第 7 条中关于"任何人不得被施以酷刑或施以残忍、不人道或有辱人格待遇或处罚"的表述和《世界人权宣言》的第 5 条是一致的，在制定过程中，人权委员会初期草案强调的是尊严和处罚的不寻常性，之后的讨论也表明了通过对"任何人不得被"的表述强调了主体的法律特性。"酷刑"包括了肉体和精神折磨两方面，"待遇"一词比惩罚的含义更广，但必须归因于其作为或者不作为。②

1984 年联合国发布的《禁止酷刑和其他残忍、不人道或有辱人格

---

① ［奥］曼弗雷德·诺瓦克：《民权公约评注：联合国〈公民权利和政治权利国际公约〉》，毕小青、孙世彦等译，生活·读书·新知三联书店 2003 年版，第 129 页。
② ［奥］曼弗雷德·诺瓦克：《民权公约评注：联合国〈公民权利和政治权利国际公约〉》，毕小青、孙世彦等译，生活·读书·新知三联书店 2003 年版，第 129 页。

的待遇或处罚公约》第 1 条就构成酷刑的行为提出了国际公认的定义。①同时，公约中还规定了禁止驱逐原则和或引渡或审判原则，一方面避免了公民处于有受到酷刑可能性的遣送状态下，另一方面确立了国际上对酷刑犯罪的普遍刑事管辖权，并建立了一个禁止酷刑委员会。按照《禁止酷刑公约》第 1 条的定义，可以看出，构成酷刑的基本要素有以下几点：首先，实施目的是取得情报、加以处罚或实施胁迫；其次，是在国家同意或默许的情况下实施；最后，手段是使人在肉体或精神上遭受剧烈疼痛或痛苦。除此之外的行为不认为是酷刑，而是分别认定为残忍的、不人道的或者侮辱性的待遇，与酷刑相比最主要的缺少了主观目的或者缺少了强烈的疼痛。根据之前的人权委员会和各人权法院的判例可以看出，对受害者造成健康的永久损害、② 恶劣的拘禁条件、③ 刑讯逼供手段（如殴打、强奸、剥夺食物、水和医疗）④ 等可能被认定为不人道或残忍的待遇，同时会和第 10 条的人道待遇相关联。

由以上的分析可以看出，在本案中提交人认为的预防性羁押会给其带来的精神上的痛苦显然并不属于公约第 7 条的酷刑范围，也很难归入不人道或残忍的待遇，因为并没有实际的精神或肉体的损害，如果仅强调长期监禁带来的伤害，那么就无法解释其他有期徒刑实施的合理性。

3. 最新的国际人权机构意见

在 2016 年的判例中，欧洲人权法院通过对德国修改后的保安监

---

① "酷刑"是指为了向某人或第三者取得情报或供状，为了他或第三者所作或涉嫌的行为对他加以处罚，或为了恐吓或威胁他或第三者，或为了基于任何一种歧视的任何理由，蓄意使某人在肉体或精神上遭受剧烈疼痛或痛苦的任何行为，而这种疼痛或痛苦是由公职人员或以官方身份行使职权的其他人所造成或在其唆使、同意或默许下造成的。纯因法律制裁而引起或法律制裁所固有或附带的疼痛或痛苦不包括在内。

② Marresa v. Uruguay, No 5/1977.

③ Buffo Carballal v. Uruguay, No. 33/1978. Massiorri v. Uruguay, No. 25/1978.

④ 此为欧洲人权机关的定性，特别参见在希腊案、北爱尔兰案和塞浦路斯案中的决定，参考资料，载 Frowein & Peukert 29ff. 转引自［奥］曼弗雷德·诺瓦克《民权公约评注：联合国〈公民权利和政治权利国际公约〉》，毕小青、孙世彦等译，生活·读书·新知三联书店 2003 年版，第 129 页。

禁措施的形式、目的、程序等方面的考察，终于认定现有规定不违反《欧洲人权公约》对基本权利的保护。

2017年的两个欧洲人权法院的判例中，Ilnseher 诉德国案法院判决德国胜诉，认为预防性监禁不能被视作刑罚，所以不涉及对公约第7条第1款不溯及既往原则违反的问题。Becht 诉德国案中德国虽然败诉了，但涉及的是旧刑法的遗留问题，对德国预防性监禁的发展没有影响。①

三 我国立法未来适用预防性监禁措施时应当注意的人权保护

从上述对人权机构的裁判分析中可以看出，预防性监禁制度本身并不违反相关的公约规定，重要的是对这个制度的适用过程制定严格的程序和标准。首先是关于其再犯可能性的判断，即是否有必须继续监禁的心理障碍，这种判断要建立在客观的医学专业知识的判断之上，对必须强制监禁的心理障碍的种类或程度有明确限制，且继续监禁的有效性取决于这种障碍的持久性。其次，该措施的判决必须经过正当的程序，比如有独立的中级以上的司法机关进行审查，判刑时要全面考虑被告人的犯罪性质、严重性、过往犯罪历史、受害人的类别和受到的影响、被告人的认罪态度等多方面因素。最后，在预防性监禁过程中必须设置定期的审查机制，由独立的假释委员会或相关机构进行审查，以确保继续监禁的合理性和必要性。此外，还应设立比如诊所、医院或其他适当的矫正机构。并针对不同的犯罪人制定相应的药物和心理治疗方案。

---

① 参见韦佳《争议中前行：德国预防性监禁的复兴、修正及其借鉴意义》，《法学杂志》2017年第11期。

第五章

预防性监禁理论的适用探讨

第一节 行为人角度

一 惯犯、累犯

1. 累犯的概念和制度基础

累犯,是指被判处有期徒刑以上刑罚的犯罪分子,在刑罚执行完毕后或被赦免以后,在法定期限内又犯一定之罪的情况。[1]惯犯、累犯由于其自身的主观恶性和危险性,会造成对其未来再次犯罪的担忧,故而也是较多适用不定期刑的对象。累犯有广义狭义之分,广义累犯,又称实质累犯,指曾被判刑而又再次犯罪的;狭义累犯,又称形式累犯,限定在广义累犯之中又具有法律特别规定的其他条件,并给予加重处刑的。[2]

学术界对累犯的定义有很多种,比如大谷实主张区分刑事政策和刑法上的累犯,"所谓刑事政策上的累犯,指一次犯罪受逮捕、其他刑事上的处分或裁判的执行后,再犯罪者。刑法上的累犯,有如下限制:(1)被判处惩役的人;(2)自执行完毕或免除执行之日起;(3)5年内;(4)再犯罪;(5)应判处有期惩役时,这种人叫再犯,

---

[1] 莫洪宪:《论累犯》,《中央检察官管理学院学报》1996年第2期。
[2] 马克昌主编:《刑罚通论》,武汉大学出版社1999年版,第401页。

再犯以上统称累犯，对其应加重刑罚。"① 1955 年伦敦第三届国际犯罪学研讨会上将累犯分为两类，即已受过刑罚处罚后又重新犯罪的和有重新违法犯罪倾向的。

累犯制度本身从古罗马法就开始出现了，中世纪欧洲刑法中也有对累犯加重刑罚的规定，这些制度对累犯的处罚是极为严厉的。近代的相关立法在立法观念和立法技术上都有了进步，规定的更为具体。

对累犯的处罚，各国的立法趋势都趋于重罚，理论落脚点基本在累犯的人身危险性和非难性增大上，比如小野清一郎认为对累犯处罚"一是道义非难重，二是从保安处分角度累犯有特别危险性"②，齐藤金作认为累犯"从规范责任论角度非难性增大，从预防犯罪角度人身危险性大"。③ 但加重的方式各有不同，变更刑罚本身的有三种方式：加重本刑、加倍本刑、变更本刑。加入新的处罚方式的也有三种类型：保安处分与刑罚并科、定期或不定期保安监禁代替自由刑以及不定期刑。

2. 累犯制度的历史发展

我国学者除了从刑法角度，早期还有从犯罪学角度研究累犯概念的，比如认为"累犯即重新犯罪的人，是指触犯刑事法律，受到刑罚惩处后再次或多次犯罪的人"。④ 笔者的讨论基点仍在刑法学意义之中，由于不同历史时期各国的刑事政策和刑罚理论不同，累犯制度也不尽相同，从大的历史阶段可以大致划分为古典学派时期的行为中心论下的累犯制度和实证学派时期的行为人中心论下的累犯制度。

（1）行为中心论

行为中心论强调犯罪行为的客观事实作为判断累犯成立的要素，

---

① ［日］大谷实：《刑事政策讲义》，弘文堂 1987 年版，第 403 页。转引自莫洪宪《论累犯》，《中央检察官管理学院学报》1996 年第 2 期。

② ［日］小野清一郎：《刑法讲义总论》，第 287 页。转引自马克昌主编《刑罚通论》，武汉大学出版社 1999 年版，第 417 页。

③ ［日］齐藤金作：《刑法总论》，第 267 页。转引自马克昌主编《刑罚通论》，武汉大学出版社 1999 年版，第 417 页。

④ 陈显容、李正典：《犯罪与社会对策》，群众出版社 1992 年版，第 198 页。

比如犯罪次数、两罪间隔、犯罪性质等，排除犯罪人主观方面的特质。法国立法模式就是偏重行为的考察，这种累犯立法例对很多国家刑事立法也产生了影响。

比如法国1810年的《法国刑法典》第56条、第57条的规定就是以罪之轻重确定不同的累犯处罚级别和加重刑。① 该法典被视为19世纪立法的典范，但当时的累犯规定还是比较宽泛的，没有规定具体的时间、刑度、主观等条件。1921年菲利起草的意大利刑法草案第29条规定：犯三次轻惩役之罪或二次重惩役之罪的累犯，应用不定期刑。日本的改正刑法假案分则第348条、第399条规定，对常习累犯适用不定期刑，在一定条件下还可以加重处罚。②

1994年《澳门刑法典》也体现了行为中心论的累犯概念："如果前罪和后罪都属未遂或其中一罪属未遂或者行为人在一罪中是正犯而在另一罪中是从犯，仍然以累犯论处。"③ 德国1871年《联邦刑法典》第224条只规定了特别累犯。

（2）行为人中心论

行为人中心论的累犯概念则在原有的客观要素外加入对犯罪人自身的人格和人身危险性等主观要素的考察，主张采用对累犯的加重处罚和不定期刑、保安监禁制度来矫正和改善人身危险性以达到防卫社会的目的，在行为人中心论和行为中心论的交锋中，调和折中的思想出现，德国学者戈勒德斯提出，对累犯应在服完自由刑之后，被安置

---

① 凡因重罪经判处刑罚，又犯第二次重罪应剥夺公权者，处以枷项之刑；如第二次重罪应判处枷项或驱逐出境之刑者，处以轻惩役；如第二次重罪应判处轻惩役之刑者，处以有期重惩役及刺字；如第二次重罪应判处无期重惩役之刑者，处以死刑；凡因犯重罪经判刑罚又犯轻罪应受惩治刑之处罚者，处以法定最高刑，此项刑罚得以加重至原判刑之二倍；受惩治刑之判决应拘役一年以上之犯人，又犯轻罪者，处以法定最高刑，此项刑罚加重全原判刑之二倍；累犯之犯人，并应判处五年以上十年以下之期间受政府之特别监视。参见马克昌主编《刑罚通论》，武汉大学出版社1999年版，第403页。
② 莫洪宪：《论累犯》，《中央检察官管理学院学报》1996年第2期。
③ 米健等：《澳门法律》，澳门基金会1994年版，第161页。

在保护性机构中，处于保护性保安处分之下，[①] 这些思想后来都体现在了德国的刑事立法之中。1927年德国刑法典草案将累犯改为常习犯，以犯罪人的心理特征为加重刑罚的标准，该草案第59条、第62条规定，常习犯除处刑外，并得宣告保安监置，监置期限为3年。[②] 1933年《习惯犯法案》设了保安处分专章，第20条规定了对危险习惯犯加重刑罚，规定对危险的习惯犯可以宣告保安监置，所谓危险的习惯犯，在客观形式方面表现为行为人多次发生故意犯罪；在实质方面表现为行为人必须基于内在性格素质而产生犯罪倾向。[③]

在法西斯统治时期，强调以犯罪人自身的反社会性和危险性作为定罪量刑的根据，刑罚的功能在于预防有危险性的人再次犯罪，坚持的是一种目的刑主义。虽然之后法西斯极端的犯罪人为轴心的理论被废除，但20世纪初很多国家的立法还是受到了行为人中心论的影响，在累犯制度中加入了对人身危险性，即再犯可能性的主观要件。比如前联邦德国新刑法典累犯制度加入了人身危险性要件，该法典第49条对累犯的定义中加入了"依其犯罪之种类及情况，堪认为以前科刑对之未收警戒之效者"的判断标准。第66条规定了性向犯概念，加入"有重大犯罪之性向""堪认为对公众发生危险者"这些主观判断要素。从现在各国理论和立法的发展趋势来看，累犯的人身危险性已成为累犯成立的必备条件之一。第二次世界大战后德国删除了原刑法典第20条关于处罚危险习惯犯的规定，部分回归行为中心主义，1969年新刑法典第48条设置了加重处罚条款，由于成效不明显。1986年德国刑法典第23条修正案删除了关于第48条的规定，只在保安处分的章节中规定了再犯则刑罚和保安处分并科，理由是：首先，不能简单地从重新犯罪的事实中推论行为人的顽固的反规范性，重新

---

① 参见［德］克劳斯·罗克辛《德国刑法学总论（第1卷）：犯罪原理的基础构造》，王世洲译，法律出版社2005年版，第60页。

② 林纪东：《刑事政策学》，台湾中正书局1963年版，第135页。转引自季理华《累犯制度研究——刑事政策视野中的累犯制度一体化构建》，中国人民公安大学出版社2010年版，第5页。

③ 苏俊雄：《刑法总论Ⅲ》，台湾元照出版有限公司2000年版，第455页。

犯罪可能因为单纯的意志薄弱，也有可能是受第三者的影响；其次，对累犯加重处罚，与德国刑法典第46条规定的量刑原则相冲突。①

这两种理论都有其缺点，行为人中心论强调了人身危险性，却没有对危险性有无和程度给出明确而科学的判断标准，依靠法官的个人判断，容易导致法官自由裁量权的滥用；行为中心论过于强调客观因素而忽略人格因素和人身危险性因素的评价，在惩罚上只注重了惩罚功能而忽视了对行为人危险性格的矫正和改造。②

3. 累犯加重处罚的历史

英国在1869年的《常习犯条例》（Habitual Criminal Act）、1864年的《强制劳役法》和1871年的《犯罪预防法》中都有关于累犯加重处罚的规定。美国自1796年以来各州就陆续颁布了对累犯加重处罚的法令，比如纽约1797年法律规定累犯且为重罪的，终身监禁，麻省1817年的《习惯犯法》规定对累犯、重犯的刑罚要重于一般凡人，加州1872年的《惯犯法》规定了首次犯罪判处5年以上监禁刑的再犯罪人，判处不少于10年监禁，首次犯罪判处5年以下监禁刑的再犯罪人，刑罚不得超过10年，首次犯罪轻微的再犯罪人，刑罚为5年以下。③

（1）"三振法案"的颁行

"三振出局"（Three strikes and you are out）是一个棒球比赛术语，指击球手如果3次都未击中投球手所投的好球就必须出局，这个词在20世纪90年代被美国立法借用，指对有犯罪前科的人，如果再犯或三次犯罪的，就对其宣告加重法定刑直至无期徒刑使其从社会"出局"。

在三振法案出台之前美国其实就有类似的规定，最早可追溯至

---

① 张明楷：《外国刑法纲要（第2版）》，清华大学出版社2007年版，第408页。
② 参见钱叶六、郭健《西方国家"轻轻重重"两极化刑事政策评介》，《政法论丛》2007年第3期。
③ See Mabel A. Elliott, *Conflicting Penal Theories in Statutory Law*, Chicago, 1931, pp. 190 – 192.

1926年的纽约州Baumes法，该法规定：曾经犯过纽约州法律意义上重罪的，于纽约州内再犯重罪的，如第二次重罪为有期禁锢时，对于再犯之人，应宣告以初犯所定刑期以上、二倍以下期限的禁锢。① 之后德州制定了《重复犯罪法》（Repeat Offender Statute, 1974），对再犯暴力重罪的犯罪人判处25年有期徒刑，1978年伊利诺州的法律规定了对三次犯重罪的犯罪人判处20年有期徒刑，华盛顿州《常习犯罪者责任法》（Persistent Offender Accountability Act）对三次重罪犯罪人判处终身监禁。②

"三振法案"的全名是"暴力犯罪控制暨执行法"（Violent Crimne Control and Law Enforcement Act of 1994），这个法案的出台源自1992年发生的两起严重暴力案件。1992年6月，18岁的女生Kimeber Reynolds在回家途中被两名假释中的受刑人抢劫，并被其中一人开枪击中头部于两天后死亡。开枪罪犯被当场击毙，另一人虽被判刑9年，但服刑一年半后又再次假释出狱。对此，Kimeber的父亲在法官和刑事专家的帮助下草拟了一份法案，呼吁通过"三振出局"的思想来减少严重暴力犯罪，1994年这个法案由一名议员向加州议会首次提出（第971号议会法案），但未获通过。③ Reynolds先生并未放弃，继续向公众寻求支持，发起一系列强化刑罚改革主张的运动。④ 同年10月，加州一位12岁的女孩Polly Klaas在家中遭遇绑架失踪，其后警方逮捕一名叫Richard Allen Davis的嫌疑犯，并根据他的供词找到Polly的尸体。由于Davis被发现有长期违法犯罪的前科记录，曾多次因绑架、性侵害、夜间窃盗、持有毒品等行为受过刑罚惩罚，其中1984年因绑架勒索被判刑

---

① 参见沈玉忠《累犯"三振出局"制度之探讨》，《贵州大学学报》（社会科学版）2007年第3期。
② 参见许福生《累犯加重之比较研究》，台湾《刑事法杂志》2003年第4期。
③ 参见王亚凯《加州三振出局法研究》，载陈兴良主编《刑事法评论》第18卷，北京大学出版社2006年版，第226页。
④ Dan Morain, *A Father's Bittersweet Crusade*, L. A. TIMES, Mar. 7, 1994, at A1. 转引自季理华《累犯制度研究——刑事政策视野中的累犯制度一体化构建》，中国人民公安大学出版社2010年版，第149页。

16 年却在入狱服刑 8 年后获得假释,而正是在假释期间犯下了本次案件。①

这两起案件促进了美国民众对加重刑罚的认同,加州《1994 年修正加州刑法》第 667 条,在保留再犯重罚的基础上增加了关于三振法案的规定,之后又在当年 11 月通过了 Reynolds 的 184 号法案,在第 1170 条具体规定了加重处罚的标准,其特色在于:一是对于重刑犯的第二次再犯行为若仍为重罪,加重其刑期至一倍;二是对于第二次犯或第三次犯以上之重罪的重刑犯罪人,其刑罚加重规定包括:①法定刑的三倍;②25 年有期徒刑;③法院裁量其他提高刑期的方式。总之,对于第三次或三次以上犯重罪之犯罪人,在量刑上不少于 25 年有期徒刑。② 加州的三振法案被认为是最严厉的三振法案之一,因为其对第三次犯罪不要求是严重或暴力犯罪,且法案还保留了原有的累犯加重处罚的 5 年规定。③ 自此之后三十多个州都制定了类似的法案,截至 2005 年,联邦政府和大多数州都明确制定了"三振法案"。

三振法案出台之后,1994 年全美犯罪率只下降 1%,但加州却下降了 6.5%,④ 自 1994—1997 年的三年之内,加州犯罪率下降 20.2%,其中暴力犯罪减少 13.8%,到 2002 年犯罪率降低 44%,谋杀案件降低了 51%,⑤ 这似乎表明了三振法案在减少犯罪率上的有效性,但也有学者认为,犯罪率降低在此之前就已经开始,三振法案的出台并没有加速这种下降,尤其是规定最严厉的加州,也没有比其他

---

① 参见徐昀《美国三振出局法——问题与联想》,(台北)《刑事法杂志》1998 年第 6 期。转引自季理华《累犯制度研究——刑事政策视野中的累犯制度一体化构建》,中国人民公安大学出版社 2010 年版,第 149 页。

② 郭小峰、郭海霞:《美国"三振法案"概述与评价》,《公安学刊(浙江警察学院学报)》2008 年第 6 期。

③ See James Austin, John Clark, Patricia Hardyman, Alan Henry, *"Three Strikes and You're out" the Inplementation and Impact of Strikes Laws*, Washington: U. S. Department of Justice, 2000.

④ See *Tough Law is a Winner*, USA TODAY, December 20, 1995, Wednesday, at 10A.

⑤ See Joshua A. Jones, *Assessing the Impact of "Three Strikes" Laws on Crime Rates and Prison Populations in California and Washington*. http://www.inquiriesjournal.com/articles/696/2/assessing-the-impact-of-three-strikes-laws-on-crime-rates-and-prison-populations-in-california-and-washington. 2016 – 11 – 20.

州显示出更多的优势。①对三振法案的争论持续了很久，支持者举出犯罪案件减少，严厉的刑罚可以有效地威慑犯罪者，这种对犯罪零容忍的态度才更有利于社会秩序的维持。而反对者则认为犯罪率大幅度下降是很多因素共同作用的结果，且三振法案的实施成本很大，预防和教育的效果也并不理想，而且对于有些案例来说罪行和刑罚之间不免过于不相符，有可能造成违宪的情况。对于最后一点，最高法院在对Ewing案的裁决中肯定了这个法案的合宪性，大法官们认为三振法案有效地抑制了一直上升的犯罪率，对威慑和打击多次犯罪的犯罪人很有效，这种严厉的刑事法律是出于美国公共安全需要，符合公共安全政策的。②

（2）三振法案的评价和借鉴

美国这种严厉刑罚的制度是一种妥协，由于无法达到矫正、预防犯罪的预期，只能先做到惩罚犯罪行为这一层面，所以刑罚从重不难理解。这种重刑主义的刑事政策实际上是对一般预防的滥用，在刑罚威吓作用并未具有实证上的稳定性时，一般预防主义在逻辑上的推论应该是刑罚的节制而非无限制地尝试加重刑罚的边际效益，公共利益和个人利益界限无法界定，就会出现终极价值给初级价值让路的情况。此外，对犯罪人的长期隔离是否人道？用一个人的自由换取其他人的自由是否公正？由于各州立法不一可能导致犯罪人选择犯罪地从而出现犯罪数量此消彼长的状态对刑罚轻缓的地区是否公平？③这些都是建立在重刑主义的三振法案中不得不面对的问题。相比较而言，德国采取的对累犯适用保安监禁制度更为可取一些，这也是笔者赞同的趋势。（1986年《德国刑法典》第23条修正法案中删除了对累犯的规定，只在保安处分的章节中规定了

---

① See Brian Brown and Greg Jolivette, *A Primer*: *Three Strikes—The Impact After a More Than a Decade*. http://www.lao.ca.gov/2005/3_Strikes/3_strikes_102005.htm. 2016 – 11 – 20.
② 参见吴玉岭《美国"三振出局法"的存废之争》，《检察风云》2003年第14期。
③ 参见黄荣坚《重刑化刑事政策之商榷》，（台北）《台湾本土法学》2003年第45期。

一定条件的再犯将同时处以刑罚和保安处分）适当地考虑犯罪人过往的犯罪历史，但将如何判处的权利交给法官，而非死板地规定必须加重刑罚，这样的不定期监禁的重心就不在惩罚而是对犯罪人的矫正、预防之上。

1902年《挪威刑法典》第65条规定："如有任何人犯了几起未遂罪，那么当陪审官确认其对人类社会或对个别人之生命、健康或幸福特别危险时，即可作出判决，让被判罪人以必需的期限留于监狱监禁之中。但是，超出根据判决所服之刑期，不得多于该刑期之三倍，而且无论如何也不得超过上述刑期十五年以上。"又如，1972年《日本刑法改正草案》第58条规定："曾因累犯而被处六个月以上之惩役者更累犯而应处有期惩役，并可认为有犯罪之常习累犯。"第59条规定："常习累犯得科以不定期刑。"

从各国的累犯制度的规定和发展中可以看出一条从行为中心到行为人中心再到二者折中融合的发展轨迹，从单纯地加重处罚到与不定期刑制度相结合、采取预防性监禁、延长监禁等手段，将累犯处罚一元化转变为刑罚和保安处分二元化的体系。

4. 我国的累犯制度的思考

（1）宽严相济的刑事政策

刑事政策是一个指导性思想，引导机能的变化和调整。刑事立法背后都有一定的刑事政策作为指导，两者的内在联系可以从机能主义刑法观角度理解。有学者指出，"所谓刑法的机能，就是刑法本身作为规制社会的手段之一，应当具有什么作用，它是属于刑事政策学的研究范畴，刑法的机能和目的，决定应当把多大范围内的行为和何种性质的行为纳入刑法调整范围，这实际上是刑事政策的问题，而不单纯是刑法适用的解释问题，机能主义刑法观的形成，标志着刑法在向和刑事政策的结合方向跨出了第一步"，[①] 现下我国主要坚持的是客观主义犯罪论，在这个基础上提出的刑事政策，更多地引导刑法发挥

---

① 黎宏：《刑法总论问题思考》，中国人民大学出版社2007年版，第568页。

人权保障的功能,在个罪认定上倾向于做非罪处理,起到了限缩刑事法网的作用。

以刑罚的分配为例,随着人道主义的深入,反对重刑,废除残酷刑罚,刑法人道化,刑罚轻缓化成为不可逆转的趋势,任何刑罚结构中都会存在轻刑与重刑的搭配。所谓重刑化、轻缓化无非是指重刑在刑事法结构中占主导地位还是轻刑所占比重较大。国内外治理犯罪的实践均表明,单纯地适用重刑罚或者一味地强调轻缓都不能有效地遏制犯罪的发生。所以,为了体现刑法社会保护和人权保障的双重机能,自20世纪后半叶开始,许多西方国家都建立起了"轻轻重重"的两极化刑事政策。这种两极化刑事政策强调对轻微犯罪实行更轻缓的处理方式,对严重犯罪进行更为严厉的打击,这样就能在保证刑法对犯罪具有惩罚和矫正效力的同时,逐渐创造出一种刑罚宽缓的氛围。

(2) 累犯制度的政策化体现

我国的累犯制度规定了客观的行为等要素而没有对人身危险性相关的考量,是一个行为中心的累犯制度,但在理论界则没有停止过对人身危险性的关注。我们应当建立一个对行为人人身危险性有所考量和回应的量刑机制,即一个在危险评估的基础上与罪犯危险性大小相适应的控制和处罚机制,这也是国际社会犯罪控制的趋势。

事实上,人身危险性和再犯可能性之间有直接的关系,根据我国学者的研究数据,随着中国改革开放后经济的发展和人员大规模流动,再犯率逐年提高。据司法部组织京、津、沪等11个省、市,51个监狱对1996年5月1日至12月31日新收押的2.7万余名罪犯的调查,其中判刑两次以上者占13.27%。[①] 同时,重新犯罪的绝对数也在不断增加。据统计,1984年全国监狱在押犯为122.6万人,其中77765人是判刑两次以上的,比重达6.34%;1990年在押犯为125.1万人,判刑两次以上的有106951人,比重达8.55%;1996年年底在押犯为141.7

[①] 参见汪伟人《刑满释放人员的嬗变与监管改造工作》,《犯罪与改造研究》1999年第4期。

万人，判刑两次以上的有 157373 人，比重达 11.1%。以上数据表明，从 1984 年到 1990 年，重新犯罪的比重增加了 2.21 个百分点，绝对数增加了 29186 人，增长 38%；1990 年至 1996 年，重新犯罪的比重增加了 2.46 个百分点，绝对数增加了 50422 人，增长 47.1%。①

二 性犯罪者

性犯罪者通常具有累犯的特征，多数会重复犯罪，所以也是以预防未来犯罪为重点的预防性监禁关注的对象。美国从梅甘法（Megan's Law）开始，对性犯罪者就采取了很多预防再犯的措施。梅甘法要求对性犯罪者居住的社区发出公告，性捕食者法（Sexual Predator Law）则规定，如果在刑事监禁结束后性犯罪者仍然具有危险性，比如暴力性犯罪的犯罪个体有精神紊乱的现象，可能诱发重复犯罪的时候，将受到预防性监禁。美国最高院以 5 比 4 明确了此法的合宪性，但强调了行为人必须具有一定的心理障碍，将其和普通的机会性犯罪区分开。② 华盛顿是第一个通过性犯罪登记法的州，之后又有 38 个州通过相关书状支持了这一法律。③ 新西兰也是规定了对性犯罪者进行预防性监禁的典型国家，在前面的判例及立法的相关讨论中已有分析。澳大利亚昆士兰 2003 年生效的危险犯罪人法（Dangerous Prisoners (sexual offenders) Act 2003）对性犯罪人规定了不定期监禁。新南威尔士 2006 年出台的严重性犯罪者法案（Crimes (Serious Sex Offenders) Act 2006）也有类似规定。

德国最初对累犯的刑事政策是比较宽松的，最初的累犯处罚没有

---

① 参见李均仁等《转换观念，预防控制重新犯罪的上升趋势》，《犯罪与改造研究》1998 年第 5 期。

② Allen Frances, *The Latest Hypocrisy in SVP Expert Testimony*, http://www.huffingtonpost.com/allen-frances/the-latest-hypocrisy-in-s_b_6524754.html, visiting date: 19/06/2015.

③ 如 Iowa Code 901A, 1 et seq.; Kan. Stat. Ann. 59 – 29a01 (1994); Minn. Stat. 253B. 18. 185 (1994); Wis. Stat. Ann. 980 (West 1998). See Paul H. Robinson, *Commentaries Punishing Dangerousness: Cloaking Preventive Detention as Criminal Justice*, 114 Harv. L. Rev. 1429, 2000 – 2001.

加重的规定，1969年修订中对第48条规定了前科对刑期的影响，但在1986年再度修正刑法时，认为累犯加重的规定和责任主义相冲突，故而删除了累犯加重的规定，犯罪前科只作为量刑上的参考。① 但在性犯罪者的处罚上德国的刑事政策有所紧缩，在1996年杜图斯案（Dufroux）中，小女孩被绑架后被迫进行色情交易和拍摄色情影带，最终死于性虐待，此案发生后一个月又发生了类似案件，这两案的犯罪嫌疑人都曾因性犯罪被判刑，提前假释后在假释期内犯下此罪，这两案引起了公众的讨论。1998年德国当局提出了预防性犯罪与危险的性犯罪人有关立法来补充原有的危险犯罪人的规制缺陷，当年的第6次刑法修正案中第66条关于保安监禁的规定将判处保安监禁的前科条件从原有的两次独立犯罪记录修改为一次。2002年刑法第66a条中规定了对符合保安监禁条件的犯罪人在不能达到合理怀疑程度时也可以处以隔离性拘禁处分，法院可以视犯罪人是否可能对社会造成重大且严重危险再决定何时假释。②

从我国司法机关的数据可以看出，猥亵类犯罪已经成为侵害未成年人类犯罪的主要形式。2014年5月29日，最高人民检察院召开发布会中通报未成年人刑事检察工作开展情况称，2010—2013年，全国检察机关起诉猥亵儿童罪7963件8069人，发言人肖玮称，针对近年来不断发生的侵害未成年人合法权益，特别是性侵害未成年人等恶性案件，2013年10月发布了《关于依法惩治性侵害未成年人犯罪的意见》，明确规定依法严惩性侵害犯罪、加大对未成年被害人的保护力度。③ 再比如江苏高院发布的数据中可以看出，近六年来，未成年人类案件的罪名主要集中在强奸罪（奸淫幼女）、猥亵儿童罪，分别占比为57.7%、

---

① 参见洪婷瑜《"我国"累犯"刑事立法"之比较研究》，台湾"国立"中正大学2005年硕士论文，第26页。
② 参见洪婷瑜《"我国"累犯"刑事立法"之比较研究》，台湾"国立"中正大学2005年硕士论文，第116页。
③ 参见法制晚报："8069人起诉儿童被公诉"，http://news.sina.com.cn/o/2014-05-29/180030258636.shtml。2014年5月30日最新访问。

26.5%，从2010年起，两类案件的上升幅度较大。①

很多法院都发布了和未成年人犯罪相关的典型案例，其中基本都涉及了猥亵类犯罪。比如2014年5月28日，枣庄市中级人民法院公布四起侵害未成年人典型案例，其中涉及未成年少女或被强奸的案件。②再比如四川省高院召开未成年人刑事司法保护的新闻发布会，通报了包括魏某强奸、猥亵儿童案在内的5起典型案例。③

这些案件都清楚地表明了对未成年人的性侵犯犯罪行为已经成为我国未成年人保护的重点，也是难点。因为作为被害方的幼童，很多没有认识能力，所以会导致被侵害而没被发现，从而造成犯罪人逍遥法外的情况。另外，我国法律中对此类犯罪的惩罚力度也很弱。一方面，《刑法》第237条第2款规定了猥亵儿童罪，从中可以看出，行为人只有在"聚众或者在公众场所当众"猥亵儿童时才将处以5年以上有期徒刑。以上两个法定加重处罚情节过于狭隘，远不足以解决对猥亵类犯罪者的惩罚；另一方面，从法条规定可以看出，猥亵一人与多次或长期猥亵多人没有处刑上的本质区别。再和《刑法》中对于强奸罪的量刑相对比，就知道对于猥亵儿童罪的量刑规定过于粗糙。《刑法》第236条详细规定了强奸罪的量刑以及加重情节，多次猥亵未满16周岁的儿童或者猥亵多人，造成的身心伤害，绝不亚于奸淫幼女，但后者的科刑却要远重于前者。

联合国《儿童权利公约》第19条规定了各国应保护儿童免受身心摧残、伤害或凌辱、忽视、虐待或剥削，包括性侵犯。所以无论是从人权保护角度，还是从本国社会安定和法治建设角度，我们都应当

---

① 法制日报："江苏高院：性侵未成年人犯罪84%为性侵和猥亵"，http：//www.legaldaily.com.cn/Court/content/2014-05/29/content_5560166.htm? node=53949。2014年5月30日最新访问。

② 李泳君：《四起侵害未成年人案例公布》，《齐鲁晚报》2014年5月29日第Z04版。http：//sjb.qlwb.com.cn/qlwb/content/20140529/ArticleZ04003FM.htm? jdfwkey=wl4et3。2014年5月30日最新访问。

③ 王英占："老师性侵11名女童，核准死刑"，《成都商报》2014年5月29日第23版。http：//e.chengdu.cn/html/2014-05/29/content_471656.htm。2014年5月30日最新访问。

重视未成年人性侵犯问题。随着社会对猥亵儿童类案件关注度的升高，笔者相信法治建设中也会重点改进对此类犯罪的规制，这也是法治与社会相辅相成，互相映照的体现。

三　恐怖主义犯罪者

1. 预防性监禁适用的可能性

正如第一章在概念厘定时的讨论，笔者认为预防性监禁这个制度主要应该在审判之后适用，但并不排除直接适用的可能性，比如对限制行为能力人，但这些都是在已有罪行基础之上。对于恐怖主义犯罪嫌疑人，也许我们可以将法律的手再伸长一些，跨过实行行为来规制其危险可能性，当然，这种扩展稍有不慎就会陷入第二次世界大战时期法西斯的泥潭之中，所以必须小心地规划其边界。

随着社会的发展，犯罪种类发生变化，恐怖犯罪成为近年来愈演愈烈的高频犯罪之一，随之而来的是对恐怖主义罪犯如何处罚的争论。自美国"9·11"事件以来，对恐怖主义犯罪的犯罪人的处罚就成为一个全球社会都关注的问题。我国 2015 年颁布的《刑法修正案（九）》最大的亮点就是对恐怖主义犯罪相关条文的大幅度修改，既有对已有罪名的修改，也有新增罪名，从而加大了对恐怖犯罪的惩罚。preventive detention 是经常被提到的措施，无论是其作为一种对有恐怖犯罪嫌疑的嫌疑人预防性羁押的措施还是作为对恐怖主义犯罪的罪犯预防其出狱后再犯的处罚措施。很多学者，[1] 包括政治家，[2] 都将目光停留在了预防性监禁之上，使得预防性监禁和恐怖主义犯罪成为一对关联的搜索词语。2009 年 1 月 22 日，总统奥巴马签署了行政命令宣布关闭位于古巴关塔那摩湾的关塔那摩强制拘留营，在一年内结

---

[1] Stephanie Cooper Blum, *The Necessary Evil of Preventive Detention in the War on Terror: A Plan for a More Moderate and Sustainable Solution*, Cambria Press, 2008.

[2] See Chisun Lee, "Obama's Preventive Detention Problem: Breaking It Down", http://www.propublica.org/article/obamas-preventive-detention-problem-breaking-it-down-522, 2014-05-29.

束中央情报局的秘密拘留设施,[1] 同时奥巴马建立了一个专责小组[2]来审查联邦政府在与武装冲突和反恐行动相关的拘留、审讯、逮捕等措施的合法性、正义性以及是否符合美国的安全政策和外交政策,6月份这个专责小组宣布要再延长6个月来更充分地考虑拘留恐怖分子嫌疑人的可能性选择,他们的报告中透露出无限期拘留的可能。[3]

"9·11"事件后,美国和英国为应对日益严峻的国际恐怖主义,通过了大量的反恐怖主义法案,大大强化了侦查权力,在不公正审判方面,主要是对恐怖分子实行秘密审判,无限期延长关押期限以及歧视审判等。如关押在古巴美国军事基地关塔那摩湾的600多名囚禁者,一直未被起诉以任何罪名,也从未享受法律咨询与诉讼程序的益处。[4] 澳大利亚在"9·11"事件后也采取了一系列措施应对国际恐怖主义活动,其法律规定可以对恐怖主义犯罪嫌疑人实施长达12个月的控制,执法部门无须指控就可以对恐怖主义犯罪嫌疑人实施长达14天的预防性监禁等。[5] 新加坡的内部安全法(Internal Security Act)第143章第2节中也有对预防性监禁适用的规定,也是针对可能对社会治安造成混乱的犯罪人。这些规定当然主要着眼于恐怖主义犯罪者受审判之前,但实际上表明了各国的一个倾向性态度,即为了防止再犯而无限期羁押,为了避免由于没有法律根据无法判处不定期刑而迟延审判。所以其实可以构建对这类极度危险的恐怖主义犯罪者的预防性羁押制度,即审判后何时释放由假释部门或其他相关部门经过评估后决定。

当然,这种审前的监禁不是本论文讨论的重点,在刑期届满后也可以用预防性监禁的措施来规制虽然服刑期满但仍然具有极大再犯危

---

[1] See Exec. Order No. 13, 492, 74 Fed. Reg. 4, 897 (Jan. 22, 2009).

[2] See Exec. Order No. 13, 493, 74 Fed. Reg. 4901 (Jan. 22, 2009).

[3] See David Johnston, *Panel Misses a Deadline in Reviewing Guantánamo*, N. Y. Times, July 21, 2009, at A14.

[4] 况颖、吴迪明:《论惩治恐怖主义犯罪过程中的人权保障》,《理论月刊》2006年第3期。

[5] 参见赵珊珊《国际视野下的绝对禁止酷刑理论》,《比较法研究》2013年第1期。

险的恐怖主义犯罪者,我国《中华人民共和国反恐怖主义法》第30条的安置教育措施就是典例,这也是我国立法上极大的突破,会在后文详细讨论。

2. 国际社会预防性监禁制度的尝试

20世纪中期以来,国际社会对严厉打击恐怖主义犯罪问题取得了一致意见,在国际层面,为了打击和惩治恐怖主义,联合国先后发布了《消除国际恐怖主义措施宣言》《关于打击恐怖主义的宣言》等多个文件,并在专门机构的主持下制定了13项专门的国际公约来制止恐怖主义爆炸、人质挟持、向恐怖主义提供资助、核恐怖主义等行为的发生,目前致力于制定一个全面的有关国际反恐的公约。作为呼应,联合国安理会在一系列决议中也对恐怖主义强烈谴责,呼吁国际社会采取一切必要措施,共同合作打击恐怖主义活动。除此之外,部分国家、国际组织之间也签订了一系列区域性反恐怖主义公约,比如上合组织的反恐怖主义公约、独联体国家关于合作打击恐怖主义的条约,以及非洲、阿拉伯国家制定的打击制止恐怖主义公约等。这些国际文件对支持和协调国际社会反恐合作起到了重要作用。我国也积极参与其中,已经批准或加入了12项全球性反恐公约,缔结了许多区域性的反恐公约,比如《打击恐怖主义、分裂主义和极端主义上海公约》《上海合作组织反恐怖主义公约》,以及与中亚国家签订的一系列双边条约和合作协定,都在推动反恐层面的国际合作。

在各国国内层面,1948年,以色列颁布了《预防恐怖主义条例》,明确界定了"恐怖组织""恐怖组织成员"的概念,规定了参加恐怖组织和支持恐怖组织的刑事责任,首次在国内刑法中引入专门的反恐条款。此后,越来越多的国家对原有的刑法进行修订完善:法国、德国、俄罗斯在刑法典中增加特别条款;古巴等国制定了单行刑法;英国、美国、澳大利亚等国推出了专门的反恐法,[1]制定专项打

---

[1] 杜邈:《预防和惩治恐怖主义:外国刑法立法的新趋势》,《河北法学》2009年9月刊。

击恐怖主义犯罪的法律条文，比如美国《1984年禁止支援恐怖主义活动法》《1996年反恐怖主义和有效死刑法》《2001年爱国者法》，英国《1874年预防恐怖活动法》《2000年反恐怖主义法》和俄罗斯《2006年反恐怖主义法》等；有的国家则是通过刑法典修订的方式加入新的条文来完善立法，比如中国和西班牙。

德国于2002年通过了《反恐怖主义国际法》，对现行的反恐相关的法律条文进行了修正。首先是修改了《德国刑法典》129a的规定，规定恐怖主义活动是一种刑事犯罪行为，要按照刑事审判程序进行审判。2002年欧盟颁布了《欧洲理事会关于打击恐怖主义的框架决定》之后，本条的犯罪类型有所增加，扩大到了严重伤害、投毒、违反枪支管理法律以及利用电脑进行破坏活动等行为。对组织发动者和成员以及恐怖主义组织的赞助人最高能判处10年有期徒刑，对组织头目及幕后策划者能被判处最高15年有期徒刑。此外对《联邦宪法保护法》《军事反间谍组织法》《联邦情报法》《安全检查法》等一系列和国防相关的法律都进行了修订，加大了政府对个人通信、出行等各方面的控制。[①]

加拿大于2001年12月通过生效了《反恐怖法案》，其中规定对恐怖主义活动的主要计划者最高可判无期徒刑，对从犯最高可判14年徒刑，并赋予了执法人员紧急情况下不需要逮捕许可证就可以拘捕恐怖主义犯罪嫌疑人的权利。法案中还赋予了警方和安全部门的窃听权，这也是"9·11"后大部分国家立法中都强调的权利。

英国从19世纪末20世纪初就开始尝试对恐怖活动进行立法控制，进入新世纪后，2000年颁布了《反恐怖主义法》，之后几乎每经历一次大的恐怖袭击，就会颁布一部法律，之后又颁布了2001年《反恐怖主义犯罪及安全法》、2005年《预防恐怖主义法》、2006年《反恐怖主义法》、2009年《反恐怖法案》，等等。"9·11"之后英

[①] 参见张美英《德国与欧盟反恐对策及相关法律研究》，中国检察出版社2007年版，第10—23页。

国迅速于12月通过了《反恐怖主义犯罪及安全法》,其中赋予了执法部门不通过审判就可无限期拘留外国恐怖犯罪嫌疑人的权利,并将审前羁押的期限从48小时提高到7天,这个权利之后一直受到欧洲人权法院的质疑。《2005年预防恐怖主义法》规定了内政大臣享有"控制令"权,可以对恐怖主义犯罪嫌疑人的生活和行动进行限制。2006年的法案中又延长了对恐怖嫌疑犯罪人审前羁押的期限,从2000年法案的7天延长到了28天。[1]

法国反恐立法基本是从20世纪50年代开始的,当时的恐怖活动组织和阿尔及利亚有联系,寻求独立和自治,之后从80年代开始法国又面临着中东伊斯兰宗教团体的攻击。法国出台了一系列恐怖主义法案并规定了多个受规制的个人或团体作出的行为,比如对人的袭击、爆炸,等等。法国规定的针对恐怖主义的预防性监禁措施可以被看成对普通犯罪预防性监禁措施的增强版。根据规定,对恐怖主义犯罪嫌疑人可以进行长达6天的拘留和审问,而不是普通案件的48小时。并设立了拘留委员会以调查严重罪行包括恐怖活动犯罪行为人的拘留。基于调查的必要性,嫌疑人可能会被留置在委员会。[2] 2000年之前对严重罪行的拘留可以无限期,2000年以来,被拘留的初始最长期限为一年,但可能在审讯后延长六个月,最终可能会长达四年,对比而言,普通犯罪者的最高期限是一年。这个规定使得法国从1981—2002年被欧洲人权法院多次判定未侵犯人权,这期间法国也进行了一些改革,但这种预防性拘留的制度一直保留了下来。

以色列的预防性拘留是行政性的,目标就是防止恐怖袭击而非惩罚犯罪,所以是一个纯粹的预防性措施。这是由于以色列自1948年建国以来就一直认为国家处于紧急状态,所以他们立法的重点是预防犯罪和保护公民。以色列1979年的《紧急权力(拘留)法》[Emer-

---

[1] See Diane Webber, Extreme Measures: Does the United States need Preventive Dention to Combat Domestic Terrorism?, *Touro International law review*, Vol. 14, No. 1, 2010, pp. 149 – 155.

[2] See Diane Webber, Extreme Measures: Does the United States need Preventive Dention to Combat Domestic Terrorism?, *Touro International law review*, Vol. 14, No. 1, 2010, pp. 138 – 142.

gency Powers（Detention）Law］中规定，一旦被宣布处于紧急状态，如果国防大臣有合理理由相信出于国家安全或公共安全的考虑需要拘留公民或非公民，就可以进行拘留，被拘留者可以获得律师帮助，这种拘留规定为每次6个月，每三个月会审查一次，实际上可以无限延长次数。在巴勒斯坦地区的行政拘留和军事相关，如果军事指挥官认为出于安全考虑有必要拘留，就可以拘留，被拘留者在8天内不能会见律师，这个拘留每次是6个月，可以无限延长次数。①

美国《爱国者法案》中规定，如果有合理理由相信外国人可能威胁国家安全，可以拘留7天，但现行法律中还没有规定如果是美国公民进行了恐怖主义活动或有威胁国家安全的可能时如何处理。7天拘留后开始进入审理是否驱逐出境的程序，如果在可预见的期间排除了威胁可能，如果律政司每6个月能重新证明了危害国家的风险，外国人仍有可能被拘留，陷入无限期拘留的状态。②

2015年，马来西亚国会通过了《预防恐怖主义法案》。这项法案规定，执法当局逮捕恐怖或极端嫌疑人后可无限期关押而不必提起诉讼。2012年，马来西亚曾废除一项类似法案。新法案在国内引发了人权问题的争议，但马来西亚国会认为，鉴于宗教极端势力对马来西亚构成威胁，有必要恢复这类预防性的措施。

四　精神障碍者

出于对精神障碍患者具有的人身危害性和对社会及个人安全和利益的侵犯风险的担忧，对精神障碍行为人实施强制医疗的做法在国外早就不再新鲜，由于这种做法有侵犯公民个人自由权利的风险，很多国家都出台了专门的规定给予制度保障，平衡被治疗行为人的人权保障和社会公众利益的保护。随着人们生活压力的增大，

---

① See Diane Webber, Extreme Measures: Does the United States need Preventive Dention to Combat Domestic Terrorism?, *Touro International law review*, Vol. 14, No. 1, 2010, pp. 143 – 146.

② See Diane Webber, Extreme Measures: Does the United States need Preventive Dention to Combat Domestic Terrorism?, *Touro International law review*, Vol. 14, No. 1, 2010, pp. 157 – 158.

越来越多的人患有精神障碍类疾病，根据国家计委的登记系统，截至2014年年底就有多达429.7万例严重精神障碍患者登记在册，[①]这对社会公共安全造成了很大的威胁，所以对精神障碍者的法律规制是必不可少的。

1. 精神障碍者刑事责任能力认定标准问题

对精神障碍者从精神状态方面认定行为人的刑事责任能力涉及生理和心理两个方面的内容。从世界各国近代刑法中关于精神障碍的研究和立法来看，对其刑事责任能力的认定标准的要件问题上，一直存在医学要件和心理学要件和争论，反映在各国刑法规定中，主要体现为医学标准、心理学标准、折中标准等。

2. 医学标准

医学标准，意味着以行为人是否具有精神障碍作为判断其刑事责任能力的唯一标准，是单纯从生物学意义上来考虑的，即只强调行为人反常行为的生理原因，不涉及其他可能原因，也不考虑该行为的后果。这种判定思路，典型体现在1810年法国刑法典的规定中。1810年《法国刑法典》第64条规定："精神错乱中罪行为，不构成重罪或轻罪。"与法国同属大陆法系斯堪的纳维亚分支的挪威、瑞典、丹麦等国刑法的规定，与法国相同。其中，挪威刑法典第44条规定，精神错乱或者无意识状态下实施的行为不能处罚。[②] 丹麦刑法典第16条规定，行为时，行为人因患有精神病或者类似于精神病而不具有责任能力，或者具有严重精神缺陷的，其行为不可罚[③]。

这种方法标准明确，界限分明，有利于刑法的科学化要求。但是其缺点是显而易见的，它将刑事责任这个法律问题简单化，忽略了生理因素和危害行为之间的因果关系这一刑法定罪量刑的重要因素，而

[①] 代丽丽：《我国严重精神障碍患者达430万》，中国新闻网，http://www.chinanews.com/jk/2015/10-09/7560338.shtml，2016年12月21日最新访问。

[②] 《挪威一般公民刑法典（中英文本）》，马松建译，北京大学出版社2005年版，第12页。

[③] 谢望原主编：《丹麦刑法与丹麦刑事执行法》，北京大学出版社2004年版，第5页。

且，机械地遵循医学定义，一方面容易受到精神医学的不发达性的影响，另一方面也剥夺了法官对判断的自由裁量权。所以现代国家大多不采用这种极端标准，有此类规定的国家也在实务中尽量融入法学理论，折中处理。

3. 心理学标准

心理学标准即将行为人是否达到刑法所规定的心理状态或心理状态导致的结果作为是否承担刑事责任的标准而不考虑产生这种状态的原因。采用纯粹心理状态的标准比较少见，例如《荷兰刑法典》第39条规定，因精神障碍或精神疾病对所实施的犯罪行为不追究刑事责任的人不负刑事责任。[①] 近代大多采用心理学标准的国家都是选择将心理状态和心理结果放在一起考虑，也就是不但要求有特定的心理状态，而且要求这种状态必须要导致一定的后果，才处以刑罚。大陆法系国家以西班牙为代表，英美法系以印度刑法为代表，都规定了行为人实施行为必须是故意的、可预见的。还有类似的规定体现于德国和意大利的旧刑法典中，不过这两个国家现已改用折中派的标准。还有一些国家出现双重标准现象，是心理学标准向折中标准过渡的模式，比如泰国刑法典第65条第1款规定，犯罪时不能辨认其行为的性质或者违法性，或者因心智缺陷、精神病或精神耗弱而不能自我控制的，不予处罚。[②] 这款规定前半段采用心理学标准，而后半段则明显倾向两相折中。

这种方法虽一定程度上纠正了纯粹医学标准的绝对化、机械化的弊端，但完全排除医学参与，导致缺少医学上对行为人精神障碍最初鉴定的科学基础，而仅仅依靠心理学家、法学家运用主观来对行为人辨认控制能力判断。一方面，心理状态很难有客观标准，不利于法的安定性，另一方面，只强调心理因素而忽略生理因素会导致责任能力的判断变成判断能否期待行为人辨认其行为违法，并依其辨认而行

[①] 《荷兰刑法典》，于志刚、龚馨译，中国方正出版社2007年年版，第35页。
[②] 《泰国刑法典》，吴光侠译，中国人民公安大学出版社2004年版，第15—16页。

为。① 而且，这样显得过于随意，容易不适当地扩大或缩小处罚范围。

4. 心理学—医学折中标准

这种标准将医学定义和心理学定义综合考虑，不仅要求必须有引起精神障碍的生理原因，而且要求由此原因所生的影响责任能力的心理状态，即其所患精神疾病必须引起法定的心理状态或心理结果，有因有果方可被判定为无刑事责任能力或限制刑事责任能力。此类标准为当代大多数国家的刑法所采用。

比如罗马尼亚刑法典第31条规定，行为人在实施违法行为时，因精神疾病或其他原因不能清楚了解或无法控制自身行为的，其行为不构成犯罪。② 1971年的加拿大刑法典也有类似规定。

精神病并不总是导致辨认控制能力的丧失，如单纯采取生物学或者医学的标准，就扩大了无责任能力的范围，而心理学的标准能够从精神障碍对于具体行为的影响程度上深刻了解责任的承担本质，从而起到限定的作用；如单纯采取心理学或者法学标准，就可能缺乏一个相对确定的认定标准，导致其判定过于含糊。③ 故而折中之法融合两家之所长，更为可取，它不但考虑到精神障碍类患者的特殊情况，也考虑了犯罪行为实施当时的心理状态和结果，将无责任能力问题和责任限定、判断标准有机地结合到了一起，使医学标准和心理学标准相互制约，使得判断标准更为清晰，判断结果更为科学，有利于法的安定性。

5. 精神障碍者的权利保护

尽管严重精神障碍者可能对他人造成风险而受到强制收容或医疗的对待，但不可否认的是这个群体仍然属于社会弱势群体，所以要从法律制度上对他的权利给予保护。

首先是辩护权，精神障碍者一样拥有辩护权，也有申请司法救济

---

① 涂嘉益：《责任能力之研究——以部分责任能力为主》，中兴大学法商学院法律学研究所硕士论文。
② 《罗马尼亚刑法典》，王秀梅、邱陵译，中国人民公安大学出版社2007年版，第10页。
③ 林维：《精神障碍与刑事责任能力的判定》，《国家检察官学院学报》2008年第4期。

的权利。其次是申诉权。美国赋予了被强制人"人身保护令"来对抗法院的裁定。再次是针对性医疗和定期检查的权利。只有保证这个权利，才能防止被强制治疗者无限期地被拘禁下去。最后是上诉权等救济性权利，被强制医疗者有权对侵犯其合法权利的行为进行上诉。

6. 对精神障碍者强制治疗的性质分类

（1）民事性质的非自愿住院程序

民事性质的非自愿住院程序适用的对象是具有人身危险性的精神障碍患者，没有产生危害后果或虽有危害后果但不构成刑法上严重后果的标准，对其进行强制治疗。一般来说，对精神病人的治疗是以自愿优先的，只有在严格规定的程序和情形下才能采取非自愿住院治疗手段。

欧洲早期文明中就认识到了精神病人的特殊性，认为对其适用刑罚起不到原本的惩罚和威慑作用，有减轻刑罚和免除刑罚的规定，比如古罗马时期的法律中就有对疯狂病发作状态下杀人的行为人的保护、医疗等监护措施的规定。在启蒙运动以前，精神病人的境遇一直处于被歧视、被强制收容、强迫劳动的悲惨情况，启蒙运动之后出现了根据犯罪人的不同类型建立的不同监禁机构，精神障碍犯罪人被关押在专门的收容所，但此时只是纯粹的监禁，18世纪末之后才开始有了医疗措施。当时主要有三种拘禁精神障碍者的做法：强制收容于专门建立的精神病医院由司法机关管理；强制收容于普通精神病院，由行政机关管理；还有国家由司法机关决定送入专门病院还是普通病院。

美国早期的制度受到英国移民的影响，英国早在11世纪之前就已经区分了精神障碍犯罪人和普通犯罪人，规定免受处罚。在18世纪之前对精神障碍犯罪人都是采取免罪的方式，1800年发生了英国皇帝乔治三世被刺杀案件，促进了《1800年精神错乱刑事法》的制定，出现了对精神障碍犯罪人的拘禁措施。美国在殖民地时期人口分散流动，没有专门机构来收容和治疗精神障碍犯罪人，主要的刑罚方式是放逐。19世纪中期以后移民大量涌入，放逐的方式不再适用，以精神病院收容医疗为主的模式占据立法主流，这种医疗模式下医生的权利很大。20世纪70年代后,以"O'Connor v. Donaldson"案件为标志,联邦最高法院确立了民事拘禁的标准是"精神障碍"和"危险性",推动了各州立法统一对精神障碍者非自愿拘禁的判断标准,使得这个程序的实施更为客观公正。

对于何时可以采取非自愿住院措施,各国采用的标准不同。目前,美国采用的是"危险性"标准,英国的标准是"需要治疗",意大利、西班牙和瑞典的标准是"判断力完全缺失",而芬兰、冰岛等国家则以患者"丧失自知力"作为标准。[1] 2004年欧洲理事会部长委员会通过的《欧洲理事会部长会议建议》中对强制入院的程序规定了五个标准,包括被治疗人的精神状态和人身危险性、治疗目的、无其他替代措施、考虑相关人员意见等,围绕这几项标准规定了严格的执行程序来保证各阶段的公正性,从欧盟理念的调查报告可以看出,各国都在逐步改进本国规定,努力实现这几项标准。[2]

早在中华人民共和国成立之初我国就曾尝试对危害社会的精神病人采取强制性医疗措施的办法,1956年国务院在《对湖北省人民委员会关于精神病人收容管理工作请示的批复》中就提出了由公安机关和卫生部门主导的治疗程序。[3] 上海市是我国最早进行精神卫生立法的城市,早在2002年就颁布了中国大陆第一部精神卫生地方法规——《上海市精神卫生条例》,其中规定了医疗保护住院、紧急住院观察和三种非自愿住院形式。我国2012年颁布、2013年施行的《精神卫生法》中规定了精神障碍患者非自愿住院制度,规范了在此之前的多部地方性立法标准不一的混乱状态,明确了强制住院治疗的基本程序和救济方式。《精神卫生法》对非自愿住院治疗从对精神障碍患者诊治的基本原则、送诊标准、诊断主体资质、非自愿住院治疗标准、再次鉴定程

---

[1] "《精神卫生法》'非自愿住院'带来的思考",中国医师协会,资料来源:http://www.cmda.net/zilvweiquan/weiquanzhishi/2013-02-04/11741.html,2017-05-15。

[2] 参见刘仁文主编《废止劳教后的刑法结构完善》,社会科学文献出版社2015年版,第588—595页。

[3] 参见潘侠《精神病强制医疗法治化研究——从中美两国对话展开》,中国人民大学2012年博士学位论文,第79页。

序、临时留院和保护措施、出院评估七个角度进行了详细的规定。

（2）刑事性质的强制治疗

刑事性质的强制医疗的目的是将犯有刑事犯罪但不承担刑事责任的精神障碍者隔离拘禁，消除其危害社会的风险。在德日刑法理论中，刑事强制医疗属于保安处分的一种，是一种非刑罚措施，目的是防止再犯风险。

从各国立法例来看，适用刑事强制治疗一般都是最后性措施，即必须穷尽其他措施，同时必须要有对社会公众的危险性，否则即使罪行再严重，没有再犯危险性也不能适用这个程序。很多国家虽然都对此有所规定，但范围不同，有的仅限于精神障碍者，有的还会包括因酒精、毒品引起的非病理性精神障碍者。我国《刑法》在第18条第2款规定了相关的制度，同时在2012年修订《刑事诉讼法》时也专章规定了完整的程序，将在后文详细分析。

第二节　中国路径的理论分析

一　理论分析

1. 合宪性基础

涉及限制人身自由的制度都不能回避开对其合宪性考察，这种考察是两个层面上的：第一，制度措施是否符合《立法法》法律绝对保留的要求；第二，制度措施的权力分配和实施过程中是否符合《宪法》对人身自由权利保障的要求。

（1）宪法权力基础

作为国家根本大法，宪法应当成为我们所有立法活动的出发点和基本准则，所以有关预防性监禁制度的立法构建也必须获得宪法支持。《宪法》第37条保护公民的人身自由权。[①] 2004年《宪法》修

[①] 《宪法》第37条：中华人民共和国公民的人身自由不受侵犯。任何公民，非经人民检察院批准或者决定或者人民法院决定，并由公安机关执行，不受逮捕。禁止非法拘禁和以其他方法非法剥夺或者限制公民的人身自由，禁止非法搜查公民的身体。

正案第24条规定,在《宪法》第33条加入了第3款"国家尊重和保障人权"。这两个条文构成预防性监禁制度建立的宪法基础,在具体的制度规定中必须遵守保障人权和保护公民人身自由的权利这两项基本原则。

合宪性之下的必然要求是合法性,要在立法过程中保证形式合法,在司法过程中实现实质合法。第一,预防性监禁制度的法制化过程中必须坚持法治原则,由于这个制度和人权相关,也要充分考虑国际法和国际惯例。联合国《公民权利和政治权利国际公约》(我国政府在1998年签署)第9条规定:除非依照法律所规定的根据和程序,任何人不得被任意逮捕或拘禁。我国2000年颁布实施的《立法法》也明确规定:第一,对限制和剥夺人身自由的强制措施和处罚,只能由全国人大及其常委会通过制定法来规定。所以关于这个制度的任何一个环节,比如执行程序、适用对象的范围、权力机关等,都应当经过严格的立法程序,这样才能解决我国以前存在的诸如劳动教养、收容、强制隔离、强制医疗存在的形式不合法问题。比如我国1997年刑法中加入对精神病人强制医疗的规定,2012年刑诉法修订中将强制医疗的裁断程序司法化的过程就是一个很好的范例。第二,由于预防性监禁制度涉及对人身危险性的评估,在限制人身自由时间长短上具有不确定性,在司法过程中要对其进一步程序限制和权力制约,首先要建立严格的司法程序,从程序发动、审查到执行环节都要符合程序正当的原则;其次由检察机关、法院或相应的机构对指定的矫正机关进行全程的监督,避免过去检察机关对劳教制度只有事后监督和建议权的尴尬情况;最后要保证被实施人员的权利实现,比如申辩权、聘请律师权、赔偿权,等等。

(2)宪法权利基础

预防性监禁制度的权利基础主要指对被实施人的人身自由权剥夺的时候要注意比例原则和正当性。首先,要严格遵守《公民权利与政治权利公约》以及我国《宪法》《立法法》对个人人身自由的保障条款,保证被实施预防性监禁的行为人自身的基本人身权利被限制或剥夺是有正当依据的。其次，要考虑相当性原则，即这种措施与其自身的人身危险性之间是否有正相关的关系，措施是否符合教育、矫正犯罪人和预防犯罪所需要的比例。

2. 必要性分析

（1）是我国刑法现代化的必然要求

首先，符合我国刑事政策的发展。二战以后各国刑事政策都呈现向"轻轻""重重"两极化发展，即非犯罪化、非刑罚化和对特别罪行进行更严厉的政策调整同时发展，这也就是储槐植老师概括的"轻轻重重"的刑事政策。其中"轻轻"就是对轻微犯罪，包括偶犯、初犯、过失犯等主观恶性不大的犯罪，处罚较以往更轻，基本策略是刑事立法上的"非犯罪化"、刑事司法上的"非刑罚化、程序简易化"、刑事执行上的"非机构化、非监禁化"，"重重"就是对严重的犯罪，如暴力犯罪、有组织犯罪、毒品犯罪、累犯等，处罚较以往更重，基本策略是刑事立法上的"入罪化"、刑事司法上的"从重量刑、特别程序和证据规则"和刑事执行上的"隔离与长期监禁"。[1]

其次，符合行刑经济化的理念。行刑经济化的核心理念就是用最少的物质消耗和人力投入获得最好的预防和控制犯罪的效果，获得行刑效益最大化。预防性监禁制度可以有效控制再犯可能性，对于一些轻罪给予了刑罚之外的预防性措施的支持，可以有效地减少刑罚的支出。有一些轻微违法行为如果全都纳入刑法调整，会大大增加社会治理成本，浪费司法资源，造成成本投入越来越高，司法资源进一步失调，而且相应的社会治理效益并不一定提高。

最后，可以弥补短期自由刑的弊端。这实际上也是德国为什么实行双轨制的原因，由于德国刑法中没有长期监禁，导致对很多犯罪行为无法很好的规制和矫正，就需要有其他的措施来帮助进行社会防卫

---

[1] 孙力、刘中发：《"轻轻重重"刑事政策与我国刑事检察工作》，《中国司法》2004年第4期。

和犯罪预防。实证主义学派兴起后，目的刑理论发展，强调刑罚的教育作用，很多学者都对短期自由刑有过批评，国际会议也专门讨论过短期自由刑的利弊。[①]

（2）是国际融合和人权保障的必然要求

全球治理体系建设的当今国际社会，各国之间的合作越来越多，为了加深我国与其他国家在反恐、反极端活动等领域的合作，法律制度上的对接是必不可少的。同时在采取预防性监禁这种限制人身自由的措施之时，稍不小心就可能违反了国际公约关于基本人权保护的规定，所以需要出台明确、详细的法律文件，只有有法可依，才能保证程序正义，避免侵犯基本人身权利的情况出现。

（3）是社会安全和秩序维护的必然要求

预防性监禁强调的是特殊预防，是对刑罚预防性功能的补充。被采取预防性监禁的犯罪人，大多是对社会安全和公共利益有极大威胁的人，对其采取预防性监禁不是为了惩罚其之前的罪行，而是为了更有针对性地对其进行矫正治疗，有利于释放后的再社会化。这样即平衡了社会防卫和个人权利限制的关系，也有利于社会资源的集中和节省。

二 历史经验——我国民国时期的保安处分

在西方国家保安处分思想处于广泛传播，国际社会热议之时，同一时期的中国也开始了现代化进程，受到近代思潮的冲击，在法律方面进行了一系列西化改革。民国初年，刑法学者通过译作和介绍性论文和著作将保安处分理论介绍给了国内学界。

[①] 1950年在荷兰海牙召开的第12届国际刑法及监狱会议最全面地概括了短期自由刑的六大弊端：（1）无施教的充分机会；（2）对防止犯罪无力；（3）受刑者大多数为初犯者，服刑使其丧失对拘禁的恐惧，减弱其自尊心；（4）轻微犯罪者的家属在物质及精神上均受重大损失；（5）犯罪者被释放后，社会复归遇到多种困难，致陷于累犯；（6）执行短期自由刑的机关往往设备不良，缺乏训练有素的职员，因此极易受恶性的感染而成为再犯的原因。参见张甘妹《刑事政策》，台湾三民书局股份有限公司1979年版，第275—276页。

虽然清末《暂行新刑律》中有类似保安处分的规定，但没有使用"保安处分"的名称，1920年后关于保安处分的论文越来越多，这一名词也为更多人所认识。1928年3月10日公布的南京国民政府第一个刑法典《中华民国刑法》中就有了类似保安处分的规定，比如对第30条第1项规定的未满十三岁人的感化教育，品行监督，对心神丧失之人的监禁处分等，但仍没有"保安处分"的用词。1931年刑法起草委员会重新草拟刑法修正案，并于1933年12月完成初稿，其中明确规定了八种保安处分，包括感化教育、监护、禁戒、强制工作、保护管束、驱逐出境、丧失公务员资格和没收。这个修正案引发了当时学界的诸多讨论，[1] 比如江镇三批评"丧失公务资格"处分，认为这项处分应当规定在第五章刑之种类之中比较合适，因为这一处分只能算是"剥夺公权"的五种处罚之一，是一种名誉刑，和保安处分是有区别的。[2] 他还批评"没收"处分属于财产刑，也不应当规定在保安处分之中。[3] 由于这两项处分的争议较大，最终公布的1935年刑法第十二章系统规定了保安处分，其中最终删除了丧失公务员资格和没收，加入了强制治疗，共规定了七种保安处分，其中涉及剥夺人身自由的有以下五种。[4]

（1）感化教育处分

第86条规定了两种情况下实行感化教育处分：第一，对未满十四岁不予处罚的犯罪人，应送至感化教育处所施以感化教育；第二，对不满十八岁减轻处罚的犯罪人，可以在刑罚执行完毕或赦免后送入感化教育处所，但对宣告三年以下有期徒刑、拘役或罚金的，可以在

---

[1] 比如俞钟骆：《刑法修正案之保安处分》，《法学丛刊》1934年第2卷第6期。蔡枢衡：《保安处分与刑法修正案初稿》，《法律评论》1934年第540期。林亚柯：《刑法上保安处分之研究》，《法轨》1934年第1卷第2期。张企泰：《保安处分与年刑法修正案初稿》，《法律评论》1934年第11卷第48期。梅汝傲：《刑法修正案的八大要点述评》，《法令周刊》1935年第235期等。
[2] 参见江镇三《我对于刑法修正案初稿之意见》，《法轨》1934年第2期。
[3] 参见江镇三《我对于刑法修正案初稿之意见》，《法轨》1934年第2期。
[4] 相关法律条文参见《中华民国刑法》，上海市政府公报第一百五十三期。

刑罚执行前施以感化教育处分。对于不满十八岁犯罪但不减轻刑罚的，不适用此处分制度。感化教育处分最高期限为三年。

（2）监护处分

第87条规定了两种情况下实行监护处分：第一，对因心神丧失不予处罚的犯罪人，可以送入一定处所实施监护；第二，对因精神耗弱或聋哑而减刑的犯罪人，可以在刑罚执行完毕或赦免后送入一定处所实施监护，没有减轻刑罚的，不适用此处分制度。监护处分最高期限为三年。

（3）禁戒处分

刑法规定了两种情况下实行禁戒处分：第一，根据第88条，因犯吸食毒品之罪的（刑法第262条吸食鸦片或施打吗啡或使用高根、海洛因或其化合质料罪），可以施以禁戒处分，帮助其戒绝毒瘾，处分后如果认为不再有执行刑罚的必要的，可以由检察官申请法院裁定，免除刑罚的执行，根据刑法第97条，禁戒处分期满前已治愈的，经检察官申请，法院可以免除继续执行，期满尚未治愈的，可以在六个月以下的期间内延长，延长期满可以在六个月范围内再延长，直至危险性消除；第二，根据第89条，对在醉酒状态下实施犯罪行为的，对酗酒的犯罪人可以在刑罚执行完毕或赦免后适用三个月以下的禁戒处分，如果刑罚执行完毕后认为酒癖已戒的，可以免除禁戒处分的执行。

对酗酒者列入处分对象一款在草案审议时有不同的意见，有学者认为我国酗酒犯罪者没有西方国家那么多，不必要做此种处分，也有学者认为这项处分是为了以后对酗酒犯罪的外国人处罚而设，还有学者认为不能因为此种犯罪情形不多就不加以明文规定，最终大部分的学者还是支持设立此项处分。①

（4）强制工作处分

第90条规定了对四类人进行强制工作的处分：习惯犯、常业犯、游荡成习而犯罪之人和懒惰成习而犯罪之人。这四种人在刑罚执行完

---

① 参见翁腾环《世界刑法保安处分比较学》，商务印书馆1936年版，第494页。

毕或赦免后，为了改善其恶性，送入劳动场所强制工作，最高期限为三年。有学者认为习惯犯的危险性大于其他几种，这种强制工作的处分可能并不能达到预防犯罪的效果。①

（5）强制治疗处分

第91条规定了犯有第285条明知自己患有花柳病或麻风而故意隐瞒，与他人发生猥亵行为或奸淫，致使他人被传染之罪的，可以在刑罚执行前送入医院、麻风院或疗养院进行强制治疗。

三 现行制度——《中华人民共和国反恐怖主义法》的预防性监禁措施实践

1. 我国恐怖主义犯罪立法背景

和平与安全是国际社会永恒的主题，也是世界各国共同的追求，当下虽然国际形势总体走向是有利于和平发展的，但近年来国际上不确定、不稳定因素明显增多，局部动荡冲击地区稳定，与恐怖主义、网络安全等非传统安全问题交织在一起，成为国际社会需要共同应对的严峻挑战。

恐怖主义是世界各国共同的敌人，它不仅威胁一国国内的国家安全、社会稳定和人民生命财产安全，而且对世界总体的和平状态、国家间友好关系的发展以及对人类基本权利和自由都存在挑战。从这些年恐怖主义犯罪的发展来看，宗教仍然是支撑恐怖主义活动的核心问题，但随着全球化的发展，恐怖主义活动已经不拘于一国之内，发展成国际化的跨国组织，网络恐怖主义也从概念变成了现实，恐怖主义活动进入了新的活跃期，反恐形势更加复杂严峻。二十世纪九十年代以来发生了一系列重大恐怖袭击事件，比如1995年日本东京沙林毒气事件、2001年美国"9·11"事件乃至2015年以来在欧洲发生的多起恐怖袭击事件，这些袭击以爆炸和枪击为主要手段，目前伊斯兰国（IS）组织是国际反恐的主要关注对象。"9·11"事件已经过去

---

① 王数：《中华刑法论》，中国方正出版社2005年版，第540页。

近20个年头，国际反恐也从原来以军事行动为主转向关注对宗教意识形态、激进思想的打击和遏制。

国际恐怖主义的惩治，一方面要将案发后的惩治手段和在此之前的预防手段相结合，事后惩罚和武力斗争只是治标，治本的关键在于完善惩治恐怖主义的法律文件，为国家间的充分合作奠定基础。法治是现代社会解决问题的最佳选择，对恐怖主义犯罪的管控中，预防是第一位的，只有保持持续的关注和警醒的态度，才能将恐怖主义活动扼杀在萌芽状态。在以上的一般预防之外，还要利用法律制裁进行特殊预防，并依靠法律制度的衔接来帮助国家间反恐合作的展开。恐怖活动除了会直接造成对公众生命权、财产权的侵害，还会更深层次地动摇公众对国家、对国际社会安全的信赖和安全感，这样的趋势如果不有效遏制，最终会导致社会普遍的心理恐慌，正常的社会生活秩序和国家秩序就会被破坏，所以要从制度上打击和遏制恐怖主义，才能保持公众的安全心理底线，维持宪法秩序。

2011年人大常委会出台的《关于加强反恐怖工作有关问题的决定》第一次明确使用了"恐怖主义"一词，在此之前，尽管1997年《刑法》和2001年《刑法修正案（三）》中规定了恐怖主义犯罪的独立罪名，但对"恐怖主义"没有明确界定。在这个《决定》中，对恐怖主义活动和恐怖活动组织、人员的定义、反恐工作机制和职责等问题做了规定。2015年8月出台的《刑法修正案（九）》对打击恐怖主义犯罪做出了全面的规定，认为反恐不仅是行为层面的，也要注意思想传播层面的防控。2015年12月《中华人民共和国反恐怖主义法》（以下简称"《反恐法》"）出台，明确定义恐怖主义的概念，根据该法第3条，恐怖主义是指"通过暴力、破坏、恐吓等手段，制造社会恐慌、危害公共安全、侵犯人身财产，或者胁迫国家机关、国际组织，以实现其政治、意识形态等目的的主张和行为"。

党的十八届四中全会上提出了构建国家安全法律制度体系的思路，而反恐法就是其中的重要组成部分，也是迫切需要的部分。从目前情况来看，我国参与国际反恐斗争程度仍然不够，国内反恐形势依然复杂严峻,我国境内恐怖主义势力与泛伊斯兰主义联系密切,且受到了境外恐怖主义势力在人力物力上的大量支持,恐怖主义威胁呈现长期化趋势,所以我国必须通过法律制度的衔接融入国际反恐合作中,才能从根本上解决国内的恐怖主义犯罪问题。

2. 《中华人民共和国反恐法》第 30 条的安置教育措施

第 30 条是一个新的立法突破,在对恐怖主义罪犯进行常规刑罚的同时增加了一个新的措施——安置教育。有学者认为,这一制度是我国大陆首例真正意义上的基于制度化设计的保安处分措施。[1]

反恐工作的工作原则是"防范为主、惩防结合",以往对于恐怖主义犯罪以规定惩罚性措施为主,而第 30 条则强调了预防性原则,如何让罪犯回归社会,不再犯罪,才是防治的重点。从实践来看,很多刑满释放的恐怖主义犯罪者很容易重新实施恐怖活动犯罪,对社会公众安全和利益有很大威胁,所以在刑期结束后用安置教育的形式完成矫正和再社会化的过渡是十分必要的。这种措施的性质并非惩罚性,而是预防导向的,通过在安置教育期间进行思想上的转化教育和实际的社会职业培训,从精神和物质上防止回归社会后再犯的可能。这也是我国立法对联合国安理会第 2129 号关于鼓励各成员国制定帮助恐怖主义犯罪者重返社会措施的决议的一个回应。

作为一个限制人身自由的强制性措施,必须通过立法对其适用程序、监督程序和司法救济途径给予保证。

第 30 条一共有 4 款,分别从危险性评估程序、决定机关、执行机关和监督机关四个方面做出了规定。

第 1 款是对罪犯社会危险性评估的规定。其实关于是否要对罪犯进行危险性评估的讨论在我国很早就有了,这在前文中也有讨论。这种评估包括对关押期间的危险性评估和对释放后的危险性评估,前者是为了保证监狱工作的顺利进行,后者则是为了防控罪犯释放后的再犯风险。本款从评估的对象、刑罚以及时间三个条件出发,规定对于

---

[1] 参见陈泽宪《试论安置教育》,《净月学刊》2018 年第 1 期。

判处了徒刑以上刑罚的恐怖活动罪犯和极端分子，在刑满释放前由监狱、看守所主持，并听取有关基层组织和原办案机关的意见，进行社会危险性评估，主要参考的因素包括被判刑的犯罪行为的性质、情节和社会危害程度（是否累犯、是否主犯、是否有自首立功等情节等），服刑期间的表现（是否真正认识到自己的罪行，是否有悔罪表现，恐怖主义极端思想是否根除等）以及释放后可能的社会影响等。经评估具有社会危险性的恐怖主义犯罪者，监狱、看守所会向服刑地的中级人民法院提出安置教育的建议，并抄送检察院，以便于人民检察院在法院审查的过程中提出意见。

根据全国人大法工委的相关释义，本款中指的恐怖活动罪犯和极端分子，是指根据《反恐法》第3条第2款和第4条第2款规定的罪犯，具体的罪名不限于刑法中规定的诸如组织领导参加恐怖组织罪、帮助恐怖活动罪、准备实施恐怖活动罪、宣扬恐怖主义、极端主义、煽动实施恐怖活动罪、利用极端主义破坏法律实施罪等，还包括实施了带有恐怖主义性质的行为造成公共和个人生命财产安全遭到侵害后的相应罪名，比如故意杀人罪、爆炸罪、放火罪等等。[1]

第2款规定了人民法院对安置教育的决定程序。首先是审议程序，对于监狱、看守所提出的安置教育的建议，服刑地中级人民法院要进行审查，如果认为确有社会危害性，要在刑满释放之前做出安置教育的决定，并抄送人民检察院，检察院如果认为决定不当的应当提出监督意见。其次是申请复议的程序，被决定实施安置教育的服刑人员如果对决定不服，可以向上一级人民法院，即高级人民法院申请复议，这是为了保护服刑人员权利的司法救济途径。高级人民法院对复议申请要及时回应，重新审查后再作出是否实施安置教育的决定，在复议期间不停止安置教育措施的实施。复议程序从司法上对被安置教育的犯罪者提供了救济渠道，体现了尊重和保障人权的立法意识。

---

[1] 参见王爱立主编《中华人民共和国反恐怖主义法解读》，中国法制出版社2016年版，第134页。

第 3 款规定了安置教育具体实施、评估和解除的程序。不同于刑罚的执行机构,安置教育由省级人民政府组织实施,这样可以更好地发挥政府的监管作用。在安置教育的执行过程中,安置机构每年必须对被安置教育的恐怖主义活动分子的表现情况进行评估,对于确有悔改表现,释放后不致危害社会的,应当及时提出解除意见,报有原作出安置教育决定的法院审查是否解除。除以上的审查机制以外,被安置教育的犯罪者也有申请解除安置教育的权利,安置教育机构对申请审查后,认为已经真诚悔罪,没有再犯危险的,可以报原决定法院审查。

第 4 款是对人民检察院监督权的规定,这是宪法赋予人民检察院的重要职权。人民检察院会参与整个安置教育措施的实施过程,对决定和执行环节进行监督,防止或及时矫正可能的错误和违法行为,以保证程序的正确进行和被安置教育犯罪者的合法权利。在做出决定的阶段,检察院对监狱、看守所提出安置教育建议的环节、服刑地中级人民法院审查决定环节以及上一级人民法院的复议环节都会参与其中进行监督。在执行阶段,检察院对执行过程中对犯罪者的教育矫正措施、对定期评估工作以及执行过程中对被安置教育人员合法权利的保障、解除安置教育的程序是否合法等环节都会监督。在对这两个阶段的监督过程中,如果发现各环节机构有违法行为的,应当提出纠正意见,通知有关机关予以纠正。

2015 年《反恐法》公布之后,有关预防、打击恐怖主义、极端主义犯罪的实践探索也积极展开。作为暴恐重点防范地区的新疆维吾尔自治区,在借鉴吸收国际社会去极端化经验的基础上,积极响应联合国大会关于《联合国全球反恐战略》(60/288)的决议,致力于"消除恐怖主义蔓延条件,预防和打击恐怖主义"积极开展职业技能教育培训,把大量暴恐活动消除在未发之前,积累了中国本土实践经验,为国际社会打击极端主义作出了重要贡献。[①] 虽然对此制度海外

[①] 参见徐贵相《积极探索中国特色去极端化路子》,《人民日报》2019 年 8 月 17 日第 7 版。

不乏有批判的声音，认为此制度侵犯了基本人权，但我国政府一方面发布了《新疆的职业技能教育培训工作》白皮书（2019年8月），以大量事实和翔实数据，介绍了近年来新疆开展教育培训工作的现实背景、法律依据、教培内容、工作成效、经验总结及学员的权利保障情况；另一方面也邀请各国驻华使节、记者代表等参观新疆暴恐案件预防实例，通过这些方式，向国际社会有力地证明了安置教育措施没有侵犯公民基本权利和宗教信仰，教培中心也不是"集中营"。相反，这种源头化的治理措施有效地提升了学员明辨是非、抵御宗教极端思想渗透的能力，最大限度地保障了各族人民的生命权、健康权、发展权等基本人权。海外人士对此积极评价，认为此举是对恐怖主义和宗教极端主义标本兼治的有效措施，是保障新疆社会稳定、长治久安的重要举措。①

四 现行制度——对精神障碍者的强制医疗制度

我国《刑法》第18条规定，对不负刑事责任的精神病人应当责令他的家属或者监护人严加看管和医疗，在必要的时候，由政府强制医疗。对精神障碍者进行强制医疗一方面是为了更好地对其进行治疗，保护其自身健康不受进一步损害，另一方面是为了消除其对公共安全和他人生命财产安全的威胁。这条规定和《德国刑法典》中关于可能违法犯罪危害公共安全的无责任或限制责任能力犯罪行为人收容于精神病院的规定相似。

就刑法这条规定而言，有很多的问题。首先，对何谓"必要的时候"没有明确的界定标准，一方面可能会导致强制治疗的滥用，另一方面又有可能导致权利分配不均，本应接受治疗的人得不到及时救济。其次，是否适用强制医疗的前提是"精神病人在不能辨认或不能控制自己行为的时候造成危害结果"，排除了只有危害行为，尚未造

---

① 参见《依法开展教培工作是消除恐怖主义、保障新疆社会稳定的重要举措》，《人民日报》2019年8月20日第7版。

成危害结果的精神障碍者受本条规制。再次，本条没有明确的权责归属，究竟由政府哪个部门负责没有明确，这就会导致行政权没有法律明文规定，无法监督，可能出现程序不公正的现象。最后，本条的强制治疗是一种绝对不定期限制人身自由的手段，却没有规定严格的审查程序，无法对受治疗者的人权提供保障。

基于以上种种弊端，2012年修订的《刑事诉讼法》正式规定了依法不负刑事责任的精神病人的强制医疗程序。

《刑事诉讼法》第302条规定了强制治疗适用的条件。首先，适用的对象是"实施暴力行为，危害公共安全或严重危害公民人身安全的精神病人"，暴力行为是用暴力手段造成身心健康和生命财产安全极大损害的行为，比如防火、爆炸、投毒等，危害公共安全是有多人死伤或公私财产有重大损失的情况；其次，行为人是由符合条件的鉴定机构和监禁人鉴定后认为不能辨认或不能控制自己行为，属于不负刑事责任的精神病人；最后，对行为人的强制医疗必须以有继续危害社会可能的风险为前提，否则只需要责令其家属或监护人看护即可。

《刑事诉讼法》第303条规定了强制医疗的决定程序和决定机关。首先在侦查阶段发现符合条件的精神病人的，由公安机关撤销案件，出具强制医疗意见书，移送检察院；如果是在意见书移送后检察院审查认为符合条件或审查起诉过程中发现符合条件的精神病人的，由检察院向法院申请；如果是在案件审理过程中发现或法院接到检察院申请的，由人民法院做出强制医疗的决定。在正式决定下达之前，对暴力行为的行为人可以采取临时性的措施对其进行控制，一方面，这种措施的目的是为了防止在鉴定和法院审理期间暴力行为人造成更大的社会危害，另一方面这种措施有别于一般刑事强制措施，是针对精神病人的特点的治疗措施。

《刑事诉讼法》第304—305条规定了强制医疗的审理和复议程序。首先，对此案件的审理必须由合议庭进行；其次，被申请人的法定代理人应当被通知到场，对没有委托诉讼代理人的要提供法律援助；最后，强制医疗的决定要在法院受理检察院申请或法院发现被告符合条件后一个月内做出,对决定不服的,被决定人、被害人及其法定代理人和近亲属都有权向上一级法院申请复议。

《刑事诉讼法》第306条规定了定期审查和申请解除的制度。在常规治疗之外,执行强制医疗的机构要定期进行评估审查,如果认为被执行人已经不具有人身危险性,即具有辨认或控制自己行为的能力,对社会公共安全没有危险的,可以解除的,应当及时提出解除意见上报原作出决定的法院批准。除了审查解除以外,被强制医疗的人和其近亲属也有申请解除的权利,有两种途径,一种是要求执行机构作出诊断评估,报有原作出决定的法院批准,另一种是直接向原法院提出解除申请。

《刑事诉讼法》第307条规定了人民检察院的监督权。人民检察院主要对两个阶段进行监督,首先是对决定程序阶段的监督,从公安机关到法院审理的整个过程都可以进行审查,包括对强制医疗意见、鉴定程度、临时性约束措施、法院审理程序等内容审查是否合法。其次是对执行阶段的监督,从具体的强制医疗机构的执行到最终人民法院批准解除全过程进行监督,确保被强制医疗的人的合法权利得到保障,依法享有的治疗、评估、解除审查等正常进行,防止法院在解除过程中出现违法行为或徇私舞弊行为。在这两个阶段的监督中,人民检察院可以对相关机构的违法行为提出矫正意见,通知及时矫正。

《刑事诉讼法》的修订大大丰富了我国关于精神病人强制医疗的制度规定,但仍有一些不够完善之处。首先,在侦察和审判阶段的司法鉴定只能由公权机关作出,当事人没有申请鉴定的权利,可以赋予当事人有限的申请权,或者仿照美国,将精神病鉴定规定为必经程序。其次,对临时性约束措施的规定过于简单,只规定了由公安机关采取,但没有规定具体的程序,比如是否需要由法院进行审查等,作为一个期限由鉴定期决定的限制人身自由的措施,充满不确定性,所以必须为被申请人提供足够的程序保障。最后,公安机关提出强制医疗意见书、检察院审查和人民法院做出强制医疗意见的依据都是专家鉴定书,这样的评估标准未免过于主观,应当出台更为客观明确的标准来对行为人的人身危险性和责任能力进行评估。而且专家鉴定书的效力有多大？法院是否一定要采纳？还有没有其他评估意见的来源渠道？这都是需要进一步立法予以明确的。

五　我国澳门地区的立法实践

我国澳门地区采用的也是刑罚与保安处分二元论的立场，在《澳门刑法典》中规定了两类保安处分，[①] 其中属于剥夺自由的保安处分的是"不可归责者的收容"，适用对象是做出了危害行为的精神病患者或未达刑事责任年龄的人。主要规定在总则中，对未达刑事责任年龄的不可归责者的收容制度则规定在特别刑法之中，此外对犯罪后精神失常的可归责者刑法典也规定了相应的收容制度。[②]

1. 对不可归责者的收容

根据刑法典第83条第1款的规定，实施不可归责者收容的条件有三个：对象上，必须是被视为或宣告为不可归责的精神失常者或患有非偶然性的严重精神失常者；犯罪行为上，须存在此类不可归责者在不可归责的情况下做出违反刑法的行为；主观上，基于现有的精神状态和行为的严重性，须存在将来再犯之虞。对符合条件的不可归责者，法院令其收容于康复场所、治疗场所或者保安处分场所。收容处分和徒刑同时判处时，先执行收容处分，折抵刑期，如果收容时间达刑期三分之二且释放行为人不影响社会秩序的，必须假释。可见在收容与执行的关系问题上，澳门刑法典在一定程度上采用了替换主义原则（即司法宣告上的二元主义，实际执行中的一元主义）。[③]

对此类收容刑法典采用了相对不定期制，根据刑法典第83条第2款和第84条的规定，收容的最高期限不得超过对该犯罪行为本能科

[①] 澳门旧刑法（1886年9月16日通过）将保安处分分为五种，新刑法（1996年1月1日起生效）简化了保安处分制度，将保安处分的类型压缩为两种。
[②] 赵国强：《澳门刑法》，中国民主法制出版社2009年版，第106页。
[③] 刘中发：《澳门刑法中的保安处分制度述评》，《国家检察官学院学报》2001年第1期。

处的最高限度，特定情况下可以延长，即当违法行为可处以最高限度超过 8 年徒刑的犯罪且仍有再犯危险，危险程度严重至不宜将其释放的，法院就需以 2 年为一期延长收容，直至人身危险状态终止。最低期限一般以人身危险状态终止为限，但如果违法行为属于依法处以最高限度超过 5 年徒刑的侵犯人身罪或公共危险罪的，则收容的最低期限为 3 年。

根据第 85 条规定，在收容过程中可以根据当事人或家属的申请对是否停止收容进行审议，在开始收容后，两年法官也必须进行审查，但最低期限为 3 年的收容除外。刑法典第 86 条规定了收容的考验性释放，即在释放被收容者之前有一个最低 2 年最高为 5 年的考验释放期（最高不得超过最高收容期限的剩余时间），在此期间行为人履行了治疗义务，遵守了行为规则，考验期满后，法院宣告收容处分消灭，否则继续收容。

如果有家属担保治疗和不再作出同类行为，法院可以命令暂缓执行收容处罚，但最低期限为 3 年的收容只能在 3 年后才能考虑。

2. 对可归责者的收容

对患有精神失常的可归责者可以进行收容处分，分为犯罪之前精神失常和犯罪之后精神失常两种情况。

根据刑法典第 96 条的规定，如果行为人在犯罪之时已经处于精神失常状态，但未被宣告为不可归责者而判处了徒刑的，比如吸毒者在毒瘾发作期犯罪的，若认为执行刑罚的普通场所制度对其有害或者行为人可能会严重扰乱普通场所制度的，法院应当命令收容于为不可归责者设立的收容场所之中，其间等于所判刑期，在收容原因终了后也可以重新收押于普通场所度过剩余刑期。

根据刑法典第 97 条的规定，如果行为人在犯罪行为实施后出现精神失常状态，也应当命令收容于为不可归责者设立的收容场所之中，其间等于所判刑期。

3. 对违法少年的收容

这种收容规定在《违法青少年教育监管制度》之中，根据该法律规定，对年满 12 岁尚未满 16 岁的少年，一旦做出被澳门法律规定为犯罪或轻微违反行为的，可对其采取相关的教育监管措施，其中包括收容性质的保安处分，其收容场所为少年感化院，该法律对违法少年收容制度的原则、探访制度、被收容少年的权利义务以及相关的通讯、医疗、教育等制度都做了详细的规定。①

六 立法完善

1. 对规制恐怖主义犯罪嫌疑人机制的完善

现有的安置教育措施仅仅规定在《中华人民共和国反恐法》的一个条文之中，很多地方都有过于简单导致模糊不清的问题。

首先，对实施机构的规定很宽泛，只规定由省级人民政府组织实施，但具体的执行部门并不明确。原有的刑罚措施的执行主体是很明确的人民法院、公安机关和司法行政机关，有详细的规定，但安置教育措施为了区别于一般刑罚措施，由非法律系统的政府作为执行机关，这样就导致不能依据之前的法律条文来确定具体的执行机构，也没有经验可以借鉴，可能会出现权责不明的风险。如何对各级政府反恐领导机构的责任和管辖范围进行划分，应当是下一步立法的重点，只有明确了具体的执行部门和权力范围，才能保证安置教育措施的顺利实施。

其次，对安置教育过程中的具体措施没有明确规定，这样很难对实践提供参考和指导。恐怖主义犯罪者有自身特点，所以对其矫正教育应当更有针对性，区别于一般监狱中的教育措施，比如加强思想和心理上的矫正，扭转其对恐怖主义和极端主义犯罪的盲目拥护，这样才能真正从根本上消除再犯的动机。

然后，应当出台具体的职业培训方案，只有犯罪人释放后在社会上能找到自己的立足之地，才不会再一次被恐怖组织的各种资助所诱惑，才能真正融入社会之中。需要强调的是，安置机关不同于监狱和

---

① 赵国强：《澳门刑法》，中国民主法制出版社 2009 年版，第 109 页。

看守所，所以其软硬件配置和教育措施都应当有别于刑罚执行机关，突出预防和矫正的职能，创造最有利于犯罪人再社会化的环境。

复次，对于安置教育的定期审查和释放条件应当进一步细化。现有的规定是一种无期限的限制自由措施，这样就必须保证定期审查的有效进行以及程序的正当性。也许可以采取相对不定期的方式，规定一个固定长短的安置教育期，这个期限可以由法院在决定实施安置教育时根据当时对犯罪人社会危险性的评估来确定，在这个期限即将届满之时再次重新评估以决定是否继续安置教育，这时，只要罪犯矫正效果良好，社会危险性评估达到一定阈值，就应当释放，决定继续安置教育的应当是极少数。在安置教育期间依然要定期审查，但此时审查的目的是随时调整矫正方案以有利于进一步的再社会化。这样相对不定期的规定可以给犯罪人一定的预期，防止其被无限期的关押。

最后，在进一步对安置教育措施进行立法的时候要强调人权保障，所以要细化执行机构的权责，完善程序保障，制定明确详细的社会危险性评估方案，用科学、专业、规范的评估方式和手段对犯罪人进行测试，在保障公众安全的同时充分维护犯罪人应有的基本人权。

2. 对规制性犯罪嫌疑人机制的设想

《中华人民共和国反恐法》中的安置教育制度和之前已废止的劳动教养制度是完全不同的，不再是一个公安机关的行政程序，而是用更严格的司法程序来规定，可以避免适用对象的扩大化，从程序上保障罪犯的权利。这个制度的核心思路是通过延长限制人身自由的期限来完成服刑和回归社会之间的过渡阶段，可以更进一步地消除恐怖主义犯罪人的再犯可能性。这个思路其实不仅限于对恐怖主义犯罪者的矫正过程之中，也适用于其他的犯罪者，比如性犯罪行为人。根据德国经验，避免出现对禁止溯及既往的刑罚规定的违反，不应当将其定位为刑事处罚。行政处罚的性质则会导致执行机构权力划分不清和措施效力强制力不足的问题。最好是像反恐立法这样，在有针对性的单行立法中做出规定，是一种特殊的预防性措施。

性犯罪者的特殊之处在于，第一，很多猥亵类行为刑期很短，在监狱中达不到改造效果就被释放,很容易再犯,行为人对短时间的监禁也没有畏惧之心。第二,性犯罪人一般都有一定程度的疾病,比如性虐待癖等,所以对其应当采取有针对性的治疗措施。第三,由于这类犯罪人的特殊性,应当与普通犯人隔离关押,在保安监禁期间最好是在有精神治疗专家、心理治疗专家和专业矫正人员的专门治疗机构监禁,有利于其再社会化的顺利进行。

具体的规定应当包括以下几个方面:

首先是关于其再犯可能性的判断,即是否有必须继续监禁的心理障碍,这种判断要建立在客观的医学专业知识之上,最好有专业的心理医师参与。对必须强制监禁的心理障碍种类或程度有明确限制,且继续监禁的有效性取决于这种障碍的持久性。一方面可以从犯罪行为的动机、目的、是否使用了暴力、胁迫、欺骗或者金钱交易的方式角度评估性侵害的意图,另一方面可以从服刑表现评估再犯危险性是否降低、心理扭曲是否改变,服刑态度是否良好等,评估是否有必要延长对其人身自由的剥夺程序。

其次,该措施的判决必须经过正当的程序,第一,确定负责从评估、矫正到最后释放一系列事务对接的相关政府机构。第二,应当由独立的中级以上的司法机关进行审查,判刑时要全面考虑被告人的犯罪性质、严重性、过往犯罪历史、受害人的类别和受到的影响、被告人的认罪态度等多方面因素。第三,要成立独立的专业评估小组,对判定有再犯可能性的行为人需要评估小组上报当地负责性犯罪人矫治的政府部门,申请强制治疗或其他矫治措施,政府部门审核后如认为有必要,向法院申请预防性监禁,法官经审查后认为确有必要的可以裁定准予实施相关措施,由负责的政府机构执行。需要注意的是,必须明确规定负责评估的机构和负责执行的机构,避免出现权责不明的情况。一方面,由于预防性监禁的预防性质,不适于在监狱或看守所进行,应当设有专门的监禁场所;另一方面,由于性犯罪的行为性质,在评估标准设定上要更多地考虑到心理因素的考察,在监禁期间矫正措施上要注重对心理问题的辅导，严重的可以进行专业治疗。

我们可以借鉴刑满前的刑后强制治疗的流程和出狱后强制治疗的评估流程。刑满前的评估流程为：刑中强制治疗受刑人刑期满前经鉴定，认为有再犯危险者，送请该管检察署检察官，向法院申请强制治疗的宣告。治疗流程为筛选个案，分成不需要接受身心治疗组和需要接受身心治疗组，前者仅施予辅导教育，辅导方式有个别辅导和团体辅导，课程原则以情绪管理、认知行为改变技术、压力调适、法律知识以及两性平权等，完成辅导程序，经辅导评估小组会议审查成效良好，得报请假释出狱；不需要接受身心治疗组，经过辅导教育未能审查通过的，移送需要接受身心治疗组施以治疗。对于需要身心治疗组则施予团体治疗、个别治疗、药物治疗、治疗定期评估、结案评估。评估认为成效良好的，可以报请假释出狱，未能通过评估者，继续接受治疗。评估、鉴定工作在刑期满前三个月进行。[①] 出狱后的评估流程为：第一，各县市政府要设立性侵害防治中心，聘请相关领域的专家学者组成评估小组；第二，在刑期届满后回归社区的性犯罪行为人，经防治中心的评估小组会议对身心治疗或辅导教育的成效进行评估后，认为仍有再犯危险的，需要辅导人、管护单位和警政单位填写监督检索表，由两位辅导人员做再犯危险性评估，之后再由防治中心小组会议决定是否送请地检署申请强制治疗。地检署审核后如果认为有必要，则向法院申请强制治疗，法官经审查后认为有必要的则裁定准予强制治疗，通知地检署执行；第三，在治疗期间每年由强制治疗处所的治疗人员进行评估，内容包括认知行为、行为矫治、心理治疗、精神治疗等，通过者则送交地检署向法院申请停止强制治疗。经评估认为有必要施以治疗辅导的，则命令行为人接受身心治疗或辅导教育，其间不少于三个月，不超过三年，对不按时参加的行为人处以罚款，仍不履行的处以一年以下有期徒刑、拘役或罚金。行为人在接受教育后经鉴

---

① 参见方文宗《性罪犯强制治疗法规范之探讨》，（台北）《犯罪学刊》第12卷第1期。

定评估无成效的，继续送交强制治疗。①

再次，在预防性监禁过程中必须设置定期的审查机制，由独立的假释委员会或相关机构进行审查，以确保继续监禁的合理和必要性。此外，还应设立比如诊所、医院或其他适当的矫正机构。并针对不同的犯罪人制定相应的药物和心理治疗方案。对于不配合矫治的行为人可以规定罚金等惩罚措施，对评估后认为没有改进的可以裁定继续进行矫治。

又次，要解决是否溯及既往的问题。如果相关法律修改或者新法颁行，确立了对性犯罪人的预防性监禁措施，那么，对于新法生效前的性犯罪行为人是否可以采取相关措施？这个问题在之前章节分析德国案例的时候有所讨论，笔者认为，作为一个强调预防而非惩罚的措施，在保证程序正义的基础上，可以溯及地适用于新法生效前的犯罪人，因为这类犯罪人一样有再犯的风险，需要进行特殊的治疗和矫正。台湾地区在这个问题上的做法可以参考：对于修订之前的性犯罪案件，经过强制身心治疗或辅导教育而评估认为已经具有成效者，符合假释规定的可以假释出狱；对于评估后认为有再犯危险的，得令进入相当处所，施以治疗，其间不得超过三年，并可以折抵刑期或罚金（因为台湾的强制治疗有刑期中治疗的情况——笔者注），期满后必须释放。对于修订之后的案件，则没有三年的最高期限限制，每年评估、鉴定，直到危险显著降低，无再犯危险者才可以出狱，监所会将相关资料送到各县市性侵害防治中心管制。②

最后，不能避开的就是人权保护问题。这就需要我们在立法、司法、执法的过程中都要制定明确的规范，保证程序正义，才能最基本地给予犯罪人人身权利以保障。要规定司法救济措施，防止侵犯人权行为得不到惩治的情况出现。

---

① 参见方文宗《性罪犯强制治疗法规范之探讨》，（台北）《犯罪学刊》第12卷第1期。
② 参见方文宗《性罪犯强制治疗法规范之探讨》，（台北）《犯罪学刊》第12卷第1期。

结　语

随着全球化的发展，国家之间的联系日益增多，相互之间的交流借鉴必不可少。预防性监禁制度是一个看似陌生、其实熟悉的词语，在过去几十年的刑法研究中，对德国保安监禁的研究，对英美法不定期刑的研究，都有非常优秀的成果，但从预防性这一根本性质上将两者结合起来的研究是极少的。

从传统的刑罚的基本价值和目的出发，预防性监禁制度的正当性来自以社会防卫论和人身危险性为基础的特殊预防理论。剥夺人身自由的目的不在于惩罚犯罪人，而是在于对其进行再社会化，更好地解决回归社会后的再犯问题，最终达到对国家、社会安全和公众利益的保护。

正是由于预防性监禁制度的性质不算是刑罚，但又涉及人身自由的限制，在联合国人权理事会的个人来文处理和欧洲人权法院的判例中有很多公民诉国家对其采取的预防性监禁措施违反人权公约的案件。在一次次的判例中，预防性监禁制度的程序性规则变得明晰，通过程序上规定的细化来避免出现侵犯人权的情况，这个制度的程序性保护意见日臻成熟，德国最新被诉的欧洲人权法院判例被判不违反《欧洲人权公约》就是最好的例证。

这个制度并不是普适于所有犯罪人，而是应当针对某几种特殊种类的犯罪人，选择的标准就是要审查哪类犯罪人是容易出现再犯罪行为的，哪类犯罪人适合进行矫正治疗措施，能够产生效果的。基于这样的标准，累犯、惯犯，尤其是性犯罪行为人，精神障碍者以及恐怖主义犯罪行为人就是能够适用这个制度的族群。性犯罪人由于其犯罪多有心理疾病的因素，很容易再犯，所以一般的刑罚是不能起到矫正作用的，通过预防性监禁措施，在监禁期间对其进行有针对性的心理治疗和生理治疗，可以有效地降低回归社会后的再犯可能性。精神障碍者则是由于其虽然不负刑事责任从而没有服刑可能，但其人身危险性仍然存在，直接让其回到社会中去会有侵犯他人生命和财产安全之虞，同时也不利于精神障碍者本身的恢复，所以进行专业的治疗，同时也起到了将其与社会暂时隔离的效果，消除对社会的危害风险。对恐怖主义犯罪人的处理问题随着近年来恐怖组织活动活跃，恐怖袭击频发而成为全球关注的热点，很多国家已经开始尝试用预防性监禁的措施来解决恐怖犯罪的问题，我国在这一点上是走在前列的。

预防性监禁措施可以有效保护社会，减少再犯风险，所以我国未来的立法必定会在更多的犯罪种类中规定这个措施。

附 录

其他国家预防性监禁相关制度的法律实践

1. 马其顿共和国[①]

该国将刑罚替代措施和保安处分区分开规定,并特别规定了对未成年犯罪人的措施。与不定期限制人身自由相关的措施主要有:

(1) 适用于心智欠缺犯罪人:在健康机构中接受强制心理治疗和监护

根据第63条,当行为人在精神错乱或心智明显欠缺时实施了犯罪行为,如果认为在这种状态下有重新犯罪的可能时,可以由法院宣告移送健康机构接受强制心理治疗与监护,治疗时间可以抵消刑期。法院每年对继续治疗和监护的必要性进行评估,当必要性消除后就停止实施。该法第64条还规定了在自由状态下接受治疗和监护的情况,当这类犯罪人出现自由状态下不愿接受治疗或自愿放弃治疗的,可以转入健康机构。

(2) 对酒精和麻醉品成瘾的强制治疗

根据第65条,当犯罪人由于服用酒精制品、麻醉品或其他精神药品成瘾导致有继续犯罪的危险的,可以由法院宣布在刑罚执行机构或其他专门机构中进行强制治疗,治疗时间可以折抵刑期。一般不定

[①] 本部分相关法律条文参见王立志译《马其顿共和国刑法典》,中国人民公安大学出版社2010年版。

期，但如果是和缓刑、训诫、免于处罚一起宣告的，则不得超过两年。

（3）针对青少年犯罪人的教育措施

对于犯罪时已满十四周岁不满十六周岁的青少年仅可判处教育措施，对犯罪时已满十六周岁不满十八周岁的青少年可宣告教育措施，例外的也可以宣告监禁。当犯罪人年满二十三周岁时要停止执行对其适用的教育措施。

（4）由社会机构执行的强化监管措施

根据第80条，当青少年犯罪人的父母、养父母或监护人没有能力对其实施强化监管措施并且也不能指定其他家庭负责时，由法院将其送往社会机构接受一年以上三年以下的强化监管措施，具体时长由法院在实施过程中视情况决定何时停止或者用送往教育机构或教育矫正所、治疗及培训特殊机构等措施替换。

（5）送往教育机构

根据第82条，当青少年犯罪人有必要由职业教育人员对其教育、矫正并彻底脱离原先环境进行持续监管时，由法院将其送往教育机构，时限为六个月以上三年以下，具体时限不在做出适用教育措施时宣告，在过程中考虑教育和矫正的效果决定停止或者替换其他措施。

（6）送往教育矫正所

根据第83条，对于有必要在彻底脱离原先生活环境的状态下长期适用强化教育和矫正措施的青少年犯罪人，由法院将其送往教育矫正所，时限为一年以上五年以下，具体期限在执行过程中决定，法院每年都需要审核是否有继续执行的必要。

以上教育措施实施期间如果犯罪人被宣告适用了监禁处罚，则教育措施停止实施，若监禁期限较短，法院在判决中要决定在监禁期届满后是否继续实施或撤销教育措施。

（7）对青少年的保安措施

第92条规定，对青少年犯罪人，如果法律有规定，可以对其适用以下保安处分措施：在健康机构中接受强制心理治疗和监管、对酒精和麻醉品成瘾的强制治疗，可以和教育措施一起适用。

2. 克罗地亚共和国①

该国刑法典中对限制人身自由的预防性措施主要有以下几类：

（1）强制性精神治疗

根据第75条规定，当犯罪人处于心智明显减弱状态时犯罪，且由于这种状态有再犯之虞的，法院应当对其适用强制性精神治疗措施，可以与监禁刑同时实施，也可以在社区服务或缓刑中实施，适用时间不超过三年，且不能超过监禁刑期、缓刑考验期以及社区服务的期限，具体时长由法庭在实施过程中裁定，条件是法庭认为实施措施的原因消除。

（2）对酒精和麻醉品成瘾的强制治疗

根据第76条规定，当犯罪人在酒精和麻醉品成瘾状态实施犯罪且由于这种状态有再犯之虞的，法院应当对其适用强制性精神治疗措施，具体的实施方法、期限等和强制性精神治疗的规定相同。

3. 黑山②

黑山的限制人身自由的预防措施的规定模式和马其顿共和国有些相似，在第五章保安处分和第六章青少年犯罪中规定。

（1）在医疗机构接受强制性心理治疗与监护

根据第69条规定，行为人在心智明显减弱时实施犯罪行为，并从其行为和心智状态看有实施更严重犯罪之虞的，法院应当裁定对其使用在医疗机构接受强制性心理治疗与监护的措施，时间计入刑期。如果行为人是完全丧失心智的精神病人，其实施的危害行为如果由正常人实施就是犯罪时，也可在医疗机构接受强制性心理治疗与监护。停止执行的时间以接受治疗的必要性消除为限。

---

① 本部分相关法律条文参见王立志译《克罗地亚共和国刑法典》，中国人民公安大学出版社2011年版。

② 本部分相关法律条文参见王立志译《黑山刑法典》，中国人民公安大学出版社2012年版。

(2) 对麻醉品成瘾的强制治疗

根据第 71 条规定，犯罪人因麻醉品成瘾实施了犯罪行为，并有再犯之虞的，法院可以裁定对其适用对麻醉品成瘾的强制治疗，可以在刑罚执行机构实施，也可以在健康机构或其他专门机构实施，期限视治疗情况而定，不得超过三年，此期间折抵刑期。

(3) 对酒精成瘾的治疗

根据第 72 条规定，犯罪人因酒精成瘾实施了犯罪行为，并有再犯之虞的，法院可以裁定对其适用对酒精成瘾的强制治疗，可以在刑罚执行机构实施，也可以在医疗机构或其他专门机构实施，期限视治疗情况而定，不得超过所盼刑期，此治疗期间折抵刑期。

(4) 公共机构矫正措施

当青少年犯罪人有必要接受长期矫正措施并需要脱离原来生活环境时，可以将青少年送往矫正机构、教养所或者其他担负医疗及康复职责的专业机构，进行长期的教育、矫正或监管治疗，裁决时不宣布具体期限，直到认为青少年犯罪人没有了将来再犯罪的风险时才能停止适用，但最长不得超过公共机构矫正措施的适用期限：矫正机构六个月到两年，教养所一年以上四年以下，专业机构最长 3 年。其中，送往医疗及康复专业机构主要针对的是心智及生理发育迟缓或有精神疾病的青少年犯罪人，也可以成为强制性心理治疗及监护的替代措施。当犯罪人年满十八周岁时法院应当检验是否有必要将其继续关押在医疗及康复专业机构接受治疗。

4. 西班牙[①]

根据西班牙刑法典第 95 至第 99 条的规定，对于行为已被认定为犯罪且根据其犯罪行为和个人情况可以推断有再犯之虞的可以实施保安处分，在执行判决期间由法院和法官决定维持、取消、中止或者更换保安处分。对于同时适合处以刑罚和保安处分的罪犯，只能选择一

---

① 本部分相关法律条文参见潘灯译《西班牙刑法典（截至 2015 年）》，中国检察出版社 2015 年版。

个执行，如果选择保安处分，就意味着不再处以刑罚。执行过程中，刑罚监视法官应至少每年作出一次维持、撤销、替代或暂停该处分的建议。

该国《刑法典》第96条规定的限制人身自由的预防性措施有拘留于精神矫正中心、拘留于习惯矫正中心和拘留于特殊教育中心三种。拘留期间不超过假设未免除刑事责任应当判处的刑罚期限，法院在判决时应当确定一个上限。适用的对象是根据第20条第1至第3款规定被免除刑事责任的罪犯：当行为人实施违法行为时，处于精神异常或者精神状况暂时改变以至于不能理解其行为违法性状态的，可以将其拘留于适合的医疗中心或精神矫正中心；当行为人实施违法行为时，因吸食导致精神障碍的物质处于其药性发作期间，阻碍其理解行为违法性的，可以将其拘留于公立的以及经授权或同意的私立习惯矫正中心；当行为人自出生或幼年起理解能力发展迟缓，造成其认知力已严重低下的，可以将其拘留于特殊教育中心。

5. 希腊①

（1）对精神病人和聋哑人的禁闭措施

第36条、38条、39条规定，对于实施行为时因为精神病或意识障碍，精神状况责任能力没有完全丧失但被重大减弱的应被归责的人和可归责的聋哑人，如果对公共安全存在危险并且实施了重罪行为或者法定刑超过6个月剥夺自由刑的轻罪行为的，法院应当判处禁闭于专门或监狱附属的精神病治疗机构。判决只确定禁闭的最低期限，但不得少于其行为所判刑罚的上限，最高不能超过所实施行为法定最高刑。在判决最低期间届满后，法院每两年或依罪犯申请对其是否能够释放进行审查，并征询专家意见，对轻罪可持续进行超过10年，对重罪可超过15年。

根据第69条的规定，对不具有认识其行为违法性能力的精神功

---

① 本部分相关法律条文参见陈志军译《希腊刑法典》，中国人民公安大学出版社2010年版。

能错乱的精神病人和聋哑人,如果认为其对公共安全存在危险,应当决定收容于公共的治疗机构,可以持续到维护公共安全所需要的期间。执行地的管辖法院每3年或应检察官或收容机构负责人请求对是否继续收容作出决定。

(2) 对累犯、惯犯、职业犯

根据第41条规定,如果被判处禁闭于精神病治疗机构的罪犯构成累犯和职业犯的,则不适用减轻责任能力人的刑罚减轻制度,当认为没必要再停留于治疗机构时,对这些人判处的禁闭可以在任何时候易科为不定期惩役。

根据第90条和第91条规定,对于根据前科构成累犯的惯犯和职业犯的犯罪人,如果依累犯的处罚应当适用的刑罚为有期惩役的,则应当为不定期惩役,只确定最低刑期,不得低于依累犯处罚所指刑度上限的2/3。如果原有期惩役法定刑不超过10年的,最低刑期届满后继续关押的时间不得超过15年,其他情况不得超过20年。如果这类罪犯载其所被适用的刑罚执行完毕、行刑时效届满或被赦免之前又犯一罪的,需要并罚,此时根据并罚规则确定的最低刑期可以在规定范围内加重。

根据第92条规定,对于不构成累犯的惯犯或者职业犯,如果证明其对公共安全存在危险并且所实施的行为应当适用的刑罚为惩役时,可以使用不定期惩役,最低期间不得低于行为人所应适用刑种之刑度上限的1/2。

(3) 对未成年人的治疗处分

根据第123条、第124条的规定,如果未成年人的状况需要特别治疗的,尤其是患有精神病、由于精神功能或者器质性疾病导致的病态错乱、严重的身体残疾、使用酒精或毒品达到6次且无力依靠自己力量戒除或者其智力道德发育异常滞后的,可以实施治疗处分,其中涉及限制人身自由的是"将该未成年人移送治疗机构或者其他适当的封闭机构"。这种处分的作出必须建立在专家小组的诊断之后。撤销和替换由法院在其认为必要的任何时候作出裁决,在执行最少满一年后，由法院对其是否符合变更或撤销条件进行审查。治疗处分在征求专家小组意见后可以延长到 21 周岁生日。

（4）对酗酒者和毒瘾者的移送治疗措施

根据第 71 条的规定，对于由于毒品滥用实施了重罪或法定刑重于 6 个月监禁的新罪或者实施了法律规定的可归责地陷入醉态罪的行为人，如果其滥用酒精或其他毒品超过 6 次的，可以在服刑完毕后移送专门的治疗机构，其间可达为此目的所必要时止，但不得超过 2 年，也可根据治疗机构负责人的建议在 2 年届满前释放。

6. 冰岛[①]

冰岛刑法典规定的限制人身自由的预防性措施只有一项，就是第 65 条规定的针对在酒精作用下实施犯罪行为的行为人，如果明显地不能控制其饮酒欲望的，可以判决交付给适当的机构进行治疗，并规定一个最高期间：对一般罪犯在不超过 18 个月的范围内确定，对累犯在不超过 3 年的幅度内确定。司法部长根据管理机构和医生的建议确定行为人是否治愈并决定是否在上述最高刑期届满前将其释放。

7. 保加利亚[②]

保加利亚的限制人身自由的预防性措施只有一项，即第 89 条规定的对在精神病状态下实施社会危险行为的人、在作出判决前陷入精神病状态的人或在服刑期间陷入精神病状态的人裁定适用强制治疗。对于需要依据强制命令予以看管和治疗的精神病人，可以在普通的精神神经分析机构进行强制治疗；对于对社会或其近亲属具有特别高危险性的精神病人，可以在专门的精神病院或者普通的精神神经分析机构的专门病房进行治疗。在进入治疗机构满 6 个月后，法院应当对强制医疗的中止、继续或替代作出裁定。

这种强制治疗也可以适用于存在酗酒或其他成瘾癖好的犯罪人，法院可以在判处刑罚同时裁定强制治疗。

---

① 本部分相关法律条文参见陈志军译《冰岛刑法典》，中国人民公安大学出版社 2008 年版。

② 本部分相关法律条文参见张雅译《保加利亚刑法典》，北京大学出版社 2008 年版。

8. 科索沃地区①

科索沃地区刑法典规定的限制人身自由的预防性措施有两种：

（1）第76条规定对心里不健全或精神能力减弱的犯罪人的强制心理治疗措施。

（2）第77条规定对吸毒或嗜酒者，若法庭认为引发其犯罪的首要因素是吸毒或嗜酒，并有希望治疗成功，则可以命令其在卫生保健机构强制恢复治疗，折抵刑期。如果这种治疗措施是附加于判处罚金、司法警告或免于处罚的处理，治疗持续时间不可以超过两年，也可以在征得犯罪人同意的情况下在自由状态下治疗；如果是附加于监禁刑，则该措施可以持续到服刑完毕。法庭必须每隔两个月检查措施执行的情况以决定是否继续执行。

9. 罗马尼亚②

（1）未成年人相关的措施

对于未成年人，该国刑法典第四编对未成人的教育处分中规定了严格管束、再教育中心收容和医疗教育机构收容三种限制人身自由的预防性措施：

第118条规定了严格管束措施，即将未成年人送交社会改造和监管署专门负责监管未成年人的机构管束一至三年。第119条规定了再教育中心收容措施，适用于所实施行为具有一定严重性，但在不执行刑罚的情况下也有矫正可能的未成年人，适用期限不确定，但年满十八周岁后不得适用，例外情况下可以适用到二十周岁。第120条规定了医疗教育机构收容制度，适用于在身体或心理方面需要医治和特殊教育的未成年人，适用期限不确定，但年满十八周岁后不得适用。适用原因消除后，年满十八岁之前可以解除收容，在适当情况下也可以转为在教育中心收容。

---

① 本部分相关法律条文参见汤海军、徐留成译《科索沃地区刑法典》，中国人民公安大学出版社2011年版。

② 本部分相关法律条文参见王秀梅译《罗马尼亚刑法典》，中国人民公安大学出版社2007年版。

（2）强制医疗措施

根据第 130 条规定，对因疾病、慢性酒精依赖、药物或其他类似物质而致具有社会危险性的罪犯可以被强制定期就医直至痊愈，如果没有持续定期就医，可以收容住院治疗。这种措施也可以适用于被判处监禁或处于诉讼期内的人员。

（3）收容住院措施

根据第 131 条规定，如果罪犯为精神病人或者药物依赖患者并具有社会危险性，可以在特殊医疗机构收容治疗直至痊愈。

10. 捷克[①]

《捷克刑法典》规定适用预防性措施的一般性原则是基于犯罪行为的性质和严重性认定行为人存在将来危害刑罚所保护利益的危险、行为人的人身及其他情况认为有必要的情况下才可适用，适用导致的损害不能超过实现其宗旨所必要的限度。

有关剥夺和限制人身自由的预防性措施有以下两种：

（1）保安治疗

根据第 99 条规定，保安治疗主要针对两类人实施：第一类是在精神错乱状态下实施犯罪行为而不承担刑事责任并且对其放任自由会存在危险的或者实施犯罪行为的人处于精神错乱状态并且对其放任自由会存在危险的；第二类是滥用致瘾物质的人在与该滥用所致的影响作用下或相关情况下实施犯罪的。保安治疗可以附加于刑罚适用，也可以在免除刑罚时单独适用，由法院决定适用机构保安治疗或门诊保安治疗。在附加刑罚适用的情况下，保安治疗在服刑后开始实施，如果是监禁之后不能实施保护治疗的情况，则依据如何更好实现治疗目的决定在入监执行监禁前在医疗机构中实施或者在监禁刑执行完毕后再在医疗机构中实施。如果法院认为服刑期不足以实现治疗目的，可以在服刑完毕后决定继续在医疗机构中接受治疗。

---

① 本部分相关法律条文参见陈志军译《捷克刑法典》，中国人民公安大学出版社 2011 年版。

保安治疗的期限以实现目的所需为限，但不能超过 2 年，法院应当在该期间届满前决定是否延长，每次延长不得超过 2 年。对滥用物质犯罪的行为人，如果认为治疗目的不能实现的，可以终止保安治疗，如果有再犯风险的，应当解除保安治疗，适用交付保护观察。

（2）保安收容

根据第 100 条规定，保安收容也适用于两种情况：第一种是行为人实施了符合特别严重犯罪构成特征的行为但因精神错乱不承担刑事责任，如果对其放任存在危险，并且基于精神错乱的性质和对行为人的影响可能性认为适用保安治疗不足以保护社会的情况；第二种是滥用致瘾物质的人在与该滥用所致的影响作用下或相关情况下实施特别严重的犯罪被判处不少于 2 年实际监禁，又实施特别严重犯罪，并且基于行为人情况认为适用保安治疗不足以保护社会的情况。

保安收容在采取特别安保措施并且实施医疗、心理、教育、培训、矫正、职业资格计划的保安收容机构中执行，期限以保护社会所必需为限。法院应当每 12 个月（未成年人每 6 个月）至少一次对是否继续保安收容进行审查。保安收容可以附加于刑罚适用，也可以在免除刑罚时单独适用，当附加适用时，在监禁刑执行完毕或终止后执行；如果行为人在保安收容执行期间被判处实际执行监禁的，在该执行期间保安收容暂缓执行，在监禁执行完毕后继续执行。在执行过程中如果适用保安收容的理由消失但是符合适用机构保安治疗条件的，可以变更措施。

11. 斯洛伐克[①]

斯洛伐克刑法典规定了较多种类的限制人身自由的预防措施。

（1）保安治疗

根据第 73 条、第 74 条规定，适用保安治疗的对象包括：在精神减弱或精神错乱状态下实施犯罪行为，如果放任自由可能存在危险的

---

① 本部分相关法律条文参见陈志军译《斯洛伐克刑法典》，中国人民公安大学出版社 2011 年版。

人；针对关系密切人或者被托付照料人实施暴力行为并且基于行为人的人格可以合理认为将继续实施该暴力的；在致瘾物质作用下实施犯罪的人。附加于监禁适用的保安处分在服刑后开始实施，在行刑结构内执行，其他情况在医疗机构实施。这种治疗可以持续到目的实现为止，如果目的明显不可能实现则终止治疗。

（2）保安教养

根据第75条、第102至第105条规定，当未成年犯罪人被判刑时，缺乏受教养的家庭背景、环境或者历史的，可以对其适用保安教养，应当在专门的教养机构执行，如果健康状况需要，优先考虑在医疗机构中执行。此措施可以持续到目的实现为止，但不能延续至满18周岁之后，基于未成年犯罪人利益需要也可以延长至18周岁为止。

（3）保安监禁

根据第76至第80条规定，此项措施适用于：对因为特别严重的重罪被判处实际执行的监禁的罪犯；曾至少两次实施某种故意犯罪而服监禁刑又再次实施该犯罪被判实际执行的监禁的，基于其人格和犯罪性质，不能合理期待其服刑完毕后以正常方式生活的；基于罪犯在监禁机构中的表现不能合理期待其服刑完毕后以正常方式生活的。此制度不适用于未成年罪犯。保安监禁在一年以上三年以下幅度适用，前次结束之前再次适用的，和前次剩余期间总和不能超过五年。

（4）保安收容

根据第81条、第82条规定，此项措施适用于：如果罪犯在服刑期间患有依据医疗鉴定报告无法治愈的精神病，如果放任其自由可能对社会存在危险的；实施故意犯罪的罪犯拒绝接受保安治疗或因其消极态度致使保安治疗目的不能实现，如果放任其自由可能对社会存在危险的；性犯罪的犯罪人或特别严重的重罪惯犯，法院认为有必要的。对于第一种情况，法院应当中断执行监禁刑并移交收容机构，对于后两种情况，可以在监禁刑执行完毕前移交，应当在执行完毕后移交。这个制度是通过治疗和与社会的持续隔离来防止犯罪的发生，行为人应当在收容机构中停留至可以通过较轻的处分措施保护社会免受行为人危害为止。法院应当每年至少两次或在收容机构提议时对是否继续收容进行审查。

12. 塞尔维亚共和国[①]

《塞尔维亚共和国刑法典》中规定了适用于心智丧失、心智减弱、麻醉品成瘾、酒精成瘾的犯罪人的预防性措施。

（1）在健康机构中接受强制心理治疗与监护

根据第 81 条规定，当行为人实施犯罪行为的时候处于心智明显减弱状态，或处于心智丧失状态实施了某种危害行为而如果是正常人实施这种危害行为就属于犯罪时，如果从其所实施的犯罪行为以及心智减弱或丧失的状况看，有可能实施更严重的犯罪行为时，法庭可以裁定将其移送至健康机构中予以监护并接受治疗以消除这种危险，何时停止以危险消除为限，治疗时间计入刑期。如果治疗时间少于刑期，法庭可以决定将犯罪人送往监狱执行剩余刑期，也可以对其适用假释，是否假释要特别考虑犯罪人心理治疗的效果，其在健康机构所度过的时间以及剩余刑期之长短。

（2）对麻醉品成瘾的强制治疗

根据第 83 条规定，如果犯罪人因为麻醉品成瘾而实施犯罪行为，并有再犯之虞的，可以裁定对其适用对麻醉品成瘾的强制治疗，可以在刑罚执行机构中实施，也可以在健康机构或其他专门机构中实施，期限视治疗需要而定，但不得超过三年。如果同时裁定了监禁刑，在监禁期届满后仍可适用，但最终期限不得超过三年，治疗期间折抵刑期。

（3）对酒精成瘾的强制治疗

根据第 84 条规定，如果犯罪人因为酒精成瘾而实施了犯罪行为，并有再犯之虞的，可以裁定对其适用对酒精成瘾的强制治疗措施，可

[①] 本部分相关法律条文参见王立志译《塞尔维亚共和国刑法典》，中国人民公安大学出版社 2011 年版。

以在刑罚执行机构中实施，也可以在健康机构或其他专门机构中实施，期限视治疗需要而定，但不得超过犯罪人所被判处的刑期，治疗期间折抵刑期。

13. 挪威①

挪威现行刑法典包括1902年5月22日第10号法令颁布的《一般公民刑法典》以及随后的修改法令，汲取了当时先进的刑法改革理念，没有规定死刑、没有规定短期监禁，对于非常可能再犯的危险犯罪人规定了不定期刑。

（1）对精神病人、醉态犯罪人和智力损伤犯罪人的预防性措施

刑法典第39条规定了对精神障碍者和醉态行为人的预防性措施，当行为人实施犯罪行为是在精神错乱或者无意识状态下，抑或在自醉引起的无意识状态以及智力未充分发育或暂时损伤状态下时，如果根据其犯罪行为和自身状况表明有重复实施犯罪行为的危险时，为了预防需要，法庭可以要求检察官采取一定的预防性措施，包括了剥夺和限制人身自由的措施以及禁止措施，其中，涉及剥夺人身自由的措施有两种：置于精神病院、疗养院、护理院以及羁押犯罪人。②

当预防性措施不再必要时应当中断使用，有正当理由时可以恢

---

① 本部分相关法律条文参见马松建译《挪威一般公民刑法典》，北京大学出版社2005年版。

② 这种措施适用于当存在以下犯罪行为的危险之时：引发易造成人员伤亡或财产重大损失的火灾、垮塌、爆炸、洪水、海损、铁路或航空事故的行为（第148条），阻碍对重大事故的防范或抢救的（第149条），向饮用水或管道投放有害物质造成对生命、健康的普遍危险的（第152条第2款），向公众使用或出售的产品中添加有毒或其他物质，造成公共危险的；隐瞒添加有毒物质的事实进行销售；造成人员死亡或重大健康损害的（第153条第1、2、3款），造成传染病传播的（第154条），共谋故意或帮助实施前几条规定的危害公共安全的行为的（第159条），指使他人或威胁、煽动实施重罪的（第160条），获取、制造、储存爆炸物或其他特殊器具实施重罪的（第161条），强奸、对精神病人、未成年人等实施有伤风化行为的；利用特殊身份或特殊关系实施有伤风化行为的（第192至198条），诱骗他人卖淫（第206条），有伤风化的言行（第212条），出于有伤风化目的非法剥夺未成年人亲属的照顾权利的（第217条），非法监禁或为他国招募兵员、从事奴隶交易（第224条），致使或帮助他人被奴役的（第225条），言行威胁（第227条），曾犯有暴力性质重罪的（第230条），重伤罪（第231条），导致或帮助导致他人死亡的（第233条），非法堕胎的（第245条第1款），严重盗窃罪（第258条），敲诈罪（第266条），抢劫罪（第267条），严重抢劫罪（第268条），严重的恣意破坏罪（第292条）。

复，实施的最长期限由法庭决定，中断与否由内阁决定，在实施过程中应当定期由医学专家作出是否中断措施的报告。在精神病院的犯罪人，如果法庭没有解决预防性措施问题，出院前必须通知检察官，在进一步决定前不得出院，至少继续再待3个月。

（2）对犯数罪或重罪的犯罪人的预防性措施

第39条a规定了当犯罪人实施了数个犯罪或按刑法规定应当重罚的犯罪时，如果法庭认为有再犯之虞，可以在判决全部或部分执行完毕（三分之一）后决定对犯罪人适用必要期限的预防性拘留，最高期限由法庭决定。判决执行完毕或已执行判决加预防性拘留日期的总和达到原判决羁押刑期，内阁可以决定适用附以一定禁止条件的缓刑，如果犯罪人在缓刑释放后5年内没有实施故意的重罪并遵守了相关规定，该释放才具有最终的效力。①

14. 波兰②

波兰刑法典在刑罚之外还规定了处分措施和预防措施。处分措施主要包括剥夺公权、禁止从事特定职位、禁止从事特定职业或活动等10类。预防措施则是针对实施了与精神疾病、精神障碍、酗

---

① 刑法规定的重罚罪有：引发易造成人员伤亡或财产重大损失的火灾、垮塌、爆炸、洪水、海损、铁路或航空事故的行为（第148条），阻碍对重大事故的防范或抢救的（第149条），向饮用水或管道投放有害物质造成对生命、健康的普遍危险的（第152条第2款），向公众使用或出售的产品中添加有毒或其他物质，造成公共危险的；隐瞒添加有毒物质的事实进行销售的；造成人员死亡或重大健康损害的（第153条第1、2、3款），造成传染病传播的（第154条），共谋故意或帮助实施前几条规定的危害公共安全的行为的（第159条），指使他人或威胁、煽动实施重罪的（第160条），获取、制造、储存爆炸物或其他特殊器具实施重罪的（第161条），伪造货币的（第174条），为伪造货币持有人印制核发证券和凭证的（第178条），强奸、对精神病人、未成年人等实施有伤风化行为；利用特殊身份或特殊关系实施有伤风化行为（第192至198条），诱骗他人卖淫（第206条），对晚辈血亲实施有伤风化行为的（第207条），有伤风化的言行（第212条），出于有伤风化目的非法剥夺未成年人亲属的照顾权利的（第217条），非法监禁或为他国招募兵员、从事奴隶交易（第224条），致使或帮助他人被奴役的（第225条），言行威胁（第227条），曾犯有暴力性质重罪的（第230条），重伤罪（第231条），导致或帮助导致他人死亡的（第233条），非法堕胎的（第245条第1款），严重盗窃罪（第258条），敲诈罪（第266条），抢劫罪（第267条），严重抢劫罪（第268条），严重的恣意破坏罪（第292条）。

② 本部分相关法律条文参见陈志军译《波兰刑法典》，中国人民公安大学出版社2009年版。

· 225 ·

酒、吸毒成瘾有关的被禁止行为的人规定了交付实行封闭管理的医疗机构管理的预防措施，在做出决定之前法院应当听取相关专家的意见。

（1）对精神障碍者的预防措施

根据第94条、第95条规定，当行为人由于精神疾病、精神缺陷或者精神错乱而不能认识或控制自己行为处于无责任能力状态时实施了某一严重危害公众的被禁止行为，如果其有再犯之虞的，应当交由精神病机构管理，其间需要事先确定。

当行为人处于减轻责任能力状态下实施犯罪被判处剥夺自由的刑罚且未缓刑时，可以交付给有能力实施特别的医学治疗或者康复措施的刑罚执行机构执行。

（2）对性犯罪者的预防措施

根据第95条a规定，当行为人由于与性欲有关的精神功能紊乱（不属于精神疾病）而实施侵害性自主犯罪被判处剥夺自由的刑罚的，在刑罚执行完毕后可以裁定将其交付封闭管理的机构进行治疗或者交付实施非住院治疗，这个决定要在预计假释或刑罚执行完毕之日6个月之前作出。

（3）对酒瘾、毒瘾者的预防措施

根据第96条规定，当行为人由于酗酒或吸毒成瘾有关的犯罪被判处剥夺2年以下剥夺自由刑罚且未被缓刑时，如果认为极有可能再次实施与其瘾癖有关的犯罪的，法院可以裁定交付给封闭管理的医疗机构进行戒除治疗。封闭期间应当事先确定，不能少于3个月超过2年，释放与否由法院根据治疗人员的意见决定，此期间折抵刑罚。

15. 匈牙利[①]

匈牙利刑法典在刑罚之外还规定了八种处分措施，其中涉及剥夺人身自由的预防性措施有以下几种：

---

① 本部分相关法律条文参见陈志军译《匈牙利刑法典》，中国人民公安大学出版社2008年版。

（1）强制医疗

刑法典第 74 条规定了对处于精神病状态中的行为人，如果其实施了正常状态应判处 1 年以上监禁的暴力人身侵害行为或者有公共危险性的侵害行为，且认为有再犯之虞的，应当决定对其强制医疗。此措施应当在封闭的医疗机构中进行，终止与否取决于必要性是否消失。

（2）酗酒强制治疗

刑法典第 75 条规定了对由于酗酒实施了被判处超过 6 个月监禁的犯罪行为的行为人进行强制治疗。

（3）对未成年人的矫正机构教育

匈牙利刑法强调预防犯罪和保卫社会的目的，对于未成年犯罪人尤其强调对其的教育作用，所以只有当处分措施不能达到预防目的的时候才能适用刑罚，只有在别无他法时才能适用含有剥夺人身自由内容的处分措施或刑罚。刑法典第 118 条规定了剥夺人身自由的处分措施——矫正机构教育。此措施的适用期间为 1—3 年，多个矫正机构措施合并适用的期间不得超过 3 年。满 1 年后如果时间已达所判处期间的 1/2，且有充分利用认为可以不用再适用此措施的，可以暂时释放，其间为矫正措施的剩余期间，如果在此期间又犯罪被判处矫正机构措施或监禁的，法院应当终止暂时释放，如果在此期间又犯罪被判处其他刑罚或处分措施，或者违反了交缓刑官监管的规定的，法院可以终止暂时释放，此时暂时释放期间不计入矫正措施期间。

16. 老挝①

《老挝刑事法典》第八章关于法院的再教育措施和治疗措施中规定了对精神病人和酒精、毒品成瘾者的治疗措施。

根据第 54 条的规定，对于在精神紊乱状态下实施了犯罪行为的犯罪人，或者犯罪时精神正常，但在判决前或刑罚执行过程中精神紊

---

① 本部分法律规定参见贾凌、魏汉涛译《老挝刑事法典》，中国政法大学出版社 2014 年版。

乱的犯罪人，可以进行相关的精神治疗，恢复正常状态后再作出判决或继续执行原判决，治疗期限折抵刑期。

根据第55条的规定，对于已经实施了犯罪且没有被判决剥夺自由刑的犯罪人，如果有酒精或毒品的瘾癖，法院可以要求他们在精神病院或特殊的医疗中心治疗；如果这类瘾癖犯罪人被处以剥夺自由刑，在服刑同时要接受治疗；如果自由刑执行完毕，瘾癖治疗措施还没有执行完毕，法院可以遣送他们到医院治疗或托付给有关组织进行再教育或医疗。犯罪人恢复正常状态后再作出判决或继续执行原判决，治疗期限折抵刑期。

17. 塔吉克斯坦共和国[①]

该国在其刑法典第六编规定了医疗性质的强制措施，以治疗为目的，预防刑法分则规定的危险行为。根据第97条的规定，可以适用预防性治疗措施的情况有：精神失常的；实施犯罪后精神错乱的；间歇性精神错乱的；发现罪犯需要参与临床治疗摆脱酗酒、药物依赖、毒瘾的。根据第98条、99条的规定，当行为人精神错乱的性质和程度需要医疗治疗、护理和观察的，适用在精神病院强制医疗措施；对需要持续性观察的罪犯，可以适用在特殊类型精神病院强制治疗；基于精神状况会对自己或者他人构成威胁且需要持续性强化观察的罪犯，可以适用在精神病院接受加强观察、强制治疗。法院在精神病委员会的审查基础之上可以作出对此措施的延期、变更和撤销决定。

根据第101条规定，对酗酒、药瘾、毒瘾的人实施犯罪的，法院在刑罚之外可判处适用医疗性质的强制措施。一般对服监禁刑的罪犯，在其服刑地点执行医疗措施，但如果认为对改善其精神状况是必须的，可以遣送至精神病院或其他医疗机构，其间计入刑期。

[①] 本部分相关的法律条文参见徐玲、刘鹏辉、徐曼玉等译《塔吉克斯坦共和国刑法典》，中国人民公安大学出版社2015年版。

参考文献

一 中文著作

蔡墩铭:《唐律与近世刑事立法之比较研究》,(台北)商务印书馆 1968 年版。

陈家林:《外国刑法:基础理论与研究动向》,华中科技大学出版社 2013 年版。

陈家林:《外国刑法通论》,中国人民公安大学出版社 2009 年版。

陈兴良:《刑法的价值构造》,中国人民大学出版社 1998 年版。

陈兴良:《刑法通论》,人民法院出版社 1993 年版。

陈兴良:《刑法哲学》,中国政法大学出版社 1992 年版。

陈显容、李正典:《犯罪与社会对策》,群众出版社 1992 年版。

陈志海:《行刑理论的多维探究》,北京大学出版社 2008 年版。

储槐植、江溯:《美国刑法》,北京大学出版社 2012 年版。

储槐植、陈兴良、张绍彦:《理性与秩序:中国劳动教养制度研究》,法律出版社 2002 年版。

储槐植:《刑事一体化论要》,北京大学出版社 2007 年版。

甘雨沛、杨春洗、张文显主编:《犯罪与刑罚新论》,北京大学出版社 1991 年版。

甘雨沛:《比较刑法学大全》,北京大学出版社 1997 年版。

高格:《比较刑法学研究》,北京大学出版社 1993 年版。

韩忠谟:《刑法原理》,北京大学出版社 2009 年版。

郝守才、张亚平、蔡军：《近代西方刑法学派之争》，河南大学出版社 2009 年版。

何勤华、李秀清主编：《民国法学论文精粹·刑事法律篇》，法律出版社 2004 年版。

何勤华、李秀清主编：《意大利法律发达史》，法律出版社 2006 年版。

侯东亮：《少年司法模式研究》，法律出版社 2014 年版。

黄祥青：《罪刑相当论》，中国方正出版社 2001 年版。

黄永维：《中国减刑、假释制度的改革与发展》，法律出版社 2012 年版。

季理华：《累犯制度研究——刑事政策视野中的累犯制度一体化构建》，中国人民公安大学出版社 2010 年版。

焦旭鹏：《风险刑法的基本立场》，法律出版社 2014 年版。

劳东燕：《风险社会中的刑法：社会转型与刑法理论的变迁》，北京大学出版社 2015 年版。

黎宏：《日本刑法精义》，中国检察出版社 2004 年版。

黎宏：《刑法总论问题思考》，中国人民大学出版社 2007 年版。

李贵方：《自由刑比较研究》，吉林人民出版社 1992 年版。

梁根林主编：《当代刑法思潮论坛》，北京大学出版社 2016 年版。

梁根林：《刑罚结构论》，北京大学出版社 1998 年版。

林山田：《刑罚学》，（台北）商务印书馆股份有限公司 1983 年版。

林山田：《刑法通论》（下册），个人自版 2006 年版。

林卫星：《累犯专题整理》，中国人民公安大学出版社 2010 年版。

刘仁文主编：《废除劳教后的刑法结构完善》，社会科学文献出版社 2015 年版。

刘旭东：《累犯制度研究》，中国政法大学出版社 2012 年版。

龙腾云：《刑罚进化研究》，法律出版社 2014 年版。

卢建平：《刑事政策与刑法》，中国人民公安大学出版社 2004 年版。

罗国杰、宋希仁主编：《西方伦理思想史（下卷）》，中国人民大学出版社1988年版。

吕世伦：《黑格尔法律思想研究》，中国社会科学出版社1995年版。

马克昌：《比较刑法原理——外国刑法学总论》，武汉大学出版社2002年版。

马克昌：《近代西方刑法学说史》，中国人民公安大学出版社2008年版。

马克昌：《近代西方刑法学说史略》，中国检察出版社1996年版。

马克昌主编：《刑罚通论》，武汉大学出版社1999年版。

苗有水：《保安处分与中国刑法发展》，中国方正出版社2001年版。

潘华仿：《外国监狱史》，社会科学文献出版社1994年版。

邱兴隆、许章润：《刑罚学》，群众出版社1988年版。

邱兴隆：《关于惩罚的哲学：刑罚根据论》，法律出版社2000年版。

曲新久：《刑法的精神与范畴》，中国政法大学出版社2000年版。

沈家本：《历代刑法考》，中华书局1985年版。

沈宗灵：《现代西方法理学》，北京大学出版社1992年版。

舒洪水：《累犯制度适用》，中国人民公安大学出版社2012年版。

苏彩霞：《累犯制度比较研究》，中国人民公安大学出版社2002年版。

苏俊雄：《刑法总论Ⅲ》，（台北）元照出版有限公司2000年版。

苏力：《变迁之痛：转型期的社会失范研究》，社会科学文献出版社2006年版。

苏联司法部全苏法学研究所主编：《苏联刑法总论》，彭仲文译，大东书局1950年版。

孙长永：《侦查程序与人权——比较法考察》，中国方正出版社2000年版。

童德华：《外国刑法导论》，法制出版社2010年版。

万俊人：《现代西方伦理学史》，北京大学出版社1999年版。

王联合：《论犯罪与刑罚》，中国政法大学出版社2016年版。

王世洲：《现代刑法学》，北京大学出版社2011年版。

王数:《中华刑法论》,中国方正出版社2005年版。

温晓莉:《中国法律史纲》,成都科技大学出版社1987年版。

翁腾环:《世界刑法保安处分比较学》,商务印书馆2014年版。

吴宗宪:《西方犯罪学史》,警官教育出版社1997年版。

谢瑞智:《中外刑事政策之比较研究》,中央文物供应社1987年版。

谢望原:《欧陆刑罚制度与刑罚价值原理》,中国检察出版社2004年版。

许鹏飞:《比较刑法纲要》,商务印书馆2014年版。

杨春洗、杨敦先、郭自力:《中国刑法论》,北京大学出版社2014年版。

张道许:《风险社会的刑法危机及其应对》,知识产权出版社2016年版。

张甘妹:《刑事政策学》,台湾三民书局1979年初版。

张晋藩等:《中国刑法史新论》,人民法院出版社1992年版。

张晶:《风险刑法:以预防机能为视角的展开》,中国法制出版社2012年版。

张明楷译:《日本刑法典》(第2版),法律出版社2006年版。

张明楷:《外国刑法纲要(第2版)》,清华大学出版社2007年版。

张明楷:《刑法的基本立场》,中国法制出版社2002年版。

张旭:《英美刑法论要》,清华大学出版社2006年版。

张志伟:《康德的道德世界观》,中国人民大学出版社1995年版。

赵秉志:《未成年人犯罪刑事实体法问题研究》,北京师范大学出版社2014年版。

赵秉志:《刑罚总论问题探索》,法律出版社2003年版。

赵秉志:《刑法改革探索》,法律出版社2006年版。

赵秉志:《刑法基本理论专题研究》,法律出版社2005年版。

赵秉志:《英美刑法学》,科学出版社2010年版。

赵俊:《少年刑法比较总论》,法律出版社2012年版。

赵震江:《法律社会学》,北京大学出版社1998年版。

周振想：《刑罚适用论》，法律出版社1990年版。

朱华荣主编：《各国刑法比较研究》，武汉出版社1995年版。

卓泽渊：《法的价值论》，法律出版社1999年版。

二 中文论文

李淑兰：《报应抑或预防：国际刑罚目的反思》，《甘肃社会科学》2017年第1期。

屈耀伦：《关于不定期刑的若干思考》，《兰州大学学报》（社会科学版）2010年第2期。

吴星：《相对不定期刑：刑罚改革与未成年人司法的双重突破——以三明中院开展相对不定期刑试点评估为视角》，《预防青少年犯罪研究》2014年第2期。

张志泉：《保安处分的多维度考察与分析》，《山东大学学报》（哲学社会科学版）2009年第2期。

陈晖：《论澳门刑法中的保安处分制度》，《暨南学报》（人文科学与社会科学版）2004年第3期。

陈康：《保安处分立法论评析》，《中国青年政治学院学报》2004年第2期。

陈康：《我国保安处分立法化的根据》，《河北法学》2004年第5期。

陈伟：《教育刑与刑罚的教育功能》，《法学研究》2011年第6期。

陈兴良：《宽严相济刑事政策研究》，《法学杂志》2006年第1期。

陈兴良：《刑罚目的二元论》，《中南政法学院学报》1991年第2期。

陈兴良：《刑罚目的新论》，《华东政法学院学报》2001年第3期。

陈昇慧：《刑罚目的的人性反思》，《法学杂志》2014年第6期。

陈泽宪：《试论安置教育》，《净月学刊》2018年第1期。

邓修明：《我国刑罚目的新探》，《现代法学》1990年第2期。

丁祥雄、田园：《完善我国保安处分制度的构想——我国刑法第一百条之检讨》，《中国刑事法杂志》2002年第6期。

董邦俊、王振：《保安处分之合理性思辨》，《理论月刊》2008年第

1 期。

董倩雯：《保安处分：衔接行政处罚与刑事处罚的应然选择》，《山东警察学院学报》2015 年第 5 期。

房清侠：《构建我国完整的保安处分制度的设想》，《河北法学》2002 年第 4 期。

房清侠：《我国刑法保安处分制度的修正与完善》，《河南司法警官职业学院学报》2004 年第 3 期。

高长富：《废除无期徒刑的思考——兼论相对不定期刑的替代性价值》，《行政与法》2008 年第 6 期。

龚万征：《实行相对不定刑的初步构想》，《法学评论》1988 年第 2 期。

郭军丽：《保安处分若干理论问题探析》，《河南司法警官职业学院学报》2007 年第 2 期。

韩啸：《意大利实证学派保安处分理论初探》，《山东警察学院学报》2015 年第 4 期。

韩轶、刘雯：《刑罚一般预防目的质疑——刑罚目的不应包括一般预防》，《中外法学》1998 年第 2 期。

韩轶：《刑罚目的层次性辩说——兼论刑罚的最终目的》，《法商研究》2004 年第 4 期。

何荣功、段宝平：《不定期刑探讨》，《中国刑事法杂志》2001 年第 4 期。

侯保田：《我国现行法中的保安处分》，《法律科学·西北政法学院学报》1994 年第 4 期。

胡威、李杉杉：《论美国的不定期刑制度》，《法学论坛》2007 年第 4 期。

江奥立：《自首制度研究——以刑罚目的为视角的考察》，《黑龙江省政法管理干部学院学报》2013 年第 2 期。

江溯、唐志威：《德国保安监禁制度的晚近发展》，《净月学刊》2018 年第 1 期。

姜敏：《制度理想与行为选择：刑罚目的一体化剥离及其宣谕》，《北方法学》2015年第2期。

蒋明：《论保安处分的本质》，《吉林公安高等专科学校学报》2000年第2期。

蒋明：《西方保安处分制度发展演变述略》，《吉林公安高等专科学校学报》1999年第4期。

冷凌：《设立保安处分在当今中国的必要性与可能性》，《石油大学学报》（社会科学版）2002年第6期。

黎宏：《〈刑法修正案（九）〉中有关恐怖主义、极端主义犯罪的刑事立法——从如何限缩抽象危险犯的成立范围的立场出发》，《苏州大学学报》（哲学社会科学版）2015年第6期。

李贵方：《不定期刑比较研究》，《法律科学》（西北政法学院学报）1992年第1期。

李维丽：《西方保安处分制度的源起及其本质》，《法制与社会》2007年第10期。

李希慧：《论刑罚的目的及其实现》，《法治研究》2011年第2期。

梁恒：《报应的威慑刑：贝卡利亚的二元刑罚目的观——重读〈论犯罪与刑罚〉》，《山东大学法律评论》2009年第00期。

刘菲：《论我国保安处分立法的社会意义》，《湖北警官学院学报》2004年第5期。

刘刚：《西方近现代保安处分制度的改革发展及其启示》，《湖南科技学院学报》2006年第6期。

刘良强、张春天、张云浩：《我国保安处分制度的立法构想》，《法制与经济》2017年第2期。

刘强：《试论我国应采用"相对不定期刑"制度》，《河北法学》1987年第6期。

刘仁文：《保安处分与中国行政拘禁制度的改革》，《法治研究》2014年第6期。

刘夏：《德国保安处分制度中的适当性原则及其启示》，《法商研究》

2014 年第 2 期。

刘钊：《刑罚目的的构建反思：正义与功利的共融》，《法制博览》（中旬刊）2014 年第 6 期。

刘中发：《澳门刑法中的保安处分制度述评》，《国家检察官学院学报》2001 年第 1 期。

陆诗忠：《对刑罚目的理论的思考》，《中国刑事法杂志》2006 年第 1 期。

马聪：《刑罚目的在刑法学中的体系性位置》，《山东师范大学学报》（人文社会科学版）2009 年第 5 期。

马荣春：《论刑罚的本质、目的与功能——立于刑法真善美的解读》，《盐城师范学院学报》（人文社会科学版）2012 年第 6 期。

莫洪宪、王明星：《我国对恐怖主义犯罪的刑法控制及立法完善》，《法商研究》2003 年第 6 期。

潘法律：《谈实行不定期刑》，《河北法学》1991 年第 2 期。

潘万贵：《论保安处分：制度、反思与重构》，《行政与法》2013 年第 11 期。

皮勇：《全球化信息化背景下我国网络恐怖活动及其犯罪立法研究——兼评我国〈刑法修正案（九）（草案）〉和〈反恐怖主义法（草案）〉相关反恐条款》，《政法论丛》2015 年第 1 期。

邱帅萍：《报应不应成为刑罚的目的》，《湘潭大学学报》（哲学社会科学版）2014 年第 3 期。

邱帅萍：《矫正刑论：黑格尔刑罚目的理论的再定位》，《政治与法律》2014 年第 9 期。

屈学武：《保安处分与中国刑法改革》，《法学研究》1996 年第 5 期。

屈耀伦：《预防与报应：刑罚目的的二元构建》，《法学评论》2006 年第 1 期。

时延安：《刑罚目的反思与减刑制度改革完善》，《人民检察》2014 年第 8 期。

时延安：《保安处分的刑事法律化——论刑法典规定保安性措施的必

要性及类型》,《中国人民大学学报》2013 年第 2 期。

时延安:《隐性双轨制:刑法中保安处分的教义学阐释》,《法学研究》2013 年第 3 期。

史蕾、宁岩、李纯:《保安处分视角下精神病人强制医疗范式探析》,《医学与哲学》(人文社会医学版) 2011 年第 2 期。

孙道萃:《我国刑罚目的理论的重构:基于普遍正义观的立场》,《南昌大学学报》(人文社会科学版) 2012 年第 6 期。

唐丹:《大陆、台湾刑法中保安处分制度比较研究》,《甘肃政法学院学报》2002 年第 2 期。

陶阳:《论刑罚目的多元与价值多元》,《法学评论》2004 年第 4 期

陶野:《终身监禁合理性质疑——以罗克辛刑罚目的观为视角》,《云南警官学院学报》2016 年第 5 期。

田宏杰:《刑罚目的研究——对我国刑罚目的理论的反思》,《政法论坛》2000 年第 6 期。

田暕:《论外国的不定期刑制度》,《杭州大学学报》(哲学社会科学版) 1995 年第 4 期。

汪惠芬:《台湾地区保安处分制度的考察与启示》,《知识经济》2010 年第 11 期。

王刚:《论我国刑罚理论研究中的四个误区——刑罚目的一元论之提出》,《法学论坛》2012 年第 1 期。

王宏溥:《刑罚目的观视野下减刑、假释制度诠释与反思》,《中国检察官》2015 年第 21 期。

王丽英:《劳动教养司法化的路径探析——以台湾地区、澳门特区的保安处分为借鉴》,《哈尔滨工业大学学报》(社会科学版) 2013 年第 6 期。

王琪:《社区矫正——刑罚目的的另一条实现道路》,《法学杂志》2008 年第 3 期。

王世洲:《现代刑罚目的理论与中国的选择》,《法学研究》2003 年第 3 期。

王晓燕、朱效亮：《简论不定期刑制度》，《国外法学》1988年第1期。

王引：《论刑罚目的范围之厘清》，《法制与社会》2013年第9期。

王友才：《试论刑罚目的观》，《法律科学》（西北政法学院学报）1993年第3期。

王振生：《论刑罚目的及其对我国刑事政策的影响》，《西南政法大学学报》2006年第6期。

王振生：《保安处分在我国的法律命运》，《河北法学》2007年第8期。

韦佳：《争议中前行：德国预防性监禁的复兴、修正及其借鉴意义》，《法学杂志》2017年第11期。

肖洪：《刑罚目的应该是"一般预防"》，《现代法学》2007年第3期。

谢望原、宣炳昭：《台、港、澳与大陆刑罚目的之比较》，《山东法学》1999年第1期。

谢望原：《实然的刑罚目的与应然的选择》，《浙江社会科学》2000年第5期。

夏伟：《刑罚目的及其规范限制——基于对现代理论的反思》，《河北科技师范学院学报》（社会科学版）2014年第4期。

徐松林：《保安处分及我国刑法制度的完善》，《现代法学》2001年第4期。

严帅：《当前国际恐怖主义的新特征及其发展趋势》，《现代国际关系》2015年第1期。

颜超明：《浅析相对不定期宣告刑的合理性及根据》，《阜阳师范学院学报》（社会科学版）2010年第2期。

杨联华：《不定期刑制度的起源及其运用》，《法学杂志》1986年第2期。

衣家奇：《不定期刑现象之思考》，《法学评论》2005年第1期。

于跃江：《论刑罚目的》，《中国刑事法杂志》2002年第6期。

郁岳春、朱埇茜：《论我国的刑罚目的与刑罚人道——也谈中国刑法的人道化和轻刑化》，《科技视界》2013 年第 25 期。

喻伟：《保安处分刑事立法化——我国刑法改革上的重大议题》，《法学评论》1996 年第 5 期。

翟中东：《保安处分适用的瓶颈及其解决》，《法学论坛》2002 年第 6 期。

张洪成：《不定期刑的历史命运》，《刑法论丛》2008 年第 4 期。

张辉、许身健、魏健：《保安处分程序功能研究》，《国家检察官学院学报》2002 年第 6 期。

张小虎：《论我国保安处分制度的建构》，《政治与法律》2010 年第 10 期。

张旭、陈正云：《保安处分与刑法的完善》，《吉林大学社会科学学报》1995 年第 5 期。

张璇：《论罪刑相适应原则与刑罚目的的实现》，《山东农业大学学报》（社会科学版）2013 年第 3 期。

赵秉志、杜邈：《我国反恐怖主义立法完善研讨》，《法律科学·西北政法学院学报》2006 年第 3 期。

赵秉志、赵书鸿：《论德国传统量刑理论中刑罚预防目的的边缘化——实证性检验与事实性说明》，《江海学刊》2013 年第 1 期。

赵春燕、包雯：《论风险社会下的刑罚目的观》，《河北经贸大学学报》（综合版）2013 年第 1 期。

周建军：《保安处分制度理论研究六十年》，《山东警察学院学报》2009 年第 4 期。

周凌、胡德葳：《反恐怖主义国家政策相关理论问题探讨——以〈反恐怖主义法〉（草案）为焦点》，《山东警察学院学报》2015 年第 3 期。

周舟、林清红：《日本少年刑罚制度与我国相关立法比较研究——以〈日本少年法〉新修正案为视角》，《青少年犯罪问题》2014 年第 4 期。

三 外文译著

［奥］曼弗雷德·诺瓦克：《民权公约评注：联合国〈公民权利和政治权利国际公约〉》，毕小青、孙世彦等译，生活·读书·新知三联书店 2003 年版。

［德］埃里克·希尔根多夫：《德国刑法学：从传统到现代》，江溯、黄笑岩等译，北京大学出版社 2015 年版。

［德］弗里德里希·包尔生：《伦理学体系》，何怀宏、廖申白译，中国社会科学出版社 1988 年版。

［德］格吕恩特·雅科布斯：《行为·责任·刑法——机能性描述》，冯军译，中国政法大学出版社 1998 年版。

［德］汉斯·海因里希·耶塞克、托马斯·魏根特：《德国刑法教科书·总论》，徐久生译，中国法制出版社 2001 年版。

［德］黑格尔：《法哲学原理》，范扬、张企泰译，商务印书馆 1961 年版。

［德］黑格尔：《逻辑学》，杨一之译，商务印书馆 1982 年版。

［德］黑格尔：《小逻辑》，贺麟译，商务印书馆 1980 年版。

［德］卡尔·路德维格·冯·巴尔：《大陆刑法史：从古罗马到十九世纪》，周振杰译，法律出版社 2016 年版。

［德］康德：《道德形而上学原理》，苗力田译，上海人民出版社 1986 年版。

［德］康德：《法的形而上学原理——权利的科学》，沈叔平译，商务印书馆 2005 年版。

［德］李斯特：《德国刑法教科书》，徐久生译，法律出版社 2000 年版。

［德］罗克辛：《德国刑法学总论（第 1 卷）：犯罪原理的基础构造》，王世洲译，法律出版社 2005 年版。

［德］梅尔：《德国观念论与惩罚的概念》，邱帅萍译，知识产权出版社 2015 年版。

[德] 乌尔里希·贝克、约翰内斯·威尔姆斯：《自由与资本主义》，路国林译，浙江人民出版社2001年版。

[俄] Л. В. 伊诺加莫娃－海格主编：《俄罗斯联邦刑法典（总论）》（第2版），黄芳、刘阳、冯坤译，中国人民大学出版社2010年版。

[法] 安塞尔：《新刑法理论》，卢建平译，香港：香港天地图书有限公司1990年版。

[法] 卡斯东·斯特法尼等：《法国刑法总论精义》，罗结珍译，中国政法大学出版社1998年版。

[法] 卢梭：《社会契约论》，何兆武译，商务印书馆1980年版。

[法] 孟德斯鸠：《论法的精神》，孙立坚等译，陕西人民出版社2001年版。

[韩] 金日秀、徐辅鹤：《韩国刑法总论》（第11版），郑军男译，武汉大学出版社2008年版。

[韩] 李再祥：《韩国刑法总论》，[韩] 韩相敦译，中国人民大学出版社2005年版。

[美] 博登海默：《法理学—法哲学及其方法》，华夏出版社1987年版。

[美] 大卫·E. 杜菲：《美国矫正政策与实践》，中国人民公安大学出版社1992年版。

[美] 戈尔丁：《法律哲学》，齐海滨译，生活·读书·新知三联书店1987年版。

[美] 克莱门斯·巴特勒斯：《矫正导论》，孙晓雳等译，中国人民大学出版社1991年版。

[美] 理查德·霍金斯、杰弗里·P. 阿尔珀特：《美国监狱制度——刑罚与正义》，孙晓雳、林遐译，郭建安校，中国人民公安大学出版社1991年版。

[美] 罗尔斯：《正义论》，何怀宏等译，中国社会科学出版社1988年版。

[美] 史蒂文·拉布：《美国犯罪预防的理论实践与评价》，张国昭等

译，中国人民公安大学出版社 1993 年版。

［挪］约翰尼斯·安德聂斯：《刑罚与预防犯罪》，钟大能译，法律出版社 1983 年版。

［日］大谷实：《刑法讲义总论》（第 2 版），黎宏译，中国人民大学出版社 2008 年版。

［日］大冢仁：《刑法概说（总论）》，冯军译，中国人民大学出版社 2003 年版。

［日］福田平、大塚仁：《日本刑法总论讲义》，李乔等译，辽宁人民出版社 1986 年版。

［日］菊田幸一：《犯罪学》，海沫等译，群众出版社 1989 年版。

［日］木村龟二主编：《刑法学词典》，顾肖荣等译，上海翻译出版公司 1991 年版。

［苏］Н. А. 别利亚耶夫、М. И. 科瓦廖夫主编：《苏维埃刑法总论》，马改秀、张广贤译，群众出版社 1987 年版。

［苏］Д. В. 巴格里-沙赫马托夫：《刑事责任与刑罚》，韦政强、关文学、王爱儒译，法律出版社 1984 年版。

［苏］Л. В. 马格里·沙赫马托夫：《刑事责任与刑罚》，韦政强等译，法律出版社 1994 年版。

［意］贝卡利亚：《论犯罪与刑罚》，黄风译，中国大百科全书出版社 1993 年版。

［意］杜里奥·帕多瓦尼：《意大利刑法学原理》，陈忠林译，法律出版社 1998 年版。

［意］杜里奥·帕多瓦尼：《意大利刑法学原理（注评版）》，陈忠林译，法律出版社 2004 年版。

［意］恩利克·菲利：《犯罪社会学》，郭建安译，中国人民公安大学出版社 1990 年版。

［意］菲利：《犯罪社会学》，郭建安译，中国人民公安大学出版社 2004 年版。

［意］菲利：《实证派犯罪学》，郭建安译，中国人民公安大学出版社

2004年版。

［意］加罗法洛:《犯罪学》,耿伟,王新译,中国大百科全书出版社1996年版。

［意］加罗法洛:《犯罪学》,耿伟、王新译,中国大百科全书出版社1996年版。

［意］龙勃罗梭:《犯罪人论》,黄风译,中国法制出版社2000年版。

［英］H. L. A. 哈特:《惩罚与责任》,王勇等译,华夏出版社1989年版。

［英］安德鲁·阿什沃斯:《量刑与刑事司法》(第6版),彭海青等译,中国社会科学出版社2019年版。

［英］艾伦·诺里:《刑罚、责任与正义:关联批判》,杨丹译,中国人民大学出版社2009年版。

［英］边沁:《道德与立法原理导论》,时殷弘译,商务印书馆2002年版。

［英］边沁:《立法理论—刑法典原理》,孙力等译,中国人民公安大学出版社1993年版。

［英］哈特:《惩罚与责任》,华夏出版社1989年版。

［英］霍布斯:《利维坦》,黎思复等译,商务印书馆1985年版。

［英］休谟:《人性论》,关文运译,商务印书馆1980年版。

四　外文著作及论文

A Schönke, H Schröder, StGB Kommentar, Beck, 2010.

Andrew Forrester, Preventive Detention, Public Protection and Mental Health, The Journal of Forensic Psychiatry & Psychology, 2002, volume 13 (2).

Anne-Marie Mcalinden, Indeterminate Sentences for the Severely Personality Disordered, Criminal Law Review, Feb. 2001.

B. Mcsherry, Keyzer P. Sex Offenders and Preventive detention: Politics, Policy and Practice, OAI, 2009.

B. Zabel, Bürgerrechte ernstgenommen-Das Urteil des BVerfG zur nachträglichen Sicherungsverwahrung, 2 BvR 2365/09 vom 4. Mai 2011. Juristische Rundschau, 2011（11）.

Basdekis-Jozsa R1, Briken P. , Die Meinung forensischer Psychiater zur Sicherungsverwahrung（SV）und zum Therapieunterbringungsgesetz（ThUG）, Psychiat Prax 2012, 39（06）.

Bernd-Dieter Meier, Strafrechtliche Sanktionen, 3. Aufl. , 2009.

Carl Ludwig Von Barl, A History of Continental Law, Rothman Reprints Inc. , South Hackensack, 1968.

Christopher Slobogin, Preventive Detention in Europe, the United States and Australia, Social Science Electronic Publishing, 2012.

D. Cole, Out of the Shadows: Preventive Detention, Suspected Terrorists, and War, California Law Review, 2009, 97（3）.

Dietrich Sturm, Die Sicherungsverwahrung in Deutschland und England, Felix Verlag · Holzkirchen/Obb, 2010.

Dr. E. Habermeyer, H. Saß. Maßregel der Sicherungsverwahrung nach § 66 StGB. Der Nervenarzt, 2004, 75（11）.

E. Habermeyer, Passow D, Puhlmann P, et al. Die Maßregel der Sicherungsverwahrung: Empirische Befunde zu den Insassen und der psychiatrischen Gutachtenpraxis, Fortschritte Der Neurologie · Psychiatrie, 2008, 76（11）.

E. Müller, Die Sicherungsverwahrung, das Grundgesetz und die Europäische Menschenrechtskonvention. Strafverteidiger, 2010.

Elias S. B. Rethinking "Preventive Detention" from a Comparative Perspective: Three Frameworks for Detaining Terrorist Suspects, Social Science Electronic Publishing, 2009, 76（6）.

F. Streng, Die Zukunft der Sicherungsverwahrung nach der Entscheidung des Bundesverfassungsgerichts: Zum Urteil des Zweiten Senats des BVerfG vom 4. 5. 2011, Juristenzeitung, 2011（17）.

Grischa Merkel, Incompatible Contrasts? – Preventive Detention in Germany and the European Convention on Human Rights, German L. J. 2010 (11).

H. Ostendorf, C. Bochmann, Nachträgliche Sicherungsverwahrung bei jungen Menschen auf dem internationalen und verfassungsrechtlichen Prüfstand, Zeitschrift Für Rechtspolitik, 2007, 40 (5).

H. Jung, Die Sicherungsverwahrung auf dem Prüfstand der EMRK: Zugleich Besprechung von EGMR, Urteil vom 17. 12. 2009, Goltdammers Archiv Für Strafrecht, 2010, 157.

Herbert R. Steinböck, New Developments in preventive detention in Germany, Current Opinion in Psychiatry, 2009.

J. Leygraf, Ist die nachträgliche Sicherungsverwahrung am Ende?, Nervenarzt 2010 (81).

J. Leygraf, Erste Erfahrungen mit der Rechtsprechung zur nachträglichen Sicherungsverwahrung. Forensische Psychiatrie, Psychologie, Kriminologie, 2007, 1 (2).

James Austin, John Clark, Patricia Hardyman, Alan Henry, "Three Strikes and You're out" the Inplementation and Impact of Strikes Laws, Washington: U. S. Department of Justice, 2000.

Jescheck, H. H. & T. Weigend, Lehrbuch des Strafrechts, Allgemeiner Teil, 5 Aufl. Duncker & Humblot, 1996.

Jescheck/Weigend, Strafrecht AT, 5. Aufl., 1996.

Jörg Kinzig, Die Entwicklung der Gesetzgebung zur Sicherungsverwahrung und die damit verbundenen Auswirkungen auf ihre Klientel, Forens Psychiatr Psychol Kriminol (2010) 4.

Jörg Kinzig, Die Sicherungsverwahrung auf dem Pruefstand, Freiburg i. Br, 1996.

Jörg Kinzig, Die Sicherungsverwahrung: bewährt oder obsolet?, Zeitschrift Für Rechtspolitik, 1997, 30 (3).

Jörg Kinzig, Preventive Measures for Dangerous Recidivists, European Journal of Crime, Criminal Law and Criminal Justice, 1997, 5 (1).

Keyzer P., Mcsherry B M. The Preventive Detention of "Dangerous" Sex Offenders in Australia: Perspectives at the Coalface, Social Science Electronic Publishing, 2013, 2.

L. Lippke, No Easy Way Out: Dangerous Offenders and Preventive Detention, Law and Philosophy, 2008, 27 (4).

Lena Mitterhuber, Sicherungsverwahrung und Art. 7 Emrk, Massregeln der Besserung und Sicherung auf dem Prustand der Menschenrechte, Grin Verlag, 2010.

M. White, Preventive detention must be resisted by the medical profession, Journal of Medical Ethics, 2002, 28 (2).

Mercado C. C, Ogloff J R. Risk and the preventive detention of sex offenders in Australia and the United States, International Journal of Law & Psychiatry, 2007, 30 (1).

Michael Alex, Nächträgliche Sicherungsverwagrung-ein rechtsstaatliches und kriminalpolitisches Debakel, 2. Auflage, Felix Verlag · Holzkirchen/Obb, 2013.

Michael Bohlander, Principles of German Criminal Procedure, Hart Publishing, 2012.

Michael Davis, Preventive Dentention, Corrado, and Me, Criminal Justice Ethics, Summer 1996 (15).

Michael Köhne, Gesetzliche Regelungen zur Vermeidung der Sicherungsverwahrung, Juristische Rundschau, 2015 (5).

Mitterhuber L., Sicherungsverwahrung und Art. 7 EMRK. Maßregeln der Besserung und Sicherung auf dem Prüfstand der Menschenrechte, 2010.

O. Milde, Die Entwicklung der Normen zur Anordnung der Sicherungsverwahrung in den Jahren von 1998 bis 2004, 2006.

P. Puhlmann, E. Habermeyer, Die Sachverständigenexpertise im Spannungsfeld zwischen Justiz und Psychiatrie am Beispiel des Hangbegriffes des § 66 StGB (Sicherungsverwahrung), Forens Psychiatr Psychol Kriminol, 2010 (4).

Philip Leith, Peter Ingram: The Jurisprudence of Orthodoxy, Question's University Essays On H. L. A. Hart, Routledge, London, 1988.

S. Harrendorf, Die nachträgliche Sicherungsverwahrung und die Schweigepflicht des Therapeuten im Strafvollzug, Juristische Rundschau, 2007 (1).

Stephanie Cooper Blum, The Necessary Evil of Preventive Detention in the War on Terror: A Plan for a More Moderate and Sustainable Solution, Cambria Press, 2008.

Tim Nikolas Müller, Präventive Freiheitsentziehungen als Instrument der Terrorismusbekämpfung, Duncker & Humblot, 2011.

Tobias Mushoff, Strafe-Maßregel-Sicherungsverwahrung: Eine kritische Untersuchung über das Verhältnis von Schuld und Prävention, Frankfurt am Main: Peter Lang Internationaler Verlag der Wissenschaften, 2008.

后　　记

　　至今仍能想起2017年3月提交博士论文终稿前的夜晚，修修改改直至天明，敲下最后一个句号，提交给毕业系统，如释重负。随之而来的就是毕业在即的真切感，之后的日子过得飞快，似乎一眨眼就结束了在燕园的九年生活，进入新的环境，开始新一轮的奋斗。

　　四年过去了，我的博士论文修改后最终得以出版，需要感谢的人很多。首先要感谢我的家人，谢谢我丈夫对我撰写本书期间在生活和精神上的支持，谢谢我的父母和公婆对我的鼓励和理解。其次要感谢在燕园九年里所有课程的老师们，谢谢你们在带给我知识的同时带给我很多快乐的回忆，尤其要感谢我博士期间的导师郭自力教授，硕士期间的导师王世洲教授以及北大法学院刑法教研组的所有老师，你们每个人都给了我太多的帮助和指导，使我受益终身。再次要感谢我在德国访学期间给我提供最棒的图书馆和最舒适的研究环境的德国马普刑法所，谢谢在访学期间认识的老师和同学，你们给我博士论文的写作提供了很多的建议。最后要感谢在我进入中国社会科学院法学研究所后一直给予我学术研究和工作上指导和建议的博士后导师刘仁文研究员，刑法研究室和《环球法律评论》编辑部的各位同事，以及本书的编辑许琳老师，没有你们的大力支持和鼓励，这本书不可能顺利出版。

　　预防性监禁这一课题涉及的理论与实践问题十分繁杂，囿于个人学术能力的局限，尚有许多问题没能在这本书中研究透彻。但令人兴奋的是，这一课题从我2014年决定研究时的讨论寥寥到今年已有多

后　记

篇相关文章发表,这意味着有越来越多的同仁开始关注这一问题,更说明这方面的研究确实是有价值的。期待本书出版后,能够引起各位学界同仁对这一问题的关注,提出对本书不足之处的批评和进一步完善的建议,我也会继续在这一领域深耕,为预防性监禁制度在中国的应用作出努力。

未名湖见证我学术梦想的生根,沙滩北街15号给予我新的养分,期待在这片新的土壤上能够发芽开花,结出丰硕的果实。

贾　元

2020年12月20日于西三旗家中